विकासशील समाज में समसामयिक पुलिस की भूमिका

विकासशील समाज में समसामयिक पुलिस की भूमिका

डा० कृष्ण मोहन माथुर
पुलिस-उप महानिरीक्षक, ग्रुप केन्द्र,
फिरोजपुर रेन्ज, केन्द्रीय रिजर्व पुलिस बल,
पंजाब

GIAN

ज्ञान पब्लिशिंग हाउस
नई दिल्ली-110002

प्रथम संस्करण : 1989

प्रकाशक
गायत्री गर्ग
ज्ञान पब्लिशिंग हाउस
4-सी, अंसारी मार्ग,
दरियागंज, नई दिल्ली-110002
ISBN 81-212-0255-8

मुद्रक : पाराशर प्रिंटर्स
1/11849 पंचशील गार्डन नवीन शाहदरा, दिल्ली-1100032

Vikassheel Samaj Mein Samsamayik Police Ki Bhoomika
by KRISHAN MOHAN MATHUR

परमपूज्य माताजी

स्वर्गीय श्रीमती विज्ञानवती माथुर को

सादर समर्पित

प्रस्तावना

एक प्रगतिशील, धर्म निरपेक्ष, लोकहितकारी प्रजातांत्रिक राज्य का दायित्व उन परिस्थितियों को निर्मित करना है,जिससे व्यक्ति मात्र स्वयं को पूर्णतः विकसित कर सके तथा आर्थिक सामाजिक और सांस्कृतिक दिशा में योजनाबद्ध रूप से अपेक्षित परिवर्तन कर पाने में सफल हो सके। आर्थिक क्षेत्र में अधिक उत्पादन और सांस्कृतिक क्षेत्र में पारम्परिक और आधुनिक मूल्यों में संतुलन, अपेक्षित परिवर्तन तदनुकूल विकास का द्योतक समझा जाता है। सम्पत्ति विकास एक सम्पूर्ण अच्छे जीवन की अभिलाषा है जिसके लिए राजव्यवस्था नीति बनाकर योजनाबद्ध तरीके से विभिन्न कार्यक्रमों तथा परियोजनाओं को लागू करती है। इस परिपेक्ष में पुलिस की क्या भूमिका होनी चाहिए इस विषय पर इस ग्रन्थ में कुछ प्रयास किया गया है। देश में दिन पर दिन बढ़ती हुई आबादी के साथ अपराधों की संख्या में भी काफी मात्रा में वृद्धि हुई है लेकिन पुलिस की वृद्धि, आबादी वृद्धि के सामने नगण्य ही कही जायेगी। पुलिस व्यवस्था के ढांचे में परिवर्तन करना भी आज के समाज के लिए अत्याधिक आवश्यक है। पुलिस की गतिशील बनाए जाने की दिशा में कुछ प्रभावशाली पग उठाए जाने की आवश्यकता है। "पुलिस" एक ऐसा शक्तिशाली संगठन है जो समाज विरोधी कार्य करने वाले व्यक्तियों (अपराधियों) पर नियंत्रण लगाकर सामाजिक व्यवस्था के संचालन में महत्वपूर्ण भूमिका अदा करती है।

आज राष्ट्रीय क्षितिज पर आर्थिक क्षेत्र में सर्वाधिक परिवर्तन अनुभव किया गया है। एक ओर यदि औद्योगीकरण के कारण राष्ट्रीय आय और प्रति व्यक्ति आय में विस्तार हुआ,रोजगार के नये स्रोतों का विकास हुआ, वैज्ञानिक संसाधनों और प्रविधियों का प्रयोग कर कृषि क्षेत्र में राष्ट्र स्वावलम्बी बन सका, उद्योग महानगरों की परिधि लांध कर ग्राम्य परिवेश में पहुंचा और शिक्षा, स्वास्थ्य रहन-सहन के स्तर में परिवर्तन आया, दूसरी ओर इन समस्त विकासगामी परिवर्तनों का प्रभाव समाज पर विशुद्ध रूप से पड़ा। संयुक्त पारिवारिक इकाई टूट कर बिखर गई। समाज ने पारम्परिक प्रतिबन्धों को अस्वीकृत करना प्रारम्भ कर दिया। नागरीयकरण की तेज होती प्रक्रिया और रोजगार की तलाश में ग्राम्य परिवेश से आकर नगरों में बसने की अभिलाषा ने नगरों की स्थिति इतनी भयानक बना दी कि वहां व्यक्ति सामान्य सुविधाओं से वंचित रहने लगा। समृद्धि और दरिद्रता के बीच की खाई बड़ी होती जा रही है। परिणामतः अपराधों की श्रृंखला में पारम्परिक अपराधों-चोरी डकैती और हत्या के अतिरिक्त बाल

अपराध, आर्थिक अपराध, चोर वाजारी, काला बजारी, अधिक लाभ कमाने की इच्छा, मिलावट, धोखाघड़ी, जमाखोरी, उद्योगपति-श्रमिक विवाद, हिंसा, हड़ताल, बलात्कार, अपहरण, दहेज-अपराध जैसे अनेकानेक जघन्य सामाजिक अपराधों में अपरिसीमित वृद्धि हुई है। दूसरी ओर प्रजातांत्रिक राजनीतिक व्यवस्था ने जनसामान्य में जागरूकता उत्पन्न की है। परिणामतः वह राष्ट्रीय और अन्तर्राष्ट्रीय गतिविधियों से पूर्ण जानकर संवेदनशील, गतिशील, संघर्षशील और राजनीतिक नेतृत्व से सम्बद्ध होकर उस स्थिति में पहुच चुका है कि प्रत्येक स्तर पर निर्णय को प्रभावित करने की क्षमता रखता है।

स्वतंत्रता के पश्चात् परिस्थितियों में जो परिवर्तन आया है संविधान द्वारा नागरिक की सुरक्षा की गारन्टी के साथ-साथ सर्वांगीण विकास एवं कल्याण पर पूरा ध्यान दिया गया। इस दृष्टिकोण से सम्पूर्ण प्रशासनिक तंत्र को पुनर्गठित करने के अनेकों प्रयास किये जाते रहे हैं और गत कई दशकों में प्रशासनिक क्षेत्र में व्यापक परिवर्तन आये परन्तु पुलिस विभाग में इन परिवर्तनों को अनुभव नहीं किया गया है। जन बाहुल्यता, व्यापक औद्योगीकरण, प्रचुर आधुनिक सुविधाओं औद्र उनकी अप्राप्त, पुराने पारिवारिक ढांचे के बदलते रूप, शिक्षित युवकों के मध्य बढ़ती बेरोजगारी, राजनीतिक चेतना के विकास आदि ने कानून और ब्यवस्था के समक्ष सैकड़ों प्रश्न लगाये हैं साथ ही साथ अपराधिक वृत्तियों को बढ़ावा भी दिया है। इस प्रकार पुलिसजन के समक्ष कानून व्यवस्था को बनाये रखना, अपराधिक वृत्तियों की रोकथाम और इसके अलावा जो आज जन कल्याण की गतिविधियों में आने वाली रुकावटों को दूर करने का दायित्व भी आ खड़ा हुआ है। अति विशिष्ट ब्यक्तियों की सुरक्षा व्यवस्था से लेकर यातायात को सुव्यवस्थित रखने, जनबहुल्य स्थानों पर चौकसी रखने से लेकर, महत्वपूर्ण संस्थानों में उपस्थित रहने, प्राकृतिक आपदाओं के समय सहायता पहुंचाने, दंगों, जुलूस, बन्द हड़ताल आदि के समय तक पुलिस की उपस्थिति आवश्यक है।

स्पष्टतः स्वतंत्रता के बाद पुलिस बल के कार्यों में व्यापक परिवर्तन आया है। इन सभी कार्यों के साथ पुलिस इकाई के संगठनात्मक ढांचे में कोई विशेष परिवर्तन नहीं हुआ है।

"विकासशील समाज में पुलिस की समसामयिक भूमिका" आज के सन्दर्भ में एक महत्वपूर्ण और विवादास्पद विषय है। विश्व के अनेक विकासशील समाज आर्थिक, राजनैतिक व सामाजिक परिवर्तनों के चक्र में फंसे हुए है। मानव जीवन के मूल्यों में आधारभूत परिवर्तन आ रहे हैं। स्वतंत्रता प्राप्ति के बाद भारत में आर्थिक विकास के लिए अनेक पंचवर्षीय कार्यक्रम बनाये गये है जिनसे भारतीय अर्थव्यवस्था में जहां एक ओर औद्योगीकरण, नागरीयकरण तथा हरित क्रान्ति आयी है। वहां दूसरी ओर अपराध बढ़ गये है। विद्यार्थियों में अनुशासनहीनता बढ़ गयी है तथा समाज के सभी वर्गों में आर्थिक असन्तोष फैला हुआ है। भारतीय

संविधान लागू होने के बाद से अनेक राजनैतिक परिवर्तन समाज में परिलक्षित होते हैं। सभी विकासशील समाजों में साम्प्रदायिक झगड़े आन्तरिक सुरक्षा सम्बन्धी समस्याएं तथा आतंकवाद फैला हुआ है। ऐसे समय जब हम एक ओर तरक्की के रास्ते में बढ़ते जा रहे है और दूसरी ओर हमें अनेक समस्याओं से जूझना पड़ रहा है इन समस्याओं को समाप्त करने के लिए अच्छे बुरे दोनों कार्य हो रहे है जो कि हमारी प्रगति की बाधा बन गयी है? ये समस्याएं क्या है। इन सबके निदान में स्वतंत्रतोत्तर भारतीय नेतृत्व ने देश को प्रजातांत्रिक, धर्म निरपेक्ष लोक कल्याणकारी राज्य के रूप में स्थापित किये जाने की संकल्पना को साकार करने के प्रति अपनी दृढ़ प्रतिज्ञा दोहराई है प्रतिक्रिया स्वरूप विकासशील-योजनाबद्ध, लक्ष्यबद्ध और समयबद्ध प्रशासन, प्रशासनिक सुधार आदि के माध्यम से राष्ट्र लोक कल्याणकारी समाज के विकास की चेष्टा में संलग्न हो गया है। विकास की समृद्धि का फल जनसामान्य तक पहुंचाने हेतु अनेकानेक योजनाएं लागू की गयी। समृद्धि के फल के व्यापक उपभोग हेतु समाज में शान्ति और सुव्यवस्था बनी रह सके इसका दायित्व पुलिस बल को सौंपा गया। किन्तु क्या वह विकास-शील प्रशासन की आवश्यकताओं और बाध्यताओं के अनुकूल पुलिस को प्रशिक्षित किया जा सका है।

जब कभी प्रजातांत्रिक, धर्मनिरपेक्षता व समाजवादी समाज में परिवर्तन होता है तो पुलिस के लिए नये प्रकार के दबाव, नयी मांगे और नये उत्तरदायित्व खड़ा हो जाता है। तेजी से परिवर्तन होने वाले समय में परिवर्तन की तेज गति के कारण स्थितियां बहुत भ्रामक और अस्त व्यस्त बन जाती है। और पुलिस के सामने जिस प्रकार की मांगे आ जाती है वह बहुत कुछ एक दूसरे से भिन्न प्रकार की बन जाती है प्रजातांत्रिक और कल्याणकारी राज्य में कानून स्थापित करने वाले तंत्र का कार्य अत्याधिक महत्वपूर्ण है जहां पुलिस को सामाजिक और राजनैतिक न्याय के युग का प्रारम्भ सामान्य जन हित के लिए करना होता है।

महिला पुलिस अपनी तमाम समस्याओं के बावजूद भी एक नयी आशा और चेतना की प्रतीक है खासकर पीड़ित महिलाओं के लिए। महिला पुलिस महिला अपराधियों की समस्या का निवारण करती है तथा महिला पुलिस थानों का मुख्य दायित्व भारतीय दण्ड विधान के अन्तर्गत महिला उत्पीड़न से सम्बन्धित अपराधों की खोज करना, अनुसंधान करना तथा उसकी रोक थाम करना, करती है। इसके अतिरिक्त दहेज पीड़ित महिलाओं अपराधिनों, बाल अपराधियों, यातायात, महिलाओं के जुलूस, सभाएं आदि से संबन्धित कार्य भी महिला पुलिस के क्षेत्र-अधिकार के अन्तर्गत रहेगें। स्वतंत्र भारत में सभी राज्यों में महिला पुलिस को पुलिस प्रशासन के एक अभिन्न अंग के रूप में स्वीकार कर महिला पुलिस की स्थापना समय-समय पर की गयी।

अगर हम पुलिस संगठन की प्रारम्भिक संरचना पर दृष्टि डालें तो स्पष्ट होता हैं कि जिस पुलिस संगठन का स्वरूप सन् 1861 में ब्रिटिश शासन काल में "पुलिस एक्ट" के तहत विकसित किया गया था आज इतनी लम्बी अवधि बीत जाने के बाद भी वही स्वरूप प्रयोग में लाया जा रहा है। आज आधुनिकीकरण एवं शहरीकरण के परिणाम स्वरूप परिस्थिति में तीव्र गीत से परिर्वतन हो रहा है। ऐसी स्थिति में हमारे पुलिस संगठन को ब्रिटिश शासन के 1861 के एक्ट के अनुसार ही कार्य करना पड़ रहा है। इससे बड़ी बिडम्बना 'पुलिस संगठन' के लिए और क्या हो सकती है। आज जब अपराधी अपराध करने के नये-नये तरीके खोज रहा है ऐसी स्थिति में यह आवश्यक हो जाता है कि हमारी पुरानी पुलिस व्यवस्था में आवश्यक परिवर्तन कर उसमें सुधार लिये जाये ताकि पुलिसजन अपने कर्तव्यों का पालन बहुत ही चुस्ती एवं फुर्ती के साथ पूरा कर सके। पुलिसजनों के प्रारम्भिक प्रशिक्षण में समय-समय पर उसका और विकसित रूप लाया जाना चाहिए। इसके अलावा पुलिसजनों को मिलने वाला वेतन व सुविधाएं उनके कार्य के अनुरूप होनी चाहिए। पुलिसजनों का जो दुरुपयोग प्रशासकीय व व्यक्तिगत कार्यों में किया जाता है उसे समाप्त करना चाहिए। पुलिस संगठन में तदर्थता के स्थान पर समुचित नीति निर्माण को स्थान मिलना चाहिये और पुलिस नेतृत्व को चाहिये कि वह अल्पकालीन और दीर्घकालीन योजनाएं तैयार करे जिससे संगठन की व्यवस्था में वर्तमान कमियों को दूर करने के लिये आधार भूत परिवर्तन किये जा सके। भारतीय पुलिस को एक जनसाधारण के हितों की रक्षा करने वाली पुलिस प्रणाली की आवश्यकता है जो समय के साथ-साथ संगठन में आवश्यक परिवर्तन लाने में सफल हो। पुलिस को जनता का सहयोग और अधिक प्राप्त करना होगा तथा उसका विश्वास प्राप्त करना होगा तभी पुलिस एक प्रजातान्त्रिक समाज में अपनी सही भूमिका निभा सकती है।

यह पुस्तक मैंने मूलरूप से उन समस्त व्यक्तियों के लिए लिखी है जो पुलिस विभाग के कार्य कलापों से सम्बन्धित है तथा पुलिस के विकासशील समाज में समसामयिक भूमिका निभाने के लिए उत्तरदायी है। पुस्तक में आम जनता की भाषा में पुलिस की उत्तरदायित्व और विडम्बनाओं की विवेचना का एक तुच्छ प्रयास किया गया है भारतीय पुलिस में एक मूलभूत सैद्धान्तिक और दार्शनिक दृष्टिकोण विकासशील समाज के परिवेश में आने की आवश्यकता है विभिन्न विषयों जैसे आन्तरिक सुरक्षा, पुलिस अनुशासन, पुलिस प्रशिक्षण को विकासशील समाज के सन्दर्भ में लिखने का प्रयास किया गया है। आज के युग में आधुनिकीकरण की आधार भूत आवश्यकता है। इस पुस्तक के लिखने में मुझे अनेक विद्वानों, पुलिस अधिकारियों व मित्रों का सहयोग प्राप्त हुआ है जिसके लिए हम आभारी है। पुलिस विज्ञान ज्ञान की एक नयी शाखा है जिसमें हिन्दी भाषा में विशेषकर

बहुत कम व्यक्तियों ने अपना योगदान दिया है जिसके कारण हिन्दी भाषी राज्यों के पुलिस जनों को पढ़ने के लिए आवश्यक सामग्री के रूप में बहुत कम साहित्य उपलब्ध है। आशा है इस पुस्तक से वह अभाव कुछ कम होगा। मैंने इस पुस्तक के लिखते समय जहां एक ओर अपने 25 साल से अधिक के पुलिस विभाग के अनुभव पर पुलिस पक्ष इस पुस्तक में प्रस्तुत किया है वही दूसरी ओर एक पुलिस वैज्ञानिक होने के नाते पुलिस के कार्यों व उपलब्धियों का आलोचनात्मक और वैज्ञानिक अन्वेषणात्मक व्याख्या प्रस्तुत करने का प्रयास किया है। पुलिस विभाग में मूलभूत परिवर्तन और सुधारों की आज निसन्देह बहुत आवश्यकता है हमें पुलिस चयन प्रणाली में, प्रशिक्षण प्रणाली में, संरक्षण प्रणाली में तथा कानून व्यवस्था में आधार भूत परिवर्तन लाने होगें तभी पुलिस एक विकासशील समाज की सही समसामयिक भूमिका निभा पायेगी।

इस पुस्तक के लिखने में मुझे मेरी धर्म पत्नी श्रीमती प्रभा माथुर का बहुमूल्य सहयोग प्राप्त हुआ तथा मेरे परिवार के सभी सदस्यों की सहायता व सहयोग प्राप्त हुआ जिसके लिये हम उनके आभारी है। देवी सरस्वती के वरद हस्त के रूप में पूज्य माताजी स्वर्गीय विज्ञानवती माथुर की मुझे अभूतपूर्व प्रेरणा रही तथा इसी कारण मैं यह पुस्तक उन्हीं के पूज्य चरणों में सादर सर्मपित करता हूं।

इस पुस्तक के प्रकाशन में श्री बी.पी. गर्ग मुख्य कार्यक ज्ञान पब्लिशिंग हाऊस, नई दिल्ली, का योगदान प्रशंसनीय है।

कृष्ण मोहन माथुर

विषय सूची

विकासशील समाज

में

समसामयिक

पुलिस की भूमिका

अध्याय 1

विकासशील समाज में समसामयिक पुलिस की भूमिका

एक विकासशील समाज में जो मुख्य समस्याएँ उत्पन्न होती हैं उन्हें निम्न खण्डों में बांटा जा सकता है :

1. बेकारी, अर्धबेकारी तथा शिक्षित बेरोजगारी से उत्पन्न समस्याएं।
2. औद्योगीकरण से शहरों की जनसंख्या में वृद्धि तथा उससे उत्पन्न समस्याएं।
3. आवश्यक वस्तुओं के कृत्रिम अभाव तथा कीमतों में वृद्धि से उत्पन्न समस्याएं।
4. शिक्षा के प्रसार से उत्पन्न समस्याएं।
5. सामाजिक व आर्थिक शोषण तथा आर्थिक असमानता की बढ़ती हुई खाई से उत्पन्न समस्याएं।
6. बढ़ते हुए अपराध तथा हिंसात्मक आतंकवाद से उत्पन्न समस्याएं।
7. श्रमिक, छात्रों, कृषि-क्रांति अथवा ग्रामीण क्षेत्र में बढ़ती हुई अशान्ति व असंतोष से उत्पन्न समस्याएं।
8. आर्थिक नियोजन, आर्थिक प्रगति तथा सफेदपोश अपराधों की बढ़ती प्रवृत्तियां।
9. भ्रष्टाचार व नैतिक मूल्यों में परिवर्तन से उत्पन्न समस्याएं।
10. कमजोर वर्गों के संरक्षण व आरक्षण से उत्पन्न समस्याएं।
11. वयस्क मताधिकार तथा राजनैतिक जागृति से उत्पन्न समस्याएं।
12. राजनैतिक दलों द्वारा राजनैतिक प्रदर्शनों तथा जुलूसों से संबंधित समस्याएं।
13. ग्रामीण क्षेत्र में अस्पृश्यता, ऋण-ग्रस्तता, बंधुआ-मजदूर-प्रथा, जातिवाद तथा भूमिहीन किसानों से उत्पन्न समस्याएं।
14. बाल-अपराध, भिक्षावृत्ति, वेश्यावृत्ति, तथा स्त्रियों द्वारा अपराध से संबंधित समस्याएं।
15. प्रगतिशील सामाजिक कानूनों के लागू करने संबंधी समस्याएं।
16. जातिवाद, सम्प्रदायवाद, प्रान्तीयतावाद व भाषावाद से उत्पन्न समस्याएं।

उपर्युक्त सभी समस्याओं को सुलझाने व उन पर नियंत्रण रखने के लिए पुलिस की विकासशील समाज में एक विशिष्ट भूमिका है। सभी दृष्टिकोणों से

एक विकासशील समाज अपनी अनूठी विशेषताएं रखता है। एक विकासशील समाज आर्थिक, राजनैतिक व सामाजिक दृष्टि से विकासोन्मुखी होता है। स्वतंत्रता प्राप्ति के पश्चात भारत में उद्योगों के तीव्र विकास के कारण नगरीकरण की प्रतिक्रिया भी तीव्र हुई है। आर्थिक विकास से व्यक्तियों के रहन-सहन के स्तर में वृद्धि हुई है तथा उनकी आवश्यकताएं बढ़ रही हैं। सामाजिक विकास से ऊंच-नीच, बड़े-छोटे का भेद-भाव कम हो रहा है तथा इससे समाज में सामाजिक तनाव बढ़ रहे हैं। निर्धनता, निरक्षरता, जातिवाद, धर्मान्धता तथा संयुक्त परिवारों के विघटन से समाज में अनेक समस्याएं उपस्थित होती हैं। भारतीय संविधान में नागरिकों के मौलिक अधिकार सामाजिक, आर्थिक व राजनैतिक न्याय, विचारों की अभिव्यक्ति की स्वतंत्रता तथा वयस्क मताधिकार से समाज में एक नई जागरूकता उत्पन्न हो गई है। ऐसे विकासशील समाज में समसामयिक पुलिस की भूमिका क्या होनी चाहिए? यह एक महत्वपूर्ण प्रश्न है। किसी समाज में उसकी भूमिका क्या हो? इसे कौन निर्धारित करता है? क्या यह कानून द्वारा निर्धारित होती है अथवा समाज द्वारा अथवा पुलिस संगठन के वरिष्ठ अधिकारी निर्धारित करते हैं? अथवा समाज के विभिन्न क्षेत्रों में कार्यरत निम्न स्तर के पुलिसकर्मी करते हैं? इन प्रश्नों का उत्तर देना इतना सरल कार्य नहीं है तथा इसके लिए अनेक दृष्टिकोणों से विश्लेषण की आवश्यकता है। पुलिस भूमिका से संबन्धित ऐसा कोई भी पहलू नहीं है जिस पर गम्भीर परीक्षण एवं वास्तविक मूल्यांकन करने की आवश्यकता न हो। सारे विश्व में सतत बढ़ रही हिंसा, अराजकता तथा अपराध की कठिन स्थिति से निपटने के लिए पुलिस की भूमिका एक रोचक संवाद, गम्भीर अध्ययन तथा शोधकर्ताओं के लिए शोध का विषय बन गई है। विशेषकर भारत में साम्प्रदायिक घटनाओं की दुखद पुनरावृत्ति वामपंथी एवं दक्षिणपंथी, उग्रवाद की हिंसक मनोवृत्ति और कतिपय राजनैतिक दलों द्वारा हिंसा तथा तोड़-फोड़ को औचित्य का स्थान दिए जाने के फलस्वरूप स्थायित्व, शांति व व्यवस्था बनाए रखने में पुलिस की भूमिका की ओर सारे समाज की तेज निगाहें लगी हुई हैं'।

स्वतंत्रता प्राप्ति से पहले भारतीय पुलिस का उद्देश्य औपनिवेशिक शासन को मजबूत व स्थायी वनाना था। अतः पुलिस की भूमिका सुरक्षात्मक, दमनात्मक तथा गुप्तचर संबंधी रही। स्वतंत्रता प्राप्ति के बाद तथा विशेष रूप से नये सविधान के लागू होने के बाद पुलिस की भूमिका में क्या परिवर्तन आया है और किस सीमा तक आया है? यह एक अध्ययन का विषय है। यदि भूमिका में परिवर्तन नहीं हुआ है तो वे क्या कारण हैं जिनसे भूमिका में परिवर्तन नहीं हुआ? भारतीय पुलिस का गठन भारतीय पुलिस अधिनियम, 1861 के अन्तर्गत किया गया था। आज भी उसका मूल स्वरूप व गठन उसी अधिनियम के अन्तर्गत है तथा आज भी अपराधों का पता लगाना तथा उनको रोकना तथा समाज में कानून व व्यवस्था बनाए रखने वाली एजेन्सी के रूप में कानून संगत बुनियादी कार्य है। जब तक

भारतीय पुलिस अधिनियम, 1861 को नहीं बदला जाता है तब तक पुलिस के कार्यकलापों में मूलभूत परिवर्तन की आशा तर्कसंगत प्रतीत नहीं होती। भारतीय संविधान में पुलिस की स्पष्ट रूप से कोई अन्य भूमिका अथवा कर्तव्यों का लेखा नहीं दिया गया है। पुलिस की भूमिका को बदलने के सन्दर्भ में कुछ मूलभूत प्रश्न यह हैं :

1. क्या विकासशील समाज के लिए समसामयिक पुलिस की भूमिका निर्धारित करना एक राष्ट्रीय स्तर का प्रश्न सरकार, समाज व देशवासियों के सामने नहीं है ?
2. क्या पुलिस विभागों का पुनर्गठन समाज की आवश्यकता के अनुसार समय-समय पर हुआ है ?
3. क्या पुलिस ने जनतंत्र के आधारभूत सिद्धान्तों का समावेश अपने व्यवहार संहिता में वास्तविक रूप में कर लिया है तथा यह व्यवहार जनता के साथ उचित रूप से होता है ?
4. क्या पुलिस ने जन सम्पर्क के साधनों का सही उपयोग करके समाज के विकासोन्मुखी प्रवृत्तियों के अनुरूप अपने को बनाने की चेष्टा की है ?

उपर्युक्त प्रश्नों का उत्तर पाना बहुत मुश्किल है। विकासशील समाज के रूप में राज्य विधान-सभाओं तथा लोकसभा ने पिछले चालीस सालों में इतने कानूनों का निर्माण किया है कि उनकी स्थूलता तथा विभिन्नता की कोई सीमा नहीं। अस्पृश्यता निवारण अधिनियम, जुआ अधिनियम, भ्रष्टाचार विरोध अधिनियम, मद्यनिषेध अधिनियम, भिक्षा निवारण अधिनियम, स्त्रियों तथा बच्चों के अनैतिक व्यापार रोक अधिनियम ये कुछ प्रमुख अधिनियम हैं जिनके कानूनी प्रावधानों का पालन कराने का उत्तरदायित्व पुलिस पर ही आता है। विभिन्न कानूनों की तो बहुत तेजी से वृद्धि हुई है परन्तु उनका परिपालन करने के लिए उस अनुपात में पुलिस अधिकारियों की संख्या में वृद्धि नहीं हुई है।

विकासशील समाज के राजनैतिक परिवेश में पुलिस की भूमिका बहुत प्रभावशाली, उलझी हुई तथा सारगर्भित है जिसकी विवेचना प्रोफेसर वेली ने बड़े सुन्दर रूप में इस प्रकार की है : "राजनीति में दखल देने तथा नीतियों को कार्य रूप देने के लिए पुलिस के पास असीम योग्यता है जिसे वह मात्र तटस्थ रहकर कर सकती है।" विशेष रूप से एक प्रजातांत्रिक समाज में पुलिस जहां एक ओर व्यक्तियों की व्यक्तिगत सुरक्षा व अधिकारों का समुचित उपयोग करने में सहायक हो सकती है वहीं राज्य की सर्वोपरि सुरक्षा के नाम पर व्यक्तियों की स्वतंत्रता का हनन भी कर सकती है। एक विकासशील लोकतंत्र में राजनीतिक विकास की स्थिति ही समसामयिक पुलिस की भूमिका निर्धारित करती है जिसका मुख्य कार्य कानून तथा लोकतांत्रिक संस्थाओं के परस्पर विरोधी मांगों में निरन्तर ताल-मेल बिठाना होता है। स्वतंत्रता और नियंत्रण, अनुमति-सूचकता और तानाशाही, जन-आन्दोलन तथा लोक-संन्यास, हिंसा और व्यवस्था के बीच सन्तुलन

बनाए रखना एक कठिन कार्य है जो पुलिस को करना पड़ता है। पिछले चालीस सालों में कई ऐसे अवसर आए जब केन्द्र तथा राज्यों के बीच विरोध उत्पन्न हुआ तथा पुलिस को एक बहुत कठिन सन्तुलन बनाना पड़ा। भाषा, क्षेत्रवाद, सामाजिक संगठन, शिक्षा आदि अनेक विषयों को लेकर अनेक विवाद खड़े हुए जिससे पुलिस का कार्य अत्यन्त कठिन हुआ। राजनैतिक समस्याओं को लेकर अनेक राजनैतिक प्रदर्शन होते हैं जिन्हें नियंत्रित करने का कठिन कार्य पुलिस को करना पड़ता है। भाषा विषयक उपद्रव, राजनैतिक हड़ताल, जनजाति उत्पात, खाद्य विषयक झगड़े, भूमि-विषयक विवाद, कृषक उत्पात, औद्योगिक हड़ताल आदि अनेक ऐसे सिविल उपद्रव हैं जिनके पीछे सामान्यतः कुछ राजनैतिक समर्थन अवश्य रहता है। राजनैतिक प्रदर्शनों में पुलिस जहां एक ओर शांतिपूर्ण ढंग से किए गए विरोधों को प्रजातंत्र का एक भाग मानकर स्वीकार करती है वहां किसी भी तरह के हिंसक अथवा तोड़-फोड़ की कार्रवाई को रोकने का कठिन कार्य करने को सदैव तैयार रहती है। राजनैतिक समस्याओं को निपटाने में पुलिस को एक बहुत कठिन भूमिका निभानी पड़ती है।

एक विकासशील समाज में अपराधों की वृद्धि भी एक सामान्य प्रक्रिया ही मानी जाती है। भारत में 1973 से 1983 तक भारतीय दण्ड संहिता के अधीन संज्ञेय अपराधों का विवरण निम्न सारणी में उद्धृत है:

सारिणी 1

(आंकड़े पुलिस विज्ञान अंक-10, दिसम्बर 1984 से)

क्र. सं.	वर्ष	भारतीय दण्ड संहिता के अन्तर्गत संज्ञेय अपराध	प्रति एक लाख जनसंख्या के पीछे अपराध की दर
1.	1973	10,77,191	187.0
2.	1974	11,92,277	202.7
3.	1975	11,60,520	193.2
4.	1976	10,93,897	178.4
5.	1977	12,67,004	202.5
6.	1978	13,44,968	210.7
7.	1979	13,36,168	205.2
8.	1980	13,68,529	206.2
9.	1981	13,45,322	196.7
10.	1982	13,06,073	——
11.	1983	13,00,491	——

इन आंकड़ों से पता चलता है कि 1973 के मुकाबले में 1983 में अपराधों की संख्या में 20.7 प्रतिशत की वृद्धि हुई है। यह वृद्धि डकैती, चोरी, सेंधमारी और अपराधिक विश्वासघात जैसी मदों को छोड़कर अन्य मदों में हुई है। पिछले पांच साल के अपराधों का विवरण इस प्रकार है—

सारिणी 2

(आंकड़े पुलिस विज्ञान अंक—10, दिसम्बर 1984 से)

क्र०सं०	अपराध शीर्ष	1978	1979	1980	1981	1982
1.	हत्या	19314	20349	22149	22412	23224
2.	हत्या की कोटि में न आने वाले मानव वध	2728	3008	3032	6685	6664
3.	हरण व अपहरण	13616	13125	13595	12580	11694
4.	बलात्कार	4558	4300	5023	4919	5026
5.	डकैती	13195	14028	15194	13915	11679
6.	लूट	22923	22860	23493	21937	20720
7.	सेंधमारी	183991	168574	——	——	——
8.	चोरी	437187	430483	166695	148132	132689
9.	दंगे	96188	98896	106957	85636	85827
10.	अपराध, विश्वासघात, धोखाधड़ी	23255	22016	20684	15722	14613
11.	धोखाधड़ी	19821	18370	17416	15753	15626
12.	जालसाजी	636	527	830	714	790
13.	अन्य अपराध	507256	519634	542425	588352	618532
	कुल संज्ञेय अपराध	1344698	1336168	1368529	1345322	1306073

भारत के विभिन्न राज्यों तथा संघ शासित क्षेत्रों में कुल संज्ञेय अपराधों का विवरण इस प्रकार है :

सारिणी 3

(आंकड़े पुलिस विज्ञान, दिसम्बर 1984, अंक 10 से)

क्र०सं०	राज्य/संघ शासित प्रदेश	1978	1979	1980	1981	1982
1.	आन्ध्र प्रदेश	68092	76709	69320	60152	59131
2.	असम	37140	40334	43773	42215	42624
3.	बिहार	100121	101146	104225	114696	113634
4.	गुजरात	61736	62508	61713	77364	79352
5.	हरियाणा	15505	16297	16600	17020	16544
6.	हिमाचल प्रदेश	4581	4801	8464	4304	4070
7.	जम्मू व कश्मीर	12443	14118	15075	15972	18545
8.	कर्नाटक	80163	75883	77443	81533	74190
9.	केरल	48618	43412	47641	46250	45278
10.	मध्य प्रदेश	164469	160787	169751	169020	170310
11.	महाराष्ट्र	150626	154372	167347	172906	165458
12.	मणिपुर	3363	3242	3505	3270	3166
13.	मेघालय	1894	2280	2203	2097	1730
14.	नागालैण्ड	957	834	919	1291	1364
15.	उड़ीसा	39589	42595	48081	47410	47895
16.	पंजाब	12831	12128	11679	13019	12015

17.	राजस्थान	63752	59877	60846	67052	73610
18.	सिक्किम	217	318	281	273	224
19.	तमिलनाडु	107975	104745	116110	92808	87114
20.	त्रिपुरा	5355	5766	6098	5814	5361
21.	उत्तर प्रदेश	217277	206230	198131	178696	166230
22.	पश्चिम बंगाल	93596	92367	93618	90250	83065
	योग	1290271	628079	1319223	1303394	1267910
23.	अन्डमान व निकोबार द्वीप समूह	701	703	805	737	702
24.	अरुणा चल प्रदेश	443	615	852	845	982
25.	चंडीगढ़	2609	2430	2118	1683	1617
26.	दादर व नगर हवेली	220	191	177	198	274
27.	दिल्ली	43407	44078	37588	30671	27154
28.	गोवा, दमन व द्वीव	2181	2209	2927	3418	3228
29.	लक्षद्वीप	20	6	15	12	15
30.	मिज़ोरम	771	6277	1055	1575	1695
39.	पाण्डिचेरी	4345	3970	3769	2789	2496
	योग	54697	55419	49306	41928	318163
	महायोग	1344968	1336168	1368529	1345322	1306073

वास्तव में अपराधों के आंकड़ों से कोई निष्कर्ष निकालना भ्रमात्मक क्रिया है क्योंकि कोई भी समाज अपने समस्त अपराधों का सही लेखा-जोखा नहीं रख सकता। भारत जैसे बड़े देश में जहां 70 से 80 प्रतिशत जनता गांवों में रहती है तथा जहां बहुत ज्यादा निरक्षरता है वहां अपराध संबंधी आंकड़ों को सही नहीं माना जा सकता है। ये भी विश्वास करने के ठोस कारण हैं कि लम्बे-चौड़े ग्रामीण क्षेत्रों में जहां अपराधों की रिपोर्ट लिखवाने की सुविधाएं कम है तथा पुलिस थाने गांवों से बहुत दूर हैं तथा वहां तक पहुंचना बहुत मुश्किल है, वहां एक बड़ी भारी संख्या में अपराध लिखे ही नहीं जाते हैं अथवा यदि लिखे भी जाते हैं तो उनको साधारणतया दबा दिया जाता है। अतएव भारत जैसे विशाल आकार तथा जनसंख्या वाले देश में अपराधों की संख्या का सही लेखा-जोखा व वस्तुस्थिति का सच्चा चित्र पाना मुश्किल है। बड़े नगरों तथा अन्य स्थानों में भी पुलिस कर्मचारी अपराधों को रजिस्टर पर अंकित न करने की प्रवृत्ति रखते हैं। कई कारणों से पुलिस थानों में अपराध की सही शिकायत नहीं लिखी जाती है। राजनैतिक दृष्टि से अपराधों पर नियंत्रण रखने तथा न बढ़ने देने के प्रयास के कारण अपराधों को पुलिस थानों में नहीं लिखा जाता है। यह प्रवृत्ति एक देशव्यापी सत्य है जिसे राष्ट्रीय पुलिस कमीशन की चौथी रिपोर्ट के 27वें अध्याय के पैरा 27.3 में स्पष्ट स्वीकार किया गया है। अनौपचारिक तथा आकस्मिक सर्वेक्षणों ने यह प्रकट कर दिया है कि अपराधों की भारी संख्या की रिपोर्ट पुलिस थानों में नहीं लिखी जाती है। विशेषकर निम्न आय वर्गों तथा गरीबों की ऐसे अपराधों की भारी संख्या है जिनकी रिपोर्ट नहीं लिखी जाती है। ऐसे रिपोर्ट नहीं लिखी जाने वाले अपराधों की संख्या कम से कम रिपोर्ट दर्ज की हुई अपराधों की संख्या से आधी तो होती ही है। एक विकासशील समाज के सन्दर्भ में पुलिस का यह उत्तरदायित्व हो जाता है कि वे सभी अपराधों जिनकी उन्हें रिपोर्ट मिलती है, का पूरा लेखा-जोखा रखें क्योंकि अपराध एक व्यक्ति करता है परन्तु उसके पीछे उसका वातावरण, परिवेश, मूलभूत प्रवृत्तियां, तत्कालीन राजनैतिक, आर्थिक व सामाजिक वातावरण का स्पष्ट प्रभाव होता है।

अपराधों के व्यक्तिगत कारणों के साथ-साथ पर्यावरण संबंधी कारण भी होते हैं। पारिवारिक परिस्थितियां, सामाजिक परिवेश, शिक्षा, धर्म, संचार साधन, आर्थिक कारण, सांस्कृतिक भूमिका तथा अनेक पर्यावरण संबंधी तत्व भी अपराध के जनक होते हैं। अपराध नियंत्रण केवल पुलिस द्वारा नियंत्रित नहीं हो सकता है। समस्त अपराधों का पूर्ण नियंत्रण केवल पुलिस की क्षमता के बाहर की बात है, विशेषकर प्रजातांत्रिक विकासशील समाज के सन्दर्भ में। पुलिस आपराधिक न्याय प्रक्रिया की केवल एक अंग मात्र है, इसलिए अपराधों को रोकने में उसकी सफलता उन अन्य एजेंसियों के सफल प्रयास पर निर्भर करती है जो अपराधों से सम्बद्ध होती हैं।

विकासशील समाज में श्वेतपोश अपराध (व्हाइट कलर क्राइम) उच्च प्रतिष्ठा पाए हुए व्यक्तियों द्वारा अपने पेशे या व्यवसाय से संबंधित कार्य-कलापों में कानूनों की अवहेलना अथवा उल्लंघन द्वारा किए जाते हैं। वाल्टर सी रैकसैल के शब्दों में—'समाज द्वारा श्वेतपोश अपराधों के द्वारा की गई आर्थिक हानि दूसरे समस्त अपराधों द्वा ा हुई पूर्ण हानि से भी अधिक है तथा श्वेतपोश अपराधों द्वारा होने वाली हानि अयोग्य तथा भ्रष्ट शासन द्वारा होने वाली हानि से अधिक होती है।"

सुप्रसिद्ध अपराधशास्त्री सदरलैण्ड ने सर्वप्रथम 1940 के उच्च प्रतिष्ठा वाले व्यक्तियों द्वारा किए जाने वाले श्वेतपोश अपराधों की ओर विश्व का ध्यान दिलाया। व्यापार में कपट, व्यवसायों में अनाचार (माल-प्रैक्टिस), लोक-अधिकारियों द्वारा भ्रष्टाचार, कर विभाग को जानबूझ कर धोखा देना आदि एक विकासशील समाज में हो रहे श्वेतपोश अपराधों के कुछ उदाहरण हैं। श्वेतपोश अपराधी राष्ट्र एवं समाज के लिए अभिशाप हैं क्योंकि उनसे अनैतिकता को प्रोत्साहन मिलता है, आर्थिक असंतुलन उत्पन्न होता है तथा समाजवाद में बाधा पड़ती है। भारत जैसे विकासशील राष्ट्र में श्वेतपोश अपराधों की संख्या में निरन्तर वृद्धि हो रही है। श्वेतपोश अपराधों के साथ-साथ संगठित अपराध (आर्गनाइज्ड क्राइम) भी विकासशील समाज में बढ़ते पाए जाते हैं। सैलिन महोदय के विचारों में—"संगठित अपराध उन आर्थिक साहसों अथवा उद्यमों के समानार्थी हैं जो अवैधानिक गतिविधियों के संचालन हेतु संगठित किए जाते हैं और जबकि वे वैधानिक कार्यों का संचालन करते हैं, अवैधानिक साधनों के द्वारा कार्यान्वित करते हैं।" चोरी की वस्तुओं का क्रय-विक्रय, ठगी (स्वीडलिंग), जुआ, वेश्यावृत्ति, धोखाधड़ी, तस्करी (स्मगलिंग), नशावृत्ति (ड्रग-ऐडिशन) तथा जालसाजी संगठित अपराधों के कुछ प्रमुख स्वरूप हैं। श्वेतपोश अपराध तथा संगठित अपराधों का विरोध एक बहुत जटिल समस्या है जिसमें पुलिस की भूमिका बहुत महत्वपूर्ण है। जब तक समाज के आधारभूत मूल्यों (वेल्यू सिस्टम) में परिवर्तन नहीं होता तथा विधिक पद्धति बदली हुई आवश्यकताओं के अनुरूप नहीं बनती तब तक पुलिस इन चुनौतियों का सामना अकेले करने में असमर्थ रहेगी। पुलिस को आपराधिक न्याय प्रशासन का प्रथम अभिकरण कहा जाता है। वार्न्स तथा टीटर्स ने पुलिस को "सुरक्षा की प्रथम पंक्ति" (फर्स्ट लाइन आफ डिफेन्स) कहा है। एक विकासशील समाज में समसामयिक पुलिस की भूमिका पर अपने विचार लिखते हुए टैफ्ट महोदय ने लिखा है—"वर्तमान समय में प्रभावकारी पुलिस-सुरक्षा की आवश्यकता और बढ़ गई है। सामाजिक संबंधों की अधिक जटिलता, बड़े शहरों के विकास, अधिक घातक हथियारों का प्रसार, अपराधियों के वृहत संगठन और उनकी सम्पूर्ण सामाजिक ढांचे पर जकड़,

अविकसित यातयात के साधन जिनसे अपराध क्षेत्र, जिसमें अपराधी क्रिया-शील रह सकता है, का विस्तार एवं गिरफ्तारी से बचाव की अधिक संभावना आदि सक्षम पुलिस की मांग करती है।" बिना वारन्ट गिरफ्तारी, न्यायालय के आदेश पर गिरफ्तारी, खानातलाशी लेना संशयित व्यक्ति की जामातलाशी व पूछताछ तथा संशयित व्यक्तियों को हिरासत में लेना, पुलिस के प्रमुख कार्य हैं। पुलिस को जहां अपराधियों तथा समाज विरोधी शक्तियों से कुशलतापूर्वक निपटना है वहीं यथासम्भव अधिक से अधिक व्यक्तिगत स्वतंत्रता व सुरक्षा भी नागरिकों को प्रदान करना है।

एक विकासशील समाज में आन्तरिक सुरक्षा से संबंधित अनेक समस्याएं उठती हैं तथा पुलिस की इस संबंध में सुरक्षात्मक जिम्मेदारी बन जाती है। सीमा सुरक्षा, औद्योगिक सुरक्षा, रेलवे व रेलवे सम्पत्ति की सुरक्षा, राष्ट्रीय राज-मार्गों की सुरक्षा, बन्दरगाहों की सुरक्षा तथा सार्वजनिक क्षेत्र के बड़े-बड़े संस्थानों की सुरक्षा से संबंधित पुलिस की जिम्मेदारियां बहुत बढ़ जाती हैं। पुलिस के पास बाहरी शक्तियों तथा असामाजिक तत्वों द्वारा की जाने वाली आन्तरिक गड़बड़ी को रोकना अथवा शांति भंग करने के प्रयासों को रोकने की जिम्मेदारी होती है। चाहे युद्धकाल हो या शांति-काल हो, पुलिस को अपने सीमित साधनों द्वारा राष्ट्र विरोधी, शांति विरोधी तत्वों को नियंत्रण में रखना है तथा सभी पंचमार्गी लोगों को जो देश की आन्तरिक सुरक्षा को नष्ट करना चाहते हैं उनको पकड़ना, सजा दिलाना अथवा नष्ट करना है। सीमा पर राष्ट्र-अर्थविरोधी तत्वों द्वारा जो तस्करी (स्मगलिंग) होती है उसको रोकना तथा तस्करों को पकड़ कर कानून के हवाले करने का भी उत्तरादायित्व पुलिस का ही है, जिस कार्य में उन्हें सीमा सुरक्षा बल की सहायता भी प्राप्त होती है। तस्करों द्वारा राष्ट्रीय हितों के विरुद्ध होने वाली सीमा पर कानून विरोधी कार्रवाई को रोकने में भी पुलिस की एक अहम भूमिका है। देश के बन्दरगाहों की सुरक्षा के लिए पोर्ट सुरक्षा दल अलग से होता है परंतु फिर भी स्थानीय पुलिस की भी अपनी विशिष्ट भूमिका व जिम्मे-दारी होती है। रेलवे तथा रेलवे की संपत्ति की सुरक्षा के लिए यद्यपि रेलवे पुलिस (आर. पी. एफ.) दल की स्थापना हो गई है फिर भी पुलिस का भी इस विषय में अपना अलग उत्तरदायित्व है जिसे जी. आर. पी. के सहयोग से स्थानीय पुलिस निभाती है। विकसित समाज में राजमार्गों की सुरक्षा तथा राजमार्गों पर अपराधों को रोकने की जिम्मेदारी भी पुलिस के ही कन्धों पर है। विकसित समाज में यातायात के साधनों में भी तीव्र वृद्धि होती है। 1980 में भारत की सड़कों पर 41.05 लाख मोटरें थी जबकि 1974 में केवल 21.08 लाख मोटरें थीं। इस प्रकार मोटर वाहनों की सड़कों पर वृद्धि से पुलिस ट्रैफिक विभाग का उत्तर-दायित्व बढ़ जाता है। हमारे देश में सड़क दुर्घटनाओं के कारण 1979 में 18273, 1980 में 17481 और 1981 में कुल 20578 लोगों ने अपनी जान

गवाई थी। दिल्ली महानगर में 1983 में 1091 सांघातिक दुर्घटनाएं हुई जिन्होंने 1159 **लोगों** की जानें ली। राजमार्गों पर होने वाली दुर्घटनाएं मुख्यतः बस और ट्रक से होती हैं। एक सर्वेक्षण के अनुसार 1982 के दौरान 79 कारें, 348 ट्रकें और 332 बसें दुर्घटनाओं का कारण बनीं। भारत जैसे विकासशील देश में सड़कों की लम्बाई तथा वाहनों की संख्या में निरन्तर वृद्धि हो रही है। एक विकासशील समाज में यातायात नियंत्रण हेतु पुलिस की भूमिका बहुत महत्व-पूर्ण हो जाती है। जापान जैसे कम क्षेत्रफल वाले देश में 1982 में सड़क याता-यात को नियंत्रित करने के लिए पुलिस बल के 14283 जवान लगे थे जिनकी सहायता के लिए 2500 स्वैच्छिक यातायात रक्षक तथा 491000 यातायात मानीटर्स नियुक्त थे। एक विकासशील समाज में आन्तरिक सुरक्षा संबंधी उभरते हुए नये-नये पहलुओं को देखते हुए केन्द्र सरकार ने एक आन्तरिक सुरक्षा विभाग गृह मंत्रालय में खोला है तथा उस विभाग का कार्य एक राज्यमंत्री स्तर के मंत्री को सौंपा गया है।

पुलिस की सामाजिक जिम्मेदारियों को दर्शाना भी आवश्यक है। पुलिस की उपस्थिति एक सामाजिक आवश्यकता है क्योंकि मानव समाज के अस्तित्व तथा सुरक्षा के लिए सामाजिक जीवन पद्धति का निर्माण हुआ, जिसमें सामाजिक नियम व कानूनों को लागू करने के लिए एक सामाजिक संस्था की आवश्यकता पड़ी। जब छोटे-छोटे सामाजिक मानव गिरोह एकीकृत होकर राज्य के रूप में उभर कर आए तब सामाजिक नियमों को लागू कराने हेतु एक शक्तिशाली संगठन बनाने की आवश्यकता को महसूस करते हुए पुलिस संस्था को जन्म मिला। पुलिस और समाज एक दूसरे के आवश्यक अंग हैं। पुलिस समाज पर निर्भर है तथा समाज को अपनी सुरक्षा व नियमों को लागू करने के लिए पुलिस की आवश्यकता है। सही माने में वे एक दूसरे के पूरक हैं। एक प्रजातांत्रिक समाज में पुलिस की भूमिका एक सामाजिक सेवा संस्था तथा प्रजातांत्रिक प्रणाली के संरक्षक की है। जापान,फ्रांस, इंगलैंड, अमेरिका आदि सभी प्रजातंत्रीय समाजों में पुलिस अपनी अनेक विभिन्नताओं के साथ-साथ भिन्न-भिन्न स्वरूप लिए हुए है। प्रजातंत्रीय संरचना में पुलिस की उच्चतम धारणा "समाज सेवा" है और यदि पुलिस को अपनी प्रतिष्ठा बढ़ानी है तो उसे अपने नए सामाजिक दायित्व को पूरा करना पड़ेगा। भारतीय विकासशील समाज के सन्दर्भ में पुलिस का उत्तरदायित्व सामाजिक कानूनों का पालन कराना है तथा विशेष रूप से नीचे दिए सामाजिक अधिनियमों का :

1. वाल अधिनियम, 1960
2. सार्वजनिक जुआ अधिनियम, 1867
3. नागरिक अधिकार कानून, 1976

4. सुधार विद्यालय अधिनियम, 1897
5. अफीम अधिनियम, 1878
6. अपराधी परिवीक्षा (प्रोबेशन) अधिनियम, 1958
7. खतरनाक मादक द्रव्य (ड्रग्स) अधिनियम, 1930
8. स्त्रियों तथा लड़कियों के अनैतिक व्यापार रोक अधिनियम, 1956
9. आवश्यक सामग्री (कमोडिटी) अधिनियम, 1955
10. जंगली जानवर व पंछी सुरक्षा अधिनियम, 1912
11. जानवरों पर क्रूरता से विरोध अधिनियम, 1912
12. भ्रष्टाचार निरोध अधिनियम, 1947

अपराध-निरोध तथा सामाजिक अधिनियमों का पालन कराना पुलिस का एक सामाजिक उत्तरदायित्व है। अधिकतर कानून सामाजिक दृष्टिकोण से बनाए गए हैं जैसे अस्पृश्यता निवारण अधिनियम, जुआ अधिनियम, भ्रष्टाचार निरोध अधिनियम, मद्यनिषेध अधिनियम, स्त्रियों एवं लड़कियों के अनैतिक व्यापार अधिनियम, भिक्षा निवारण अधिनियम तथा उनको लागू करके पुलिस अपना सामाजिक उत्तरदायित्व निभाती है। सामाजिक अधिनियमों को लागू करने से जनता के मन में वैमनस्यता का भाव उत्पन्न हो जाता है तथा जनता का पूर्ण सहयोग प्राप्त नहीं होता है क्योंकि बहुत से सामाजिक अधिनियमों को सामाजिक समर्थन अभी तक प्राप्त नहीं है तथा उन्हें समाज पर लादा गया है। समाज के कमजोर वर्गों के शोषण को रोकने के लिए पुलिस को इन वर्गों में सामाजिक सुरक्षा की भावना जागृत करनी पड़ेगी तथा पुलिस को सामाजिक सुधार व कल्याण संबंधी कानून को कारगर रूप से पालन करना पड़ता है। इस प्रकार पुलिस की विकासशील समाज में सुरक्षात्मक, संवर्धक तथा उन्नतिप्रद भूमिका कीआवश्यकता होती है। पुलिस को अपनी सही भूमिका निभाने के लिए हमदर्द, दयामय, तथा विचारशील बनना पड़ेगा तथा बदलते हुए परिवेश में अपनी नई भूमिका का साफ-साफ ज्ञान करना पड़ेगा। अपराध की धरपकड़ तथा रोकथाम समाज में न्यायवादी व्यवस्था को बनाए रखने के अतिरिक्त पुलिस की सही भूमिका एक समाज में तथा विकासशील समाज के सजग प्रहरी के रूप में है। पुलिस को परिवर्तन का साधन (एजेन्ट आफ चेंज) बनना पड़ेगा। मार्टन वोर्ड ने पुलिस की सामाजिक भूमिका के विषय में कहा है कि समाज कल्याण एवं मानसिक स्वास्थ्य के क्षेत्र में पुलिस दल एक अछूता तथा अद्वितीय मानव साधन है जिसकी उपयोगिता सामाजिक परिरक्षा के व्यापक परिप्रेक्ष्य में बहुत महत्वपूर्ण हो सकती है। यदि यह कहा जाए कि पुलिस के महत्वपूर्ण उपस्थिति के बिना समाज का अस्तित्व ही खतरे में पड़ जाएगा तो कोई अतिशयोक्ति नहीं होगी। देश की विकासशील योजनाओं में पुलिस को सम्मिलित नहीं किया गया है और इसी कारण पुलिस का समुचित विकास व सुधार भी नहीं हो पाया है। पुलिस के कार्य व समय के सर्वेक्षण से यह ज्ञात

होता है कि पुलिस का लगभग 80 प्रतिशत कार्य आपराधिक विषयों से संबंधित न होकर पब्लिक की "समाज सेवा" संस्था के रूप में होता है।

एक मुख्य प्रश्न यह उठता है कि क्या आज भारतीय पुलिस एक विकासशील समाज की समसामयिक पुलिस की सही भूमिका निभा रही है? शायद यह नि:संकोच रूप से कहा जा सकता है कि आज की भारतीय पुलिस एक सही भूमिका नहीं निभा पा रही है। एक प्रजातांत्रिक समाज में जो पुलिस से आशा की जाती है उसके उपयुक्त कार्य, आचरण व व्यवहार भारतीय पुलिस का नहीं है। यदि हम इसके कारणों की जांच करें तो हम भारतीय पुलिस की संरचना, गठन, प्रशिक्षण, जनसम्पर्क आदि अनेक क्षेत्रों में कमियां व अभाव पाते हैं। पुलिस की एक परस्पर विरोधी व द्वन्द्वमय भूमिका है जो विकासशील समाज में उसे निभानी है। समस्त भारत में पुलिस व्यक्ति का राष्ट्रीय अनुपात 1: 870 है। बिहार राज्य में अनुपात 1:1065 है तथा दिल्ली में 1:1541 है। (पुलिस विज्ञान, सितंबर 1984, अंक 9, पृष्ठ 15)। राष्ट्रीय पुलिस कमीशन रिपोर्ट के अनुसार समस्त भारत में एक पुलिस व्यक्ति नगर क्षेत्र में 675 व्यक्ति पर तथा ग्रामीण क्षेत्र में एक पुलिस जन 5403 जनसंख्या पर तैनात पाया जाता है। फ्रान्स में एक पुलिस अफसर 300 जनसंख्या पर, इंग्लैंड में 362 मनुष्य पर तथा संयुक्त राज्य अमेरिका में 514 व्यक्तियों पर है जबकि भारत में 870 व्यक्तियों पर है। शहरों में एक थाना औसत रूप में लगभग 8 किलोमीटर के इलाके में पाया जाता है तथा ग्रामीण क्षेत्र में एक थाना लगभग 1067.7 किलोमीटर क्षेत्र में पाया जाता है। पुलिस की संख्या जनसंख्या के अनुपात में बहुत कम है तथा उत्तर-दायित्व का विस्तृत क्षेत्र होने के कारण भारतीय पुलिस अपनी सही भूमिका अदा करने में असमर्थ है। पुलिस जनों का चयन भी ठीक नहीं होता है तथा 80 प्रतिशत पुलिस कान्स्टेबिल ग्रामीण वातावरण से आते हैं जो पुलिस में केवल जीविका अर्जित करना चाहते हैं। पुलिस की ट्रेनिंग विशेषकर निम्न वर्ग के पुलिस अधिकारियों की गुणात्मक रूप में अति असंतोषकर होती है। गोरे कमेटी ने पुलिस प्रशिक्षण में अनेक कमियां पाई हैं जिनके कारण पुलिस-जन अपनी समसामयिक भूमिका अदा करने के लिए उचित रूप से प्रशिक्षित नहीं हो पाते है। पुलिस के संबंध जनता के साथ सदैव असंतोषजनक रहते है तथा पुलिस की छवि दिन-प्रतिदिन बिगड़ती जा रही है। पुलिस जनता के प्रति दमनात्मक रवैया अपनाती है। कभी-कभी यह कठोरता असभ्यता, बर्बरता तथा कानून उल्लंघन की सीमा तक पहुंच जाती है जो जनता में पुलिस के प्रति प्रतिशोधात्मक भावना उत्पन्न करती है। पुलिस के सैद्धांतिक एवं व्यावहारिक कार्यों में बहुत अन्तर पाया जाता है। पुलिस में भ्रष्टाचार का आचरण भी बहुत पाया जाता है तथा घूसखोरी ने पुलिस वालों की छवि को बहुत बिगाड़ा है। पुलिस की अशिक्षा एवं प्रशिक्षण के अभाव से विधि का पर्याप्त

ज्ञान नहीं होता है और अनेक अवसरों पर पुलिस अपने कर्तव्य पूर्ति में अधिकतर सीमा का उल्लंघन कर जाती है। पुलिस के कर्तव्य पालन में विभिन्न स्तरों पर राजनैतिक हस्तक्षेप से भी कभी-कभी अनेक बाधाएं आती हैं तथा पुलिस को ऐसे गलत कार्य करने पड़ते हैं जिससे समाज में पुलिस विरोधी भावना जाग्रत होती है। पुलिस जन सहयोग के अभाव से अपना कार्य प्रभावशाली ढंग से नहीं कर पाती है। पुलिस के कर्तव्यों व कठिनाइयों को देखते हुए पुलिस को वेतन, भत्ते तथा अन्य कार्य संबंधी सुविधाएं पर्याप्त मात्रा में प्राप्त नहीं होती हैं जिसके कारण पुलिस का मनोबल भी नीचा रहता है तथा समाज में पुलिस को उपयुक्त स्थान भी प्राप्त नहीं होता है। पुलिस के पास अपराधियों पर काबू पाने के लिए आवश्यक उपकरण,गाड़ी आदि भी प्राप्त नहीं है तथा पुलिस कुशलतापूर्वक अपने दायित्व को निभाने में असमर्थ रहती है। कुछ विद्वानों के अनुसार पुलिस बल को सही व उपयुक्त नेतृत्व भी कभी-कभी नहीं मिल पाता है जिससे उनका उपयुक्त मार्ग-दर्शन हो सके।

यदि पुलिस की विकासशील समाज की समसामयिक भूमिका का सही उदाहरण देखना है तो हमें जापानी पुलिस तथा ब्रिटेन की पुलिस की ओर देखना पड़ेगा जहां पुलिस जनता की मित्र, सलाहकार व दार्शनिक के रूप में कार्य करती है। भारतीय पुलिस को विकसित समाज के समसामयिक उपयुक्त भूमिका निभाने के लिए सबसे पहले पुलिस संस्कृति में मूलभूत परिवर्तन लाना होगा तथा पुलिस व्यवस्था में बहुमुखी सुधार लाना होगा। पुलिस में भर्ती का स्तर बहुत ऊंचा करना चाहिए ताकि गलत आदमी पुलिस में भर्ती न हो सके। पुलिस का सही आचरण ही पुलिस को जनप्रिय तथा सच्चे रूप में जनता की पुलिस बना सकता है। एक विकासशील समाज में पुलिस का प्राथमिक कर्तव्य अपराध की रोकथाम है साथ ही पुलिस को हर समय जनता की सेवा के लिए तैयार रहना चाहिए। बाढ़, अग्नि, महामारी, भूकंप, दुर्घटनाओं आदि के समय पुलिस को जनसेवा का कार्य करने में सबसे आगे आना चाहिए जिससे पुलिस जनता की प्रिय बन सके। साम्प्रदायिक झगड़ों में बिना किसी पक्षपातपूर्ण नीति से उसको नियंत्रित करने का उत्तरदायित्व पुलिस पर है। एक प्रजातांत्रिक विकासशील समाज में पुलिस आचरण के मुख्य सिद्धान्त निम्नानुसार हैं :

1. प्रत्येक पुलिस अधिकारी भारतीय संविधान के प्रति सदैव निष्ठावान रहेगा तथा नागरिकों के मूलभूत अधिकारों की रक्षा करेगा।
2. संसद अथवा विधान-सभाओं द्वारा पारित कानूनों के औचित्य और आवश्यकता पर शंका किए बिना उन्हें दृढ़तापूर्वक और निष्पक्षता से पालन कराएगा।

3. प्रत्येक पुलिस अधिकारी को न्यायपालिका के कार्य में हस्तक्षेप नहीं करना चाहिए तथा मामलों पर स्वयं निर्णय देने की चेष्टा नहीं करनी चाहिए ।
4. कानून का पालन करवाने तथा शांति व्यवस्था बनाए रखने के लिए सर्वप्रथम समझाने-बुझाने, चेतावनी देने तथा सलाह देने के तरीके का प्रयोग करना चाहिए परन्तु इन तरीकों के असफल होने पर जब बल प्रयोग अत्यावश्यक हो जाए तभी परिस्थितियों के अनुसार आवश्यक न्यूनतम बल का प्रयोग करना चाहिए ।
5. अपराध व अव्यवस्था को रोकने का काम पुलिस का पहला कार्य है ।
6. पुलिस जनता के सदस्य हैं और जो कर्तव्य उन्हें सौंपे गए हैं वे समाज के द्वारा तथा समाज के हित में है ऐसा मानते हुए करना चाहिए ।
7. पुलिस को जनता का सहयोग प्राप्त करना चाहिए तथा आम नागरिकों का विश्वास, आदर व अनुमोदन पाना पुलिस अधिकारी की योग्यता पर निर्भर करता है ।
8. पुलिस अधिकारियों को गम्भीर संकट तथा उत्तेजनाओं के समय भी शांति और प्रसन्न रहते हुए दूसरों की सुरक्षा के लिए अपने जीवन की बाजी तक लगाने के लिए तत्पर रहना चाहिए ।
9. प्रत्येक पुलिस अधिकारी को आम नागरिकों के प्रति कल्याण की भावना रखते हुए संवेदनशील तथा विचारवान होना चाहिए तथा सभी व्यक्तियों को आवश्यक सहयोग प्रदान करने के लिए सदा तैयार रहना चाहिए ।
10. प्रत्येक पुलिस अधिकारी को अपने व्यवहार में सौजन्य और सुसंस्कृत होना चाहिए ताकि सर्वसाधारण जनता उसका विश्वास कर सके ।
11. प्रत्येक पुलिस अधिकारी को आत्मसंयम रखते हुए अपने कर्त्तव्यों के प्रति निष्ठावान होना चाहिए ।
12. उच्च अनुशासन, आज्ञाकारिता तथा पुलिस बल के प्रति निष्ठा बनाए रखकर अपने आपको सतत प्रशिक्षण तथा तैयारी की हालत में रखकर पुलिस अधिकारी प्रशासन तथा देश के प्रति अपनी उपयोगिता बढ़ा सकते हैं ।

उपर्युक्त आचरण संहिता आदर्श रूप में पुलिस का मार्गदर्शक है । सभी आचरणों का पालन करना अत्यन्त कठिन है । जब पुलिस अधिकारी उपर्युक्त आचरण संहिता के नियमों का पालन करेंगे तभी एक प्रजातांत्रिक विकासशील देश के समसामयिक पुलिस की सही भूमिका निभा सकते हैं । जयप्रकाश नारायण जी के शब्दों में "भारतीय पुलिस पिछले उपनिवेशी सरकारकी क्रिया विधियों और

मानदण्डों से आज भी अपंग बनी हुई है। प्रशासन के इस महत्वपूर्ण अंग के दृष्टि-कोणों तथा कार्रवाई के विवरणों में पुनर्गठन करना होगा।" राष्ट्रीय पुलिस आयोग की सिफारिशों में अनेक ऐसे सुझाव हैं जिनको अपनाने से पुलिस अपनी सही समसामयिक भूमिका निभाने के योग्य बन सकती है। पुलिस के सभी वर्गों को उच्च-स्तरीय प्रशिक्षण की व्यवस्था होनी चाहिए जिससे पुलिसजन अपने भारी उत्तरदायित्व को निभाने योग्य बन सकें तथा अपने व्यवहार व आचरण में सही रवैया अपनाएं। पढ़े-लिखे चरित्रवान तथा योग्य व्यक्तियों को पुलिस में आकर्षित करने के लिए सेवा व आय आदि की शर्तों में समुचित सुधार होना चाहिए और अयोग्य व अवांछित प्रकार के पुलिस कर्मचारियों को छांट-छांटकर विभाग से निकाल देना चाहिए ताकि पुलिस संस्कृति में मूलभूत परिवर्तन लाए जा सकें। पुलिस के अधिकारों के दुरुपयोग की किसी भी शिकायत की निष्पक्षता के साथ पूरी-पूरी जांच-पड़ताल कराने के लिए उचित व्यवस्था पुलिस संगठन में करनी चाहिए। पुलिस में आधुनिकीकरण सभी क्षेत्रों में किया जाना चाहिए तथा पुलिस के सभी उपकरणों की जैसे मोटर, अस्त्र-शस्त्र, गोला-बारूद, वायरलेस, वैज्ञानिक अनुसंधान आदि को अति आधुनिक बनाया जाए। पुलिस के प्रशासन, संचरना व नियमों में भी आवश्यक मूलभूत परिवर्तन करने चाहिए ताकि एक विकासशील समाज के समसामयिक एक विकासशील पुलिस भी हो। पुलिस में मूलभूत सुधार व परिवर्तन लाने के हेतु सुझावों की कमी नहीं है परन्तु सुधार लाने के लिए एक दृढ़ राजनैतिक इच्छा की आवश्यकता है। केन्द्र व राज्य दोनों स्तरों पर जब पुलिस व्यवस्था, संरचना व नियमों मे मूलभूत आवश्यक परिवर्तन व सुधार हो जाएंगे तभी भारतीय पुलिस एक विकासशील समाज की समसामयिक भूमिका निभाने के योग्य बन सकेगी।

———

अध्याय 2

साम्प्रदायिक झगड़े तथा पुलिस की भूमिका

"साम्प्रदायिकता एक बड़ी खतरनाक और गुप्तचाली प्रक्रिया है, जो किसी भी धार्मिक दल के रवैये में राजनीति की मिलीभगत से उत्पन्न होती है। यह खतरनाक इसलिए है कि यह गलत या सही के सभी विवेक को पलीता लगाकर धर्मान्धता को सरलता से उभार देती है और गुप्तचाली दगाबाज इस कारण से है कि यह देश को बड़ी क्षति पहुंचा सकती है और उसका विभाजन करके मानी है। इसका एहसास होना चाहिए और मुचैटे के द्वारा इस प्रवृति को कुचल देना चाहिए। दंगे होने से पहले ही पुलिस को कार्रवाई करनी चाहिए, बाद की कार्यवाही से कुछ नहीं बनता। इस विषय में पुलिस को जागरूक रहना चाहिए और धर्मान्धता से बचे रहने की पुलिसजनों को शिक्षा देनी चाहिए।"—पुलिस पर नेहरू—श्री वी. एन. मलिक।

11 भारत में साम्प्रदायिक दंगों की अपनी तीखी रणनीतियां दिखाई पड़ती हैं और यह बात उजागर है कि राजनैतिक दलों और समाचार-पत्रों की सांठ-गाँठ से साम्प्रदायिक लोग इन नीतियों को चलाने में सफल होते हैं। देश के इतिहास, भूगोल, सभ्यता और राजनीति में गहरी जड़ें होने के कारण, साम्प्रदायिक दंगे केवल हिन्दू, और मुसलमानों तक ही सीमित नहीं है, बल्कि मुसलमानों के शिया-सुन्नी दो दलों में, हरिजनों और सवर्ण हिन्दुओं में, हिन्दुओं में ही अन्य मतों में, आदि में जातियों में तथा हिन्दुओं और पारसियों में उत्पन्न हो जाते हैं। जब भी दो जातियों में सांप्रदायिक दंगे उभर पड़ते हैं, तब साधारणतया ये अपराध होते हैं: (1) प्रहार, छुरेबाजी और मारधाड़ (2) लड़कियों और महिलाओं का अपहरण और बलात्कार (3) मकानों-दुकानों की आगजनी (4) दो विरोधी-दलों में संघर्ष (5) दुकानों की लूटपाट और (6) धार्मिक स्थानों को अपवित्र बनाना।

साम्प्रदायिक दंगों के व्यापक रूप के उदाहरण देखने को इन स्थानों में मिले हैं—कलकत्ता, जमशेदपुर, मेरठ, रांची, सिंहभूमि, सुन्दरगढ़, राउरकेला, गुजरात में अहमदाबाद तथा अन्य स्थानों में। प्राप्त आंकड़ों के अनुसार देश में साम्प्रदायिक दंगों की संख्या 1954 में 83 से लेकर 1967 में 220, 1970 में 521 और 1972 में 240 रही है।

निम्नलिखित कारणों से राष्ट्र को भी चिन्ता रहती है:

1. श्री जवाहरलाल नेहरू के शब्दों में "किसी सीमा तक साम्प्रदायिक दंगे

शर्मनाक हैं'''अधिकारियों की विफलता के कारण ही यह अपमानजनक दृश्य होता है।"

2. साम्प्रदायिक दंगों से बदले और बदले के बदले—एक प्रतिशोध की शृंखला का दुश्चक्र चल पड़ता है। जनता इन दौर-दौरों में पिस जाती है।
3 संसार की दृष्टि में भारत की धर्मनिरपेक्षता की छवि को ये दंगे बिगाड़ देते हैं और पाकिस्तान को हमें बदनाम करने का मौका देते हैं।
4. मिस्र, सीरिया, इराक तथा बंगला देश जैसे मित्र देशों से ये हमारे सम्बन्ध खराब करते हैं।
5. काम ठप्प होने से, उत्पादन-क्रिया में करोड़ों रुपयों तथा मानव घण्टों की हानि होती है।
6. इन दंगों में प्राणों का भारी नुकसान होता है। 1964 की जनवरी में पांच दिनों के साम्प्रदायिक दंगों में, दंगों के दबने से पूर्व 164 मनुष्यों के प्राण गये थे।
7. इनमें सम्पत्ति को भी भारी क्षति पहुंची है। सरकारी आंकड़ों के अनुसार, अहमदाबाद नगर में 1969 के सितम्बर वाले दंगों में सम्पत्ति की हानि 4.25 करोड़ रुपये और मकान-दुकानों की क्षति की संख्या 6,472 थी।
8. दंगों के बाद, उनकी छानबीनों से स्थानीय अधिकारियों तथा पुलिस के हौसले पस्त पड़ जाते हैं।
9. इन दंगों में अल्पसंख्यक की ही बलि होती है और जानोमाल भी उनका ही अधिक क्षतिग्रस्त होता है। इस बात को ध्यान में नहीं रखते हुए कि किस ओर से दंगे शुरू हुए और इसका जानना भी निष्पक्षता से प्रायः असम्भव होता है, मुसलमानों को जानोमाल की अपेक्षाकृत अधिक हानि उठानी पड़ती है।
10. देश के एक कोने में अल्पसंख्यकों पर हुए अत्याचारों का बदला, दूसरे कोने में अन्य अल्पसंख्यकों पर और भी अधिक अत्याचार करके चुकाया जाता है। राजनीतिक तथा वास्तविक दोनों ही दृष्टिकोणों से, ऐसे साम्प्रदायिक दंगे नितान्त अमानवीय होते हैं।

साधारण लक्षण

पिछली तीन दशाब्दियों में हुए साम्प्रदायिक दंगों में अधिकांशतः ये बातें देखते में आती है :

1. कट्टर हिन्दुत्व और कट्टर इस्लाम—देश में ये दो बड़े साधारण तत्व हैं। साम्प्रदायिक और भाषायी गुटबन्दी ने बहुधा भारी दंगे कराये हैं, जिन्होंने अन्त में भयंकर रूप धारण किया है। साम्प्रदायिक हिंसा दावानल की भांति

फैलती है ।

2. दंगों में सामान्य जीवन की अस्तव्यस्तता से लाभ उठाते हैं निम्न जगत के गुण्डे और शातिर लोग, जो लूटपाट, आगजनी और अन्य असामाजिक कार्रवाइयों का सहारा लेते हैं ।

3. साम्प्रदायिक दंगों में कुछ साम्प्रदायिक संगठन और अल्पसंख्यक जाति के कुछ स्वार्थी लोग जानबूझकर आतंक का वातावरण पैदा करते हैं और कानून तथा व्यवस्था को सामान्य रूप में फिर से लाने के मार्ग में ये ही बड़ा रोड़ा अटकाते हैं ।

4. ऐसे दंगों की पहले ही योजना बना ली जाती है । श्री जवाहरलाल नेहरू के शब्दों में—"यह कहना कि अधिकारी अचम्भे में रह गये कतई ठीक नहीं है ।"

5. विभिन्न जातियों में व्यक्तिगत शत्रुता और तिजारती दुश्मनी जैसे समाज विरोधी तनाव बढ़ाने वाले तत्व बहुतायत में पाए जाते हैं ।

6. स्थानीय जोश को प्रज्वलित करने में अफवाहें बड़ा महत्वपूर्ण योगदान करती हैं ।

7. कुछ राजनैतिक दल साम्प्रदायिक तनाव को बारम्बार बनाए रखने में प्रायः सक्रिय रहते हैं । "25 वर्षों का अनुभव यह बताता है कि साम्प्रदायिकता के प्रति चाहे पक्ष में या विपक्ष में, राजनीतिक दलों द्वारा अपनाये गए रवैयों से ही नए तनाव पैदा होते हैं और भयंकर रूप धारण करते हैं" (डा. पी. डी. शर्मा की पुस्तक—इंडियन पुलिस –ए डेवलपमेण्टल एप्रोच)

8. अपनी निष्पक्षता दिखाने के लिए स्थानीय अधिकारी साम्प्रदायिक दंगों में सताने वालों और सताये गए लोगों को साधारणतया बराबर पलड़ों में रखते हैं ।

9. साम्प्रदायिक समाचार पत्रों ने अपने गैर जिम्मेदार प्रकाशनों से मजहबी आग भड़काने में खूब नमक-मिर्च लगाने का निन्दनीय काम किया है ।

10. श्री एस. सी. मिश्र (आई. पी.) के मतानुसार—"किसी ठोस प्रमाण के अभाव में भारतीय गुप्तचर विभाग ने भारत के साम्प्रदायिक दंगों में पाकिस्तान की गुप्तचरी का हाथ कभी नहीं माना है, किन्तु यह संदेह सदा बना रहता है कि अनेकों दंगे पाकिस्तान के स्वार्थी धर्मान्ध तत्वों के इशारे पर होते हैं ।"

11. "साम्प्रदायिकता एक राजनीतिक दल बनी रहती है और इलाहाबाद, अलीगढ़, खुलना, कलकत्ता, अहमदाबाद, जलगांव और भिवानी के दंगों की भांति प्रायः हिंसा पर उतारू हो जाती है । देश के लिए यह हमेशा खतरा बनी रहती है ।"

12. "देश के राजनीतिक इतिहास के संकटों के समय, साम्प्रदायिक दंगों में स्वयं बारम्बार प्रज्वलित होने की उल्लेखनीय प्रवृति रही है ।"

(देखिए—श्री एस. सी. मिश्र की पुस्तक—पुलिस एडमिनिस्ट्रेशन इन इंडिया)

पुलिस की भूमिका : साम्प्रदायिक दंगों से निपटने में, पुलिस के कार्य काल-क्रम में कुछ इस प्रकार है : (1) गुप्तचरी (2) निर्णय लेना (3) कानूनी स्थिति तथा सरकारी नीति (4) पूर्वोपाय में पहले ही पकड़-धकड़ (5) कार्य-वाही तैयारी और योजना (6) सीधी कार्यवाही, कार्यवाही के समय उपलब्ध जनशक्ति का प्रयोग और उपद्रव-दमन के ढंग (7) कार्रवाई के समापन और अनुसरण कार्य (पूछताछ और न्यायालयों में अभियोजन) (8) साम्प्रदायिक दंगों को कुचलने के लिए दीर्घकालिक उपाय —जहां तक साम्प्रदायिक दंगों का सम्बन्ध है "सहसा विस्फोट का सिदान्त" विरले ही सही है। साम्प्रदायिक दंगों के अध्ययन ने यह स्पष्ट किया है कि साम्प्रदायिक तनावों के कुछ चिह्न पहले ही कुछ दिखाई पड़ रहे थे, जिन पर पुलिस द्वारा स्थिति का अपर्याप्त तथा गलत मूल्यांकन करने के कारण सही ध्यान नहीं दिया जा सका। साम्प्रदायिक उत्तेजनाओं के विषय में सही और पर्याप्त जानकारी तथा दंगे की सुलगती आग या तनाव की उपस्थिति की सामयिक सूचना को कारगर ढंग से इकट्ठा करने पर, पुलिस सरकारी तन्त्र को सतर्क कर सकती है और होते हुए दंगों को रोक सकती है या व्याप्त उपद्रवों की भीषणता को कम कर सकती है। उपद्रवियों, धर्मान्ध शक्तियों, गुण्डों तथा अन्य समाज-विरोधी तत्वों की सूचियों को समय-समय पर अद्यतन सही करते रहना चाहिए और अराजकता फैलाने वालों पर कड़ी दृष्टि रखनी चाहिए। साम्प्रदायिक उपद्रवीय स्थिति पर प्रभावपूर्ण नियंत्रण के लिए तथा गुप्त जानकारी के संकलन तथा प्रसारण एवं विविध पुलिस सेवाओं को कारगर निर्देश देने के वास्ते एक जिला नियंयण कक्ष की जरूरत है, जिस पर पर्याप्त जनशक्ति, क्षेत्रों के नक्शे, परिवहन, बेतार, टेलीप्रिंटर, टेलीफोन आदि जैसे अच्छे संचार-साधन हों।

साम्प्रदायिक दंगों पर काबू पाने के लिए सभी समाजद्रोही तत्वों, सिंह-भाइयों, उत्तेजकों तथा मजहबी तनावों में धन लगाने वालों की तुरन्त रोक थामी धरपकड़ करनी होगी। साथ ही, दोनों मतों के जिम्मेदार नेताओं से अनुनय-विनय एवं विचार विनिमय किया जा सकता है। पुलिस के निकम्मे होने पर ही, साम्प्रदायिक दंगे सिर उठाते हैं या विकराल मुख फाड़ते हैं। शुरू में ही बल प्रयोग किया जाना चाहिए क्योंकि देरी करने पर खतरनाक नतीजे और अपूर्व हानि हो सकती है। देश के जान-माल की रक्षा के लिए दृढ़ कार्यवाही का निर्णय लेना बहुत ही आवश्यक है। लोकतांत्रिक व्यवस्था में मुख्यतः दफा-144 (अपराध दण्ड संहिता) के अन्तर्गत जारी आदेशों की घोषणा तथा प्रवर्तन की तुलना में पुलिस अधिनियम की 30 धारा में विहित नियामक आदेशों को तरजीह देनी होगी।

पुलिस-विफलता के कारण : साम्प्रदायिक उपद्रवों से सुलझने के विषय में अतीत में की गई पुलिस और स्थानीय नागरिक अधिकारियों की सामान्य आलोचना को संक्षेप में इस प्रकार कहा जा सकता है :

(1) बाद में कठोर कार्रवाई की जाने के भय से, सभी स्तरों पर कारगर नेतृत्व की कमी, अनिर्णय तथा प्ररुचि का अभाव (2) घटनाओं को बहुत कम महत्व देना और गुप्त जानकारी की योजना में असफलता (3) पुलिस थानों पर तथा सशस्त्र पुलिस में जनशक्ति की कमी (4) मोटर परिवहन व अश्रु गैस जैसे उपद्रव-दमन के उपकरणों का अभाव (5) पुलिस में असंतोष (4) तथा मनोबल में क्षीणता (6) सही प्रशिक्षण का अभाव और साम्प्रदायिक दंगों से निपटने की तैयारी में कमी (7) उपद्रवग्रस्त क्षेत्रों में चौकियों तथा पहरों के ठीक-ठीक प्रबन्ध में विफलता (8) कारगर पुलिस कार्रवाई करने में असफलता तथा किन्हीं पुलिस अधिकारियों में कहीं-कहीं निष्पक्षता की कमी (9) उपद्रव के आरम्भिक काल में अप्रभावी कार्रवाई की जिम्मेदार स्थिति का गलत जायजा और आत्मसन्तोष की भावना (10) संगठन तथा योजना की कमी दिखाती हुई उपलब्ध पुलिस के प्रयोग और संरक्षण में विफलता (11) झूठी अफवाहों को रोकने के लिए आवश्यक जन-सम्पर्क तथा संचार की कमी तथा समाचार-पत्रों से सहयोग पाने में विफलता (12) राजनीतिक समर्थन तथा स्वीकृति के लिए अनुचित चमचागीरी जिसके फलस्वरूप पुलिस अफसरों द्वारा स्थिति को स्वयं जांचने की अपेक्षा राजनीतिक निर्देशन तथा मार्गदर्शन पर निर्भरता।

साम्प्रदायिक के दंगों अधिकांश अध्ययन/छानबीन ने यह बात बताई है कि पुलिस और स्थानीय अधिकारियों द्वारा देर से की गई कार्रवाई ने उत्तेजना ही केवल अधिक नहीं फैलाई, अपितु उस पर तुरन्त काबू पाने के लिए अधिकारियों को अक्षम बना दिया।

कानूनी शस्त्रागार : भारतीय दण्ड संहिता में 153 "ए" अनुच्छेद तोड़ने से तथा साम्प्रदायिक तथा चुनाव कानून (संशोधन) अधिनियम 1969 से, उसके क्षेत्र को विस्तृत करने से पुलिस को पयप्ति अधिकार मिले हैं। इस कानून में अच्छी बातें ये है :

(क) कई अपराध, हस्तक्षेप तथा बिना जमानत वाले करार किए गए हैं,

(ख) पूजा स्थलों पर किए गए अपराध और अधिक दण्डनीय होंगे, तथा

(ग) जन-प्रतिनिधित्व अधिनियम की 8 धारा के अन्तर्गत, कई अपराध में गिरफ्तारियां अनर्हताएं मानी गई हैं। दफा 144 (दण्ड अपराध संहिता) की घोषणा करने पर काफी रोकथाम के उपाय किए जा सकते हैं और उस समय पर गिरफ्तारियां की जा सकती हैं।

रोकथाम और नियंत्रण : 1. अनुभव यह बताता है कि बहुत वर्षों तक साम्प्रदायिक दंगों को हमें राष्ट्रीय जीवन का अंग मानते रहना होगा। इस बात

को समझने के लिए केन्द्र को तथ्य से मुख नहीं मोड़ना होगा और सांस्कृतिक तथा शैक्षिक उपयों के साथ-साथ केवल साम्प्रदायिक प्रकार के दंगों से ही निपटने के लिए एक केन्द्रीय संगठन (आन्तरिक सुरक्षा ब्यूरो) का गठन उसे करना होगा (सी. एल. प्राउडफुट का लेख "दी वार अगेंस्ट कम्युनलिज्म"—संडे स्टैण्डर्ड, 4 जुलाई, 1970)।

2. प्रशासन को भी दृढ़ता से कार्रवाई करनी चाहिए और मुकदमों में राजनीतिक हस्तक्षेप नहीं सहन करना चाहिए (ए. डी. गोर्वाला की पुस्तक "दी रोल आफ दि एडमिनिस्ट्रेटर, पास्ट, प्रेजेंट एण्ड फ्यूचर")।

3. युवा-हिंसा की भांति, साम्प्रदायिक हिंसा को एक भिन्न रवैया अपनाने की जरूरत है। प्रशासन को तो शायद निम्न स्तर की भूमिका निभानी होती है और इस रोग की (जो अधिकांशतः राजनीति से रंगा होता है) कोई अचूक दवा उस पर नहीं होती है (डा. पी. डी. शर्मा—इंडियन पुलिस, ए डेवलपमेण्टल एप्रोच)।

4. कानून और व्यवस्था के तंत्र को साम्प्रदायिक समस्याओं से निपटने के लिए विशेष रणनीतियां और उपाय काम में लाना चाहिए और इन कदमों को तो उठाना ही चाहिए :

(क) पुलिस संगठन में कर्मी-साहाय्य के रूप में किसी विशेष योग्यता या खण्ड का गठन।

(ख) स्वाधीनता और मुख्यतर धार्मिक स्वाधीनता के प्रति संवैधानिक अधिकारों के अन्तर्गत पुलिस को पूर्वोपाय करने के लिए पर्याप्त अधिकारों को देना, तथा

(ग) कर्मचारियों की भर्ती और प्रशिक्षण को मजबूत बनाने के लिए निजी सुधार लाना, जिससे व्यवहार में धीरे-धीरे धर्मनिरपेक्षता की परम्पराओं और अभिरुचियों में वे मंज जाएं।

5. सामूहिक जुर्माना एक ऐसा उपाय है जो इस गलत भावना पर आधारित है कि हजारों निरपराधी कुछ गुंडों को नहीं संभाल सकते हैं। इसी प्रकार के लिए कुछ दर्जन जिलों को अलग करना और जिला अधिकारियों को चेतावनियां देना दिखाने में भोली-भाली करतूतें हैं। दोषी को कठोर दंड देना इस जटिल समस्या का केवल किनारा छूना है और जिला-प्रशासन सिर्फ गौण श्रेणी की भूमिका निर्वाह सकता है।

6. एक नवजात लोकतन्त्र में विश्वविद्यालयों, ग्रामों, कस्बों और शहरों-समाचार-पत्रों तथा दूरदर्शन तथा अन्य सामान्य मंचों पर विचार-गोष्ठियों द्वारा मेहनत करके एक ऐसी लोकनीति और धर्मनिरपेक्ष दृष्टिकोण बनाना है, जिससे सर्व-सम्मति से साम्प्रदायिक समस्या का स्थायी समाधान खोजा जा सके। जनता जनार्दन में धर्मनिरपेक्षता और विश्व-बन्धुत्व की भावना को भरने के लिए सामूहिक

माध्यमों के विविध रूपों द्वारा जन नेताओं और शिष्ट वर्गों को बढ़-चढ़कर काम करना चाहिए। एक बहुजातीय समाज में पूरा साम्प्रदायिक तालमेल रखने के लिए, जनता में चेतना लाने के वास्ते, नागरिक अधिकारियों और पुलिस को विशेष कोर्सों द्वारा शिक्षित करना चाहिए।

7. हिंसा की प्रवृत्ति वाले क्षेत्रों और नगरों में शस्त्र अधिनियम की 4 धारा को लागू करने के लिए तथा छुरे, चाकू, भाले, तलवार आदि जैसे शस्त्रों को उन क्षेत्रों और नगरों में बिना लाइसेंस के रखने या ले जाने के विरुद्ध अधिसूचना जारी करने के विषय में सरकार को सोचना चाहिए।

8. ऐसे क्षेत्रों के लिए आपत्कालीन योजना तथा उसमें अपनी-अपनी सेवाओं की पूरी-पूरी जानकारी, जिला कलक्टर, पुलिस अधीक्षक और उसके अधीनस्थ कर्मचारियों को होनी चाहिए।

9. जरा-सी बात पर भभक पड़ने वाले तनाव को प्रज्वलित करने वाली अफवाहों का खण्डन करना बड़ा जरूरी है। सही तथ्यों को बताकर अफवाहों के खण्डन में रेडियो लाभदायक हो सकता है। वाहनों द्वारा प्रचार भी किया जा सकता है।

10. दंगाग्रस्त क्षेत्रों पर पूर्ण नियंत्रण लाने के लिए, स्थायी चौकियां कायम करनी चाहिए और इनका प्रयोग करना चाहिए।

11. पुलिस टुकड़ियों को मोटरों में लगे वाकी-टाकी रेडियो से लैस रखना चाहिए और आक्रमणीय स्थानों पर टेलीफोन भी लगे होना चाहिए। पुलिस की सहायता के लिए, एक फोटोग्राफर भी घटना के छायाचित्र लेने के लिए मौजूद रहना चाहिए।

12. उपद्रवों में हानि उठाने वालों को मुआवजा और पुनःस्थापित करने का प्रबन्ध होना चाहिए। मरने वालों की सन्तान को उपयुक्त मुआवजा देना चाहिए।

13. सामूहिक जुर्माना और दाण्डिक पुलिस को लगाने पर भी सोचना चाहिए।

1967 में हुए दंगों की छानबीन द्वारा न्यायमूर्ति पी. जगमोहन की रिपोर्ट में कुछ सिफारिशें इस प्रकार है :

(क) दंगोंको सुलझा ने के लिए तुरन्त कारगर निर्देशन के वास्ते सभी कानून-पालन कराने वाली इकाइयों में तालमेल बिठाने को एक उपद्रव-आयुक्त प्रत्येक राज्य में लगाना वांछनीय है।

(ख) आग्नेय अस्त्र और उनकी सुरक्षा का प्रबन्ध प्रत्येक थाने में होना चाहिए।

(ग) मलबा उठाने, मुर्दे फेंकने, मारधाड़ के भय से ग्रस्त लोगों की भ्रमण

रक्षा तथा जानोमाल की रक्षा जैसे अनेकों कार्यों में पुलिस साधारणतया लगायी जाती है। इन कामों को होमगार्ड या राष्ट्रीय कैडेट कोर को सौंपना चाहिए।

(घ) नियंत्रण कक्ष में सुधार और सूचना भेजने की बड़ी जरूरत है। धावे, आगजनी, लूटमार, मारधाड़ आदि जैसी उपद्रव सम्बन्धी सूचनाएं थानों के हिसाब से इकट्ठे करने के वास्ते हर नियंत्रण कक्ष पर एक जिम्मेदार अफसर को रहना चाहिए, जिससे नियंत्रण अधिकारी को किसी समय भी पूरी-पूरी जानकारी मिल सके।

उपसंहार : पुलिस अफसरों तथा नागरिक अधिकारियों के निदेशन के लिए आन्तरिक सुरक्षा अकादमी के सहयोग से पुलिस अनुसंधान और विकास के ब्योरों को विभिन्न सामुदायिक दंगों के मामलों का ब्यौरेवार अध्ययन करना चाहिए।

अध्याय 3

पुलिस छवि में सुधार कैसे हो

पुलिस छवि है क्या ? क्या यह वह छवि है, जिसको कोई पुलिस कर्मी अपने दर्पण में (अपनी छवि) देखता है या एक अस्थायी इकट्ठे समाज की जनता के विशेष वर्गों द्वारा मानी हुई पुलिस छवि है ? राजनीतिज्ञ, साहित्य शास्त्री, व्यापारी, छात्र, उद्योगपति, अल्पसंख्यक, श्रमिक तथा समाज के अन्य अंग अपनी ओर से एक व्यापक छवि बना लेते हैं । असंगत, परस्पर विरोधी, कर्कश और कभी-कभार अयुक्त श्रोताओं की आकांक्षाओं वाली अनेकों लोक छवियां कैसे ली जाएं तथा कुछ समझौता किया जाए और राष्ट्र की जनता की न्यूनतम सहमति ली ज़ाए—ऐसी स्थितियों में, छवियां मनगढ़न्त, झूठी, बढ़ी-चढ़ी या कारस्तानियों से भरपूर तक हो सकती हैं ।

राष्ट्रीय पुलिस आयोग की पहली रिपोर्ट गृहमन्त्री को भेजते हुए, श्री धर्मवीर, अध्यक्ष, ने लिखा था, "जो कुछ हमने देख तथा सुन रखा है, पुलिस के जालिम व्यवहार और ज्यादतियों के खिलाफ जनता द्वारा शिकायतों की उत्तरोत्तर वृद्धि के विषय में हम अत्यधिक दुःखी तथा गम्भीरतापूर्वक चिन्तित हुए । यह हमें साफ जाहिर था कि पुलिस द्वारा अधिकारों के अतीव दुरुपयोग को रोकने के वर्तमान प्रबन्धों के प्रति और देश की कानून-व्यवस्था तथा आपराधिक स्थिति से कारगर रूप से निपटने में पुलिस की दक्षता के प्रति, जनता का विश्वास शीघ्रता-पूर्वक उठता जा रहा है ।"

निग्रह : भारतीय पुलिस "नरम राज्य की बलि" है, जहां कानून-पालन में कर्मियों द्वारा सौंपे हुए नियमों और निदेशनों की सरकारी कर्मचारियों की विभिन्न स्तरों पर व्यापक अवहेलना के कारण, और शक्तिशाली राजनीतिज्ञों और प्रशासकों के द्वारा सामाजिक अनुशासन के विविध क्षेत्र खुद प्रकट होते हैं । नरम राज्यके प्रत्यक्ष और परोक्ष प्रभाव से पुलिस निष्क्रिय, भ्रष्ट, हताश, चरित्र-हीन तथा अप्रिय हो चुकी है ।

पुलिस को ऐसी सामाजिक विविध व्यवस्था की बहुल राशि को लागू और अनुपालित कराना पड़ता है, जो जनता की "जबरदस्त मांग, स्वीकार्यता तथा प्रतिवर्तन व्यावहारिकता" (जैसा डा. ए. एस. गुप्ता, भूतपूर्व अध्यक्ष, पुलिस अनु-संधान तथा विकास ब्यूरो ने बताया है) की परीक्षा में विफल रही है और जो

अन्त में, पुलिस को समाज से सीधी टक्कर कराती है।

"पापी की तुलना में ज्यादा गुनाह सहने वाली" का श्रेष्ठ उदाहरण हमारे देश की पुलिस है। भारत में पुलिस को सामाजिक, कानूनी, प्रशासनिक और दूसरे दबावों में काम करना पड़ता है।

सत्ताधारी राजनीतिज्ञों से वह दुरुपयुक्त और शोषित होती है, बुद्धिमानों की वह घृणा और अविश्वास का पात्र बनती है, जनता जनार्दन उससे डरती है, कानून उस पर अविश्वास और सन्देह करता है, अपने स्वार्थों के लिए शक्तिशाली और धनी उसे दुरुपयुक्त करते हैं, समाचारपत्र सूली पर चढ़ाने को उसे तैयार रहते हैं, श्रमिक वर्ग उसे जालिम मानता है और सत्ताधारी दल उसे "बलि का बकरा" बताता है। ऐसी पुलिस पद्धति, शीघ्रतापूर्वक बदलते हुए समाज में स्थिर रह गई है और राजनीतिक कारण, सामाजिक गैर जिम्मेदारी, भ्रष्टाचार, प्रशासनिक हीनता और व्यावसायिक अक्षमता ने उसकी छवि धूमिल कर दी है।

छवि का सुधार : 1977 में भारत सरकार ने राष्ट्रीय पुलिस आयोग नियुक्त किया, क्योंकि उसने अनुभव किया कि यद्यपि कितने ही राज्यों ने अपने क्षेत्रों में पुलिस समस्याओं को अध्ययन करने के लिए पुलिस आयोग नियुक्त किए थे, परन्तु देश की राजनीतिक, सामाजिक तथा आर्थिक स्थिति में बड़े परिवर्तन होने पर भी, स्वतंत्रता के पश्चात, राष्ट्रीय स्तर पर, कोई भी व्यापक पुनरीक्षण पुलिस-पद्धति पर नहीं हुआ था।

पुलिस छवि सुधारने के लिए एक अत्युत्तम व्यावसायिक, सद्व्यवहारी, कर्तव्यपरायण और जिम्मेदार पुलिस की आवश्यकता है। एक लोकतांत्रिक समाज को दृढ़तापूर्वक स्थापित करने के लिए, प्रत्येक पुलिस कर्मी को यह सिखाना पड़ेगा कि लोकतन्त्र के अर्थ क्या हैं? उसे जानना चाहिए कि मानव अधिकार कितने पवित्र हैं। उसे सामान्यजन की स्वतन्त्रताओं के लिए एक भारी लगन लगानी होगी तथा जनता और कानून के प्रति, उसे अपना अन्तिम दायित्व समझना होगा।

पुलिस छवि के सुधारने के हेतु, पुलिस को (1) अराजनीतिकरण (2) लोकतन्त्रीकरण (3) व्यावसायिकता (4) समाजीकरण (5) भावनात्मकता और (6) पुनर्गठन की आवश्यकता है।

राष्ट्रीय पुलिस आयोग ने सत्य ही कहा है कि "पुलिस थाने के स्तर पर काम करने वाले सेवी वर्ग से ही मुख्यत: पुलिस छवि का निर्णय इस देश में होता है। पुलिस में ऐसे सेवी वर्ग की बहुलता है और वही सारे पुलिस संरचना की नीव का पत्थर है। उसी स्तर से सार्थक पुलिस सुधार की चेष्टा का श्रीगणेश अवश्यमेव किया जा सकता है, क्योंकि जब तक पद्धति का मूल आधार स्वस्थ तथा कुशल नहीं बनाया जाता तब तक इस पद्धति की पुन: संरचना न तो व्यावहारिक

होगी और न ही स्थायी ।

प्रस्तावित उपाय : क्या गुणात्मकता और क्या परिमाण में, निम्नलिखित उपाय पुलिस छवि सुधार सकते हैं :

1. पुलिस की वर्तमान जनशक्ति अपर्याप्त है और अपराध, क्षेत्र, जन-संख्या तथा राजनीतिक आवश्यकताओं के परिमाण के आधार पर, इस जनशक्ति का सावधि पुनरीक्षण जरूरी है और वही उस शक्ति में उसके अनुसार बढ़ोतरी ।

2. के. रि. पु. बल की सी. सु. बल तथा अन्य अर्द्धसैनिक बलों सहित सशस्त्र पुलिस की जनशक्ति की वृद्धि का पुनरीक्षण होना चाहिए और सन्तुलित विकास को सुनिश्चित करना चाहिए ।

3. नागरिक और ग्रामीण दोनों क्षेत्रों में महिला पुलिस की जनशक्ति बढ़ानी चाहिए, जिससे पुलिस में स्त्रीलिंग और पुल्लिग का प्रतिनिधित्व सन्तुलित हो । देश में महिला वर्ग के संरक्षण और शैशव अपराधों से सुलझने के लिए, महिला पुलिस का महान योगदान होना चाहिए ।

4. पुलिस संगठन में मानव साधन विकास कार्यक्रम की आवश्यकता है । जनशक्ति योजना, जनशक्ति उपयोग और कारगर प्रयोज़न, पुलिस छवि को निश्चय ही सुधारने में मदद देंगे ।

5. विशेषज्ञों द्वारा तैयार किए गए रुचिपूर्ण और मनोवैज्ञानिक परीक्षणों के आधार पर पुलिस में भर्ती होनी चाहिए ।

6. उत्तम भर्ती के स्तरों और उच्च श्रेणी के प्रशिक्षण से पुलिस कर्मियों की गुणात्मकता सुधारी जा सकती है । यदि अक्षमता, दमन और भ्रष्टाचार से पुलिस को ऊपर उठाना है, तब पुलिस की भूमिकाओं और कर्तव्यों में कुछ आधारभूत परिवर्तन करने होंगे । हमारी समझ में संगठन के दृष्टिकोण में परि-वर्तन अपेक्षाकृत अधिक महत्व का है । पुलिस को "संरक्षक, जासूसी और दमन-कारी" समझने वाले पुराने दृष्टिकोण के स्थान पर, इष्टानुकूलता पर बिना ध्यान दिए कानून की दृढ़ सेवा से समाज के न्याय, स्वतंत्रता और समानता के आदर्शों को ही इस संगठन के लक्ष्य बनाने होंगे ।

नेतृत्व का संकट : भारतीय पुलिस में "नेतृत्व का संकट" सचमुच में रहा है, क्योंकि उच्च स्तर पर कोई भी नेता सिद्धान्तों पर अटल नहीं रहा है । "पुलिस अधीक्षकों, उपाधीक्षकों तथा थानेदारों तक की नियुक्ति के मामलों में पुलिस महानिरीक्षकों का बिल्कुल हाथ नहीं रह गया है । ऐसी स्थिति में बल को वे क्या नेतृत्व दे सकते हैं ?"

आज पुलिस संगठनों को उत्तम पुलिस नेताओं, दक्ष व्यावसायिक प्रबंधकों की आवश्यकता है, जिनके पास (1) अवैयक्तिक नोकरशाही की मूल्य पद्धति के

स्थान पर मानवता के लोकतंत्रात्मक आदेशों पर आधारित संगठनात्मक मूल्यों के आधुनिक विचार हों, (2) जोर-जबरदस्ती, धमकी तथा दण्ड पर आधारित शक्ति के पुराने ढर्रे की जगह, सहकारिता, साझेदारी नेतृत्व, प्रोत्साहन तकनीकों और अनुरोध पर टिके अधिकार और शक्ति के नये दृष्टिकोण हों, और (3) उपर्युक्त व्यक्तियों की अतिनिहित विचारधारा के स्थान पर बदलती जरूरतों और मनोवैज्ञानिक जानकारी पर आधारित मनुष्य की नवीन विचारधारा हो।

पुलिस नेताओं को संचार का प्रभावी प्रयोग, वैज्ञानिक पद्धति पर निर्णय लेने की कला और नेतृत्व के सही ढंगों को जानना चाहिए।

पुलिस-समाज सबंध : कार्य साधकता की समस्या को, लक्ष्यों, उपकरणों और उस समाज के प्रभाव की दृष्टि से देखना चाहिए, जिसकी सेवा पुलिस करना चाहती है। भारत में पुलिस कार्य की प्रभावोत्पादकता के लिए पुलिस-समाज-सहकारिता की लोकप्रिय शिक्षा के भारी कार्यक्रम की आवश्यकता है।

पुलिस छवि को सुधारने के लिए निम्नलिखित उपायों को सुझाया जा सकता है :

1. रेडियो, टेलीविजन, समाचारपत्र, सिनेमा जैसे माध्यम द्वारा पुलिस की समस्याओं और कठिनाइयों के विषय में जनता को शिक्षा दें और बतावें कि जनता पुलिस को कैसे सहयोग दे सकती है।

2. जन-कल्याण कार्यक्रमों और विकास परियोजनाओं में पुलिस की शिरकत पुलिस सेवा तथा अनधिकृतों, विकलांगों और युवा पीढ़ी की सेवा तथा खेल और सांस्कृतिक सम्मेलनों में जनता से मित्रतापूर्वक मिलने से, पुलिस निश्चय ही अपनी छवि सुधार सकती है।

3. पुलिस के विरुद्ध शिकायतों की छानबीन के तरीकों और पुलिस कर्मियों को राजनीतिक शिकार से बचाने के लिए अम्बडस्मैन (लोकपाल और आयुक्त) के सृजन के विषय में प्रथम राष्ट्रीय पुलिस आयोग की सिफरिशों को लागू करने से पुलिस छवि सुधर सकती है।

4. पुलिस कार्य से सम्बद्ध विधानों को तैयार करने में पुलिस को भाग लेना चाहिए।

5. समाज को अपराधियों से बचाने की आवश्यकता और अपराध प्रवृति के व्यक्तियों के सुधार पर बल के साथ, आधुनिक दंड विधान की मांगों के बीच, एक स्वस्थ संतुलन की अत्यावश्यकता है।

संगठनात्मक संरचना : किसी भी पुलिस बल की सफलता उसके प्रत्येक सदस्य के क्या शारीरिक और क्या मानसिक दोनों प्रकार के स्वास्थ्य पर और

सामान्य संगठनात्मक वातावरण पर निर्भर करती है। एक विकासशील लोकतंत्रात्मक समाज की आवश्यकताओं को पूरा करने के लिए "सलक्ष्य प्रबंध" के आधुनिक तकनीक को पुलिस अधिकारी प्रयुक्त करें और अनुपालन करें।

अधोलिखित सिद्धान्तों पर पुलिस की संगठनात्मक संरचना का निर्माण होना चाहिए :

1. उत्तरदायित्वों के अनुरूप ही क्षेत्रीय तथा अनुसंधान अधिकारियों की पदस्थिति होनी चाहिए।
2. संगठन के राजनीतिक तथा सामाजिक नियंत्रण के लिए एक अन्तः निर्मित तंत्र होना चाहिए।
3. संगठन की भूमिका स्वतंत्र होनी चाहिए और व्यावसायिकता के स्थल पर प्रेमानुशीली पर्यवेक्षण होना चाहिए।
4. पुलिस संगठन को एक **संगठनात्मक विकास कार्यदल** बनाना चाहिए जिसकी जिम्मेदारी परिवर्तनों को ताड़ने और पूर्वसूचित करने की होनी चाहिए तथा ऐसे कार्यक्रमों के बनाने और बनाये रखने का दायित्व होना चाहिए जो संगठनात्मक विवृतता, व्यावसायिक दक्षता, लोकतंत्रात्मक पुर्नस्थापन और जन सेवा को बढ़ावा दे. जो नये प्रबंधों का सुझाव दे, जो संगठनात्मक अनुसंधान की देखरेख करे और विकास कार्यदल की विभिन्न सिफारिशों को क्रियान्वित करे।

पुलिस का पृथक्करण : यदि भारतीय पुलिस छवि सुधरती है, तब संस्थात्मक व्यवस्था से पुलिस को राजनीति से अलग रखना होगा। आज हमारी स्वतंत्रता को सबसे गम्भीर खतरा है उन स्वार्थी राजनीतिज्ञों की नौकरशाही तथा पुलिस पर पूर्ण अधीनता का, जिनका उद्देश्य अपने को ऊँचा उठाने और पारस्परिक सुरक्षा के अतिरिक्त अन्य कुछ भी नहीं है। पुलिस छवि पुलिस को अस्वस्थ राजनीतिक हस्तक्षेप से बचाए रखने से संभल सकेगी।

पुलिस का लोकतंत्रीकरण कितना चल सकता है? प्रोफेसर जार्ज बर्कले का सुझाव है कि पुलिसकर्मी की पहुंच, कारंवाई और चिन्तन को लोकतंत्रीय बनाने का हर कदम, समाज के लोकतंत्रात्मक मूल्यों को प्रोत्साहन देगा। पुलिस का असैन्यीकरण, पुलिस को संघ बनाना, उत्तम शिक्षा तथा राजनीति तक में उसकी शिरकत पुलिस में लोकतंत्र के कुछ सुधार लाएगी।

पुलिस प्रशिक्षण पर गोरे समिति की रिपोर्ट (1972) का केन्द्र तथा सभी राज्यों में पूरा-पूरा जल्द क्रियान्वयन सुनिश्चित होना चाहिए जिससे पुलिस कर्मी अपनी विचारधारा में परिवर्तन ला सके और पुलिस प्रशिक्षण पुलिस को पुनः-स्थापित कर सके।

"पुलिस छवि" कैसे सुधारी जाए ? यह कोई सरल प्रश्न नहीं है। यह प्रश्न क्या जनता, क्या पुलिस, क्या राजनीतिज्ञ, क्या प्रशासक, क्या विधिकर्त्ता और क्या समाचारपत्र सभी से संबंध रखता है। छवि रातों-रात नहीं सुधरती। यह कोई अधिनियमों से खरीदी या बनाई नहीं जा सकती।

समाज के सभी अंगों को इस दिशा में सच्ची और सामूहिक चेष्टा करनी होगी, जब कि सरकार और प्रशासन को पुलिस की जायज शिकायतों को दूर करने और उसके भाग्य चमकाने के भरसक यत्न करने होंगे, पुलिस को यह सोचना होगा कि वह देश के लिए क्या कर सकती है न कि उसके लिए देश क्या कर सकता है ?

———

अध्याय 4

प्रजातांत्रिक विकासशील समाज मे पुलिस के उत्तरदायित्व की समस्या

"आधुनिक राज्य में उत्तरदायित्व की समस्या ज्यों-ज्यों और जटिल होती जा रही है, त्यों-त्यों सरकारी गतिविधियों का क्षेत्र गहन और विस्तृत होता जा रहा है"—"श्री एन. वी. गाडगिल।"

स्वतंत्रता प्राप्ति से लेकर आज तक हमारे लोकतांत्रिक समाज में पुलिस के उत्तरदायित्व की समस्या सुलझने के बजाए और अधिक जटिल होती जा रही है। समस्या को विधिवत् समझने के लिए सर्वप्रथम हमें "पुलिस उत्तरदायित्व" तथा "लोकतंत्रीय समाज" का आशय जानना होगा।

आजकल पुलिस का अर्थ राज्य के उस अधिकारी असैनिक दल से है जिसको लोक-व्यवस्था कायम रखने तथा अपराध की पकड़-धकड़ और रोक-थाम का कर्तव्य सौंपा जाता है। (इनसाइक्लोपीडिया ब्रिटानिका) मानव विकास क्रम में जब से मनुष्य ने समूह में रहना सीखा और व्यक्तिगत आवश्यकताओं की अपेक्षा सामाजिक आवश्यकताओं को अधिक मान्यता दी, तभी से व्यवस्था और नियंत्रण बनाए रखने के लिए पुलिस संगठन स्थापित किया गया।

उत्तरदायित्व क्या है : उत्तरदायित्व अंशतः वैधिक और अंशतः प्रशासनिक अवधारणा है। किसी संगठन में किसी उपयुक्त प्राधिकारी को काम तथा कारण की जवाब देही का यह विषय है। प्रत्येक संगठन अपने उन ठोस कार्यों के लिए सरकार के प्रति जिम्मेदार होता है जिन्हें आर्थिक, प्रशासनिक रिपोर्टों या अन्य नियतकालिक रिपोर्टों में प्रकाशित किया जाता है। उत्तरदायित्व की भावना में उन पुलिस अधिकारियों के विरुद्ध अनुशासनात्मक कार्रवाई की जाती है जिनके आचरण के विरुद्ध शिकायतें मिलती हैं। स्वयं संगठन के प्रति पूर्ण रूपेण देख-रेख के लिए ही अपेक्षाकृत अधिक सूक्ष्म प्रकार का उत्तरदायित्व है। इस कार्य में कुछ तो निरन्तर जनशक्ति का विकास तथा नवीनीकरण होता है, कुछ परम्पराओं व आदर्शों के प्रति प्रीति रहती है तथा कुछ बदलती हुई आवश्यकताओं के अनुरूप संरचना को ढालना होता है। (लियोनार्ड डी० ह्वाइट—लोक प्रशासन के अध्ययन के लिए एक भूमिका)।

इस प्रकार उत्तरदायित्व निभाने के लिए कोई औपचारिक संस्थानात्मक ढंग

नहीं है। अपने कार्यों को उजागर करना, समझना तथा उचित ठहराना ही साधारण शब्दावली में उत्तरदायित्व है। यह उस ढंग को संकेत करती है जिस में वित्तीय या अन्य प्रकार की उन जिम्मेदारियों को निभाना पड़ता है जिनकी जड़ में चाहे राजनीति हो या संविधान हो अथवा सर्वोच्च परम्परा हो। (डी. सी. हेग तथा वी. एच. आर. स्मिथ)

प्रजातांत्रिक विकासशील समाज : लोक कार्य के क्षेत्र शायद सबसे अधिक दंडित हैं। प्रजातंत्र हर एक की बांदी है जो अपने ऊपर की गई मांगों के अनुरूप ढलती है और फिर भी निष्ठापूर्वक चमकने को बाध्य होती है (बासेर के. मुंशी) किसी प्रजातांत्रिक समाज की मौलिक विशेषताएं निम्नलिखित हैं : (1) मौलिक स्वतंत्रता तथा अभिव्यक्ति तथा वक्तृता की स्वतंत्रता का, जनसंग्रह तथा मिलने-जुलने की स्वतंत्रता का तथा स्वतंत्र और जिम्मेदार पत्रकारिता जैसे मौलिक मानव अधिकारों का सच्चा रक्षक (2) एक स्वस्थ, सृजक, रचनात्मक तथा संवैधानिक रूप से चुना विपक्ष दल (3) आत्मानुभूति और आत्मसन्तुष्टि के लिए समान अवसर (4) सामाजिक न्याय व कानून का नियम (5) व्यक्तियों के मूल्य तथा मान की मान्यता (6) जनता को अपने निर्णय बनाने तथा अपनी मनपसन्द सरकार चुनने के लिए स्वतंत्र तथा समुचित निर्वाचन। प्रशासन के प्रजातंत्रात्मक ढंग की मुख्य विशेषताएं हैं : जवाबदेही, आज़ादी और खुलापन। मंत्रीवर्गीय जिम्मेदारी के सिद्धान्त पर चलना। समाज अपने वरिष्ठ प्रशासकों से यह अपेक्षा करता है कि वे गैरसरकारी राजनैतिक नेताओं के प्रति सर्वथा आधीन और जिम्मेदार रहें।

विकासशील समाज की अपनी कुछ विशेषताएं हैं जिनका उल्लेख यहां आवश्यक है। विकासशील समाज वह है जो आर्थिक क्षेत्र में पिछड़ा हुआ हो और आर्थिक विकास के लिए विकासोन्मुख हो। जब प्रजातांत्रिक पद्धति से आर्थिक विकास का प्रयास किया जाता है तो आर्थिक नियोजन एक बहुत बड़ी भूमिका निभाता है। भारत ने पिछली छः पंचवर्षीय योजनाओं के द्वारा उद्योग, कृषि, व्यापार तथा अनेक क्षेत्रों में आर्थिक विकास किया है और कर रहा है। पंचवर्षीय योजनाओं द्वारा निम्नलिखित उद्देश्यों की पूर्ति का प्रयास है :

1. राष्ट्रीय आय में वृद्धि हो।
2. आधारभूत और भारी उद्योगों के विकास पर विशेष बल देते हुए औद्योगीकरण।
3. रोजगार के अवसरों में वृद्धि करना तथा देश की जनशक्ति के साधनों का पूरा उपयोग करना।
4. आर्थिक विकास के अवसरों में उत्तरोत्तर वृद्धि करना, आय और सम्पत्ति की

विषमताओं को कम करना और आर्थिक शक्ति का और अधिक समान वितरण करना।

5. खाद्यान्नों में आत्मनिर्भरता प्राप्त करना एवं कृषि उत्पादन बढ़ाना जिससे उद्योग और निर्यात की जरूरतें पूरी हो सकें।
6. सामाजिक न्याय, आत्मनिर्भरता, उच्च उत्पादकता यथा आर्थिक प्रगति को प्राप्त करना जिससे आर्थिक व्यवस्था प्रगतिशील रहे और राष्ट्रीय आयोजनों से विकासशील अर्थव्यवस्था बने।

इन आयोजनों को पूरा करने में राज्य व केन्द्र सरकार को बहुत बड़ी राशियों का परिव्यय व निवेश करना पड़ता है और उपलब्धियों की निरन्तर समीक्षा करते रहना पड़ता है। गरीबी का उन्मूलन और आत्मनिर्भरता प्राप्त करना भारतीय आयोजनों के प्रमुख उद्देश्य रहे हैं तथा सरकारी क्षेत्रों में योजना परिव्यय बहुत बड़ी मात्रा में करने पड़ते हैं। एक प्रगतिशील समाज में जनसंख्या की वृद्धि को रोकना भी एक आवश्यक लक्ष्य बन जाता है तथा सरकारी व्यवस्था को प्रजातांत्रिक परिवेश में स्वेच्छा से लोगों को परिवार नियोजन के लिए प्रेरित करना पड़ता है। कभी-कभी परिवार नियोजन के लक्ष्यों को पूरा करने के लिए कुछ राज्यों में पुलिस की सहायता भी ली गई। 1977 के आसपास परिवार नियोजन शिविरों की सुरक्षा का दायित्व भी पुलिस को दिया गया था जिससे उत्तर प्रदेश व बिहार में पुलिस पर काफी आक्षेप व आरोप लगाए गए थे। बिना कानून व व्यवस्था ठीक हुए आर्थिक प्रगति संभव नहीं है तथा इस सन्दर्भ में एक विकासशील समाज में आर्थिक प्रगति को बनाए रखने के लिए एक सुरक्षात्मक वातावरण तैयार करना पुलिस का उत्तरदायित्व हो जाता है। विकासशील समाज में पुलिस की भूमिका प्रगति के साधन (एजेण्ट्स आफ प्रोग्रेस) के रूप में है।

दुविधा : किसी लोकतन्त्रीय समाज में विधान सभाओं तथा संसद के बहुमत दलों से कानून बदले जा सकते हैं और ये दल आगामी लोक चुनाव में अल्पमत में हो सकते हैं। आज जो राजनीतिज्ञ मन्त्री हैं वे कल विपक्ष दल के सदस्य बन सकते हैं।

ऐसे गतिशील और द्रुतपरिवर्तनशील समाज में पुलिस जनों को यह दुविधा होती है कि वे अपने कामों के लिए किसके प्रति उत्तरदायी हों। प्रजातन्त्र में हर एक को अपना काम संविधान के अनुसार करना होता है। यह राजनीतिक मंत्री ही होता है जिस पर अधिकार होता है और जो उत्तरदायित्व वहन करता है। जब नियमों, अधिनियमों तथा विधान से हट कर बिना मंत्री को बताए अपनी इच्छानुसार कोई नागरिक कर्मचारी काम करता है तब वह अपने कामों का तथा भूलचूक का जिम्मेदार स्वयं होता है।

राजनीति और पुलिस : पक्षपात और राजनीतिक दादागिरी एवं अधिकारियों के निर्देशों ने बहुधा पुलिस दलों के मनोबल का नाश किया है, उन्हें अप्रभावी बनाया है और बनाया है जन मानस के सम्मुख कृपा का पात्र। अमेरिका के संयुक्त राज्य में इसे साधारणतया "विकृत ढंग" कहकर पुकारा जाता है।

किसी भी लोकतंत्र में राजनीति और प्रशासन में बिल्कुल विच्छेद तो नहीं हो सकता किन्तु उचित प्रभाव से अनुचित प्रभाव को अलग करने के लिए कुछ मोटे-मोटे निर्देशन बनाना भी जरूरी है। नेताओं के निर्देशन नितान्त कानून के अन्दर और लोकहित के अनुकूल होने चाहिए। प्रजातांत्रिक समाज में जनता की शिकायतें दूर करने के लिए राजनीतिक नेताओं का नियमित संवर्ग होता है और अपने निर्वाचकों की ओर से प्रशासन से बीच-बचाव करना किसी भी राजनीतिज्ञ का सही कर्तव्य होता है। राजनीतिक नेता विशेष रूप से सत्तारूढ़ दल के विधान सभाओं और संसद के सदस्य, राज्य के पुलिस प्रशासन में हस्तक्षेप करते हैं और पुलिस अधिकारी राजनीतिज्ञों के आदेशों का पालन करते हैं। पुलिस जनों की नियुक्तियां, स्थानान्तरण, पदोन्नतियां, वार्षिक गोपनीय रिपोर्ट आदि के कार्य आखिरकार गृह मंत्री या मुख्य मन्त्री तक के द्वारा नियंत्रित तथा प्रभावित होते हैं। जैसे जनता को अपने लायक सरकार मिलती है वैसे ही उसे अपने योग्य पुलिस प्राप्त होती है। पुलिस तथा सरकार ही समाज के प्रत्यक्ष दर्पण हैं। डी. एच. बेले के अनुसार एक पुलिस दल (क) अपनी गतिविधि की प्रकृति (ख) अपनी कार्रवाइयों के ढंग से (ग) अपने संगठन की प्रकृति से तथा (घ) अपने सदस्यों के समाजीकरण से, राजनीतिक जीवन पर प्रभाव डाल सकता है। पुलिस, शासन के सबसे प्रत्यक्ष और सर्वव्यापक अंग के रूप में प्रशासन के अधिकार और सक्षमता का मूर्तिमान प्रतीक है। औपचारिक एवम आधिकारिक रूप से पुलिस कर्मियों के प्रकार्य और भूमिका विधि एवं प्रशासनिक शासनादेशों द्वारा निर्धारित किए जाते हैं। अनेकों ही प्रकार से, पुलिस राजनीतिक जीवन में महत्वपूर्ण भूमिका निभाती है। पुलिस जन उच्चनीति निर्णय में भाग लेते हैं, वे राष्ट्रीय नेतृत्व के निर्माण में योगदान करते हैं, वे सरकार के नीति निर्णयों को क्रियान्वित करते हैं तथा वे प्रशासन द्वारा राजनीतिक जीवन को प्रभावित करते है। वे अपने कार्यों तथा जनसम्बन्धों से समाज के राजनीतिक जीवन को प्रभावित करते है। सरकार के निष्क्रिय रूप की अपनी भूमिका को तिलांजलि देकर कानून के अन्तर्गत राजनीति में निष्पक्षता के आधार पर उत्तरदायित्व की विरासत का शंखनाद करते हुए पुलिस सक्रिय भाग ले सकती है। भारतीय पुलिस के लिए विहित कर्तव्यों के रूप में तथा उनको निबाहने के ढंग, विश्व के अन्य लोकतन्त्रों की पद्धतियों से बिल्कुल मिलते-जुलते हैं। कानूनी अधिनियमों के अनुसार, जीवन तथा सम्पदा की रक्षा करते हुए पुलिस जनता की सेवा करती है और आपराधिक कानून का पालन कराती है। जब तक कानून के

विरुद्ध देश में राजनीतिक प्रतिद्वन्द्विता चलती रहेगी, पुलिस को उस दलदल में फंसना ही पड़ेगा। राजनीतिक प्रारब्ध में पुलिस दो प्रकार से फंसती है—या तो तब जब एक वर्ग को दूसरे के आपराधिक आक्रमणों से वह बचा नहीं पाती या शक्तिशाली राजनीतिक दल के शह पाए हुए कानून भंजकों के विरुद्ध तुरन्त कार्रवाई करने में वह हिचकिचाती है। डी. एच. बेले के शब्दों में—"राजनीतिक व्यवहार में अतिशय ताक-झांक दमनकारी होगी, जबकि अतिशय कम देख-रेख बेईमान राजनीतिज्ञ को खुली छूट देगी।" लोकतन्त्रात्मक समाज में यह जरूरी है कि ऐसे व्यक्तियों से निबटते हुए भी जो हिंसा में आस्था रखते हैं तथा कानून भंग करते हैं, पुलिस को कभी भी कानून को स्वयं नहीं तोड़ना होगा। कानून के नियम को मानना तथा लोक उत्तरदायित्व को निभाना आजकल का पुलिस दर्शन है। लोकतन्त्रात्मक जीवन की यह मांग है कि कानून के प्रति उत्तरदायित्व और कानून के नियम के अनुपालन में ताल-मेल बिठाया जाए। विधान मंडल तथा गृह मन्त्री द्वारा ही केवल पुलिस जनता के प्रति उत्तरदायित्व दर्शा सकती है। डी. एच. बेले ने सत्य ही कहा है—"सरकारी विनियमों की नुकीली धार पुलिस है। जो कुछ वह करती है वह सरकारी कार्रवाई का अभिन्न अंग है। पुलिस और सरकार को चाकू और उसकी धार की भांति अलग नहीं किया जा सकता।" केरल पुलिस पुनर्गठन समिति (1960) ने यह उल्लेख किया है कि— जब पुलिस नेताओं की कठपुतली बन जाती है, तब कानूनों के अवैध पालन में, निषिद्ध सेवा तथा पुलिस प्रतिष्ठा के साधारण ह्रास में, उसकी झलक दीखती है, उससे गैर-ज़िम्मेदाराना नुक्ताचीनी होती है, और फलस्वरूप पुलिस तथा जनता में खाई बढ़ती जाती है तथा पुलिस के ध्येयों और ईमानदारी में जनता के विश्वास पर आँच आती है।"

"जहां तक कोई सोच सकता है, इस प्रकार के (राजनीतिक) हस्तक्षेप ने देश के कई भागरें में ईमानदार प्रशासन के लिए एक खतरा सचमुच में पैदा कर दिया है।" (ए. डी. गोरवाला)

पुलिस पर राजनीतिक नियंत्रण, सच्चे और ईमानदार पुलिस अधिकारियों के लिए समस्याएं उत्पन्न कर देता है। जनता से निर्वाचित नेता बनकर, राजनीतिज्ञ देश के नेताओं के रूप में तथा संसद, विधान सभाओं और स्थानीय निकायों के सदस्य की हैसियत से, अपने निर्वाचन क्षेत्र की सही शिकायतों को दूर करने की जरूर मांग कर सकते हैं और पुलिस इन राजनीतिज्ञों के प्रति अपनी जवाबदेही से इन्कार नहीं कर सकती। एक ओर पुलिस संगठन में निष्पक्षता तथा कुशलता की सुनिश्चितता की आवश्यकता में तथा दूसरी ओर जनता से निर्वाचित प्रतिनिधियों और नेताओं के प्रति जवाबदेही तथा जिम्मेदारी में, एक नाजुक संतुलन की जरूरत है।

पुलिस के विरुद्ध शिकायतें तथा उनका निवारण

पुलिस जब भी अपने काम करती है तो निश्चय ही उसकी कार्यवाहियों से कुछ लोग असन्तुष्ट हो सकते हैं। कभी-कभी पुलिस अधिकारी अपने अधिकारों का दुरुपयोग भी कर सकते हैं, कभी-कभी वे कार्य करते समय कानून की सीमाओं का उल्लंघन भी कर सकते हैं और कभी-कभी घूसखोरी, भ्रष्टाचार अथवा दुराचरण के कारण भी अनेक ऐसे कार्य कर सकते हैं जिनकी जनता द्वारा शिकायत की जाती है। राष्ट्रीय पुलिस आयोग ने पुलिस अधिकारियों के विरुद्ध प्राप्त होने वाली शिकायतों के सन्दर्भ में यह सुझाव दिया है कि दुराचरणों की जांच निम्नलिखित तरीकों से की जाय :—

(1) जब आरक्षक या प्रधान आरक्षक के विरुद्ध कोई शिकायत हो तो इन्सपेक्टर या उससे ऊपर के पदाधिकारी द्वारा जांच की जावे।

(2) जब शिकायत सहायक उपनिरीक्षक या उपनिरीक्षक के विरुद्ध जनता द्वारा की गई हो तो उसकी जांच पुलिस उप-अधीक्षक या उससे ऊपर वाले पदाधिकारी द्वारा की जाय।

(3) जब शिकायत इन्सपेक्टर (निरीक्षक) अथवा उपनिरीक्षक अथवा सहायक पुलिस अधीक्षक (असिस्टैण्ट पुलिस सुपरिटेण्डैण्ट) के विरुद्ध हो तो उसकी जांच स्वयं पुलिस अधीक्षक (पुलिस सुपरिन्टेन्डैण्ट) अथवा उससे वरिष्ठ अधिकारी द्वारा की जाय।

(4) जब शिकायत पुलिस अधीक्षक अथवा उसके ऊपर वाले अधिकारियों के विरुद्ध हो तो उसकी जांच उपमहानिरीक्षक या महानिरीक्षक के अन्तर्गत बनाए गए शिकायत प्रकोष्ठ द्वारा की जाय।

राष्ट्रीय पुलिस आयोग ने अपनी रिपोर्ट में कहा है कि पुलिस के संबंध में शिकायतों की जांच करते समय निम्न बिन्दुओं पर ध्यान रखने की विशेष आवश्यकता है :—

(1) जांच अधिकारी को चाहिए कि शिकायतकर्ता की बात पूरी तरह ध्यान से सुने और सत्य का पता लगाने के लिए आवश्यकता पड़ने पर अन्य साक्षियों का भी परीक्षण करे।

(2) शिकायतकर्ता को भी महत्वपूर्ण साक्षियों के परीक्षण के समय उपस्थित रहने की सुविधा दी जानी चाहिए जिससे वे भी साक्षी द्वारा कही हुई बातों को जान सके।

(3) परीक्षण के समय परीक्षण अधिकारी का व्यवहार निष्पक्ष होना चाहिए। उसके व्यवहार से शिकायतकर्ता के मन में कोई शंका उत्पन्न नहीं होनी चाहिए।

(4) ऐसी जांच यथासंभव शिकायतकर्ता के निवास स्थान के पास किसी

सामान्य स्थान में की जानी चाहिए ।

(5) यदि जांच अधिकारी की रिपोर्ट के अनुसार शिकायतकर्ता स्वयं शिकायत की जांच करवाने के लिए तैयार नहीं है तो ऐसी रिपोर्ट किसी वरिष्ठ अधिकारी द्वारा तस्दीक कर लेना चाहिए ।

(6) पुलिस अधिकारी के विरुद्ध निम्नलिखित प्रकार की शिकायत प्राप्त होने पर न्यायिक जांच निश्चित रूप से करवाई जानी चाहिए ।

(क) पुलिस अभिरक्षा में रहते हुए किसी स्त्री के साथ बलात्कार की शिकायत होने पर,

(ख) पुलिस अभिरक्षा में रहने वाले किसी व्यक्ति को गहरी चोट लगने अथवा मृत्यु होने की शिकायत मिलने पर,

(ग) अवैध मंडली का विसर्जन करते समय पुलिस द्वारा गोली चलाए जाने के फलस्वरूप दो या अधिक व्यक्तियों की मृत्यु होने की शिकायत पर,

(7) पुलिस अधिकारियों के विरुद्ध भ्रष्टाचार की शिकायत प्राप्त होने पर, राष्ट्रीय पुलिस आयोग ने उनकी जांच के लिए प्रत्येक राज्य द्वारा नियुक्त किए गए भ्रष्टाचार विरोधी विभाग द्वारा की जाने वाली जांच को ही पर्याप्त माना है ।

राष्ट्रीय पुलिस आयोग ने पुलिस अधिकारियों के खिलाफ प्राप्त होने वाली शिकायतों के विषय में लिखा है कि किसी भी विकासशील प्रजातांत्रिक समाज में अच्छी सरकार के लिये सर्वप्रथम यह आवश्यक है कि वह कार्यपालिका द्वारा किए गए अतिक्रमण और कार्य-लोप के विरुद्ध जिनसे जनसाधारण को क्षति या असुविधा होती हो, सुरक्षा प्रदान करने के लिए उचित प्रबन्ध करे। विशेष रूप से पुलिस के विषय में यह अत्यन्त आवश्यक है क्योंकि पुलिस के पास इतने विस्तृत अधिकार हैं कि उनके उपयोग से साधारण नागरिक के अधिकार और स्वतंत्रता पर प्रभाव पड़ता है ।

सरकार के प्रति जिम्मेदारी : सन् 1960 में न्यायमूर्ति एन. एच. भगवती श्री एम. के. नम्बियार और श्री पी. अमीनवाले भारतीय आयोग की केरल जांच समिति ने लिखा है—"इस बात पर जोर देना पड़ेगा कि पुलिस इस प्रकार से राज्य सरकारों की चरणदासी नहीं है कि कानून द्वारा दिए गए विविध कार्यों के ढंग तथा पद्धति का आदेश तो सरकार दे सकती है किंतु जब कानून के विहित प्रावधानों के अन्तर्गत विशेष स्थितियां मौजूद हैं, तब पुलिस का यह सांवैधानिक कर्तव्य हो जाता है कि वह विधान मण्डल के आदेशानुसार ही कार्य करे और जब राज्य सरकार के लिए संविधान की अवहेलना होगी, तब वह कानून के प्रावधानों के विरुद्ध आचरण संहिता में परिवर्तन लायेगी । जैसे ही कोई अपराध किया

जाता है या करने की इच्छा होती है, कानून अपना मार्ग ग्रहण करता है और विविध अधिनियमों के प्रावधानों के अनुसार, पुलिस जन को अपना वैध कर्तव्य निबाहने की मनाही करना तो दूर रहा, कोई भी पुलिस अधिकारी या मुख्य मंत्री कानून मार्ग को बदलने की भी सामर्थ्य नहीं रखता है।"

निश्चय ही, पुलिस विभाग के अध्यक्ष होने के नाते मन्त्री का यह सांवैधानिक दायित्व हो जाता है कि वह यह सुनिश्चित करे कि पुलिसजन अपने-अपने काम समुचित तथा परिश्रम से कर रहे हैं। ब्रिटिश पद्धति का हवाला देते हुए डिसे ने यह बताया है कि "जिस किसी सरकारी कार्य में कोई मन्त्री भाग लेता है, तब यह उसका वैध दायित्व हो जाता है कि मान लो वह कार्य अवैध है, तब उस मंत्री पर किसी न्यायालय में दीवानी या फौजदारी का मुकदमा चलाया जा सकता है।"

महात्मा गांधी हत्याकांड के षड़यंत्र पर गठित कपूर आयोग को इस प्रश्न पर गहन अध्ययन करने का अवसर मिला था। उसने लिखा है "आयोग के मत में यद्यपि गृहमन्त्री पुलिस और पुलिस संगठन का अध्यक्ष होता है और उसके प्रति संसद में उत्तरदायी होता है, किन्तु उसे पुलिस को वह निर्देश देने का कोई अधिकार नहीं है कि वह किसी प्रकार सांवैधानिक अधिकारों, कर्तव्यों एवं विवेक से व्यवहार करे। यदि वह मन्त्री बंदी या नहीं बन्दी बनाने का आदेश देता है, तब कानून के नियमों का अन्त हो जायेगा।"

इंगलैंड में पुलिस अध्यक्ष केवल कानून का उत्तरदायी होता है न कि किसी लोक अधिकारी का। इंगलैंड में सरकारी नियंत्रण से पुलिस की प्रचुर स्वाधीनता इस बात से प्रकट होती है कि पुलिस जन स्वयं को अधिशासियों का नौकर नहीं समझ कर, कानून का अधिकारी मानते हैं, जिनकी व्यक्तिगत जिम्मेदारी कानून से ही प्राप्त हुई है।

एक लोकतांत्रिक समाज बनाने और बनाए रखने के लिए, पुलिस प्रशासन को समस्त हस्तक्षेप से अलग रखना होगा। पुलिस अधिकारी को अपने नित्य के काम के प्रति जवाबदेही की समस्या मुँह फाड़े खड़ी दीखती है। यदि वह अपने अधिकार से आगे बढ़ जाता है या कारगर ढंग से काम करने में अयोग्य है, तब एक ओर तो न्यायालय है तथा दूसरी ओर विधान मंडल है, जिसके प्रति वह जिम्मेदार है। भारत के जिले प्रशासन में, जिला पुलिस अध्यक्ष पुलिस दल का प्रधान होता है, किन्तु वह जिला मजिस्ट्रेट के सामान्य नियंत्रण तथा निरीक्षण में होता है।

भारतीय पुलिस पद्धति में दोहरी जिम्मेदारी का ढंग है। राज्य स्तर पर, पुलिस महानिरीक्षक गृह मंत्री के प्रति जवाबदेह होता है और जिला स्तर पर, जिला पुलिस अध्यक्ष, जिला मजिस्ट्रेट के प्रति जिम्मेदार होता है। इसी प्रकार

के० रि० पु० बल, सीमा सुरक्षा दल, भारत-तिब्बत सीमा पुलिस, केन्द्रीय औद्योगिक सुरक्षा बल आदि जैसे केन्द्रीय पुलिस संगठन अपने अध्यक्षों द्वारा संघीय गृहमंत्री के प्रति जवाबदेह है, जो अपने आप में जनता तथा संसद के प्रति जिम्मेदार है। कानूनन, राज्यों के पुलिस विभाग केन्द्रीय सरकार के प्रति (आपातकाल को छोड़कर) कभी भी जवाबदेह नहीं है।

कानून के प्रति जवाबदेही : पश्चिमी लोकतंत्रों के ठीक विपरीत, भारत में कानून केवल पीछे ही नहीं रह गए हैं, साथ में, सामाजिक परिवर्तन के चक्र में गतिरोधक ही नहीं, प्रत्युत अत्यन्त बोझ भी सिद्ध हुए हैं। भारत जैसे शिशु लोकतंत्र में, जहां राजनीतिक दल राजनीतिक सत्ता पाने के मुख्य ध्येय से राजनीतिक क्रांतियां चलाते हैं अथवा लोक अव्यवस्था फैलाते हैं, कानून की अवहेलना पुलिस को कार्रवाई करने के लिए बाध्य करती है, और फलस्वरूप, पुलिस ज्यादतियों के घोटाले उठ खड़े होते हैं। भारत में, बलशाली स्वार्थों के नये वर्ग के रूप में विधायकगण उभरकर आए हैं तथा सामाजिक-न्याय के हित में कानून का रूप बदलने में राजनीतिक संधियां विफल मनोरथ रही हैं।

पुनरूत्थान के इस भारत में, जहां उन सरकारों में बारम्बार परिवर्तन आ रहा है जिन पर अत्यन्त ही भिन्न नीतियां तथा कार्यक्रम हैं, पुलिस को सत्तारूढ़ दल के हितों से आगे जाने का सुदृढ़ ढांचा बनाना होगा। पुलिस को केवल जनता के तथा कानून के विविध विधान निकायों तथा लोकमत के साधनों द्वारा उत्तरदायी बनना होगा, क्योंकि लोकतंत्रीय समाज में कानून तथा सरकार की सारी सरकारी प्रणाली होती है, कोई भी असैनिक सेवक अवैध तथा भ्रष्ट कार्य करने को बाध्य नहीं किया जा सकता। वह अपने किसी अवैध और भ्रष्ट काम के लिए मन्त्री के लिखित या मौखिक आदेश की शरण नहीं ले सकता (चरण सिंह)। यदि किसी को गैर-कानूनी तरीके से कोई पुलिसजन सताता है या उसके विरुद्ध तृतीय श्रेणी के उपाय प्रयुक्त करता है, तब सामान्य कानून के अन्तर्गत उस पर मुकदमा चलाया जा सकता है।

लोकतंत्रात्मक समाज में यह जरूरी है कि ऐसे व्यक्तियों से निपटते हुए भी जो हिंसा में आस्था रखते हैं तथा कानून भंग करते है, पुलिस को कभी भी कानून को स्वयं नहीं तोड़ना होगा। सरकार को सही-सही और साफ-साफ निर्देशन घोषित करने चाहिए, जिससे कानून का अनुपालन करते समय, पुलिस कानून की अवहेलना नहीं करे।

अपने कर्तव्य निबाहते समय पुलिसजनों ने मुख्यतर भारत में निम्न प्रकार के अपराध किए हैं :

(1) अवैध बन्दीकरण तथा गलत निरोध (2) कर्तव्य उपेक्षा (3) अभिलेखों में हेर-फेर तथा झूठी गवाही (4) संदिग्ध अपराधी को उत्पीड़न तथा हिंसा तक (5) भ्रष्टाचार (6) अपराध प्रकाशनों का निरोध (7) आन्दोलनों में

बल प्रयोग तथा गोली-चालन की ज्यादतियां (8) आपराधिक बल प्रयोग तथा आक्रमण।

गवाहों के अभाव में या क्रोध में, पुलिस जनों को स्वयं कानून तथा नियमों को तोड़ने का अपराधी नहीं बनना चाहिए, जिन्हें लागू करने का काम उन्हें सौंपा गया है। आपात्काल में किए गए अत्याचार कई विषयों में तो उनसे भी बढ़ गए थे, जिन्हें राजनीतिक कर्ताओं ने विदेशी शासन में सहा था।

"पुलिस अधिनियम की धारा 23 के अनुसार, पुलिस को कानूनी हुक्म और वारंटों पर अमल करना होगा। प्रश्न यह उठता है कि पुलिस की पुलिसगीरी कौन करेगा ? निश्चय ही, न्यायालय है और सो ही हैं विधान मंडल। किन्तु अन्ततः यह पुलिसकर्मी ही है जो पुलिस की पुलिसगीरी कर सकता है।"

(ओ० चिनप्पा रेड्डी)

"जनता की अन्तरात्मा" बनना ही पुलिस जन की प्रमुख भूमिका होनी चाहिए। लोकतांत्रिक समाज में दृढ़ तथा अटल लोकमत को यह सुनिश्चित करना होगा कि वह समाज की अन्तरात्मा सतर्क रखे ताकि वह विफल नहीं हो और ना ही लड़खड़ाये तथा वह उस समाज के योग्य हो, जिसे उसकी सेवा करनी है। लोकतंत्र में जहां पुलिस केवल कानून के प्रति उत्तरदायी होती है, पुलिस बल को दिए गए अधिकार अत्यन्त सीमाबद्ध होना चाहिए तथा अनेकों प्रतिबंधों, संतुलनों तथा सुरक्षाओं से सुव्यवस्थित होने चाहिए, जिसमें वह अपनी सीमाओं का उल्लंघन नहीं कर सके।

जनता के प्रति जवाबदेही—डॉ० जुलियन एम० हक्सले ने एक बार कहा था—"आधुनिक समाज में सुगठित अत्याचार, अपराध या हिंसा के लिए पुलिस दल ही केवल विकल्प है तथा यह बड़े महत्व की बात है कि जनता यह समझे कि पुलिस समाज का अंग है जो केवल सरकार या अल्पकालीन सत्तारूढ़ गुटबन्दी के नहीं हो कर सकल जनता जनार्दन के अभिकरण (ऐजेंट) के रूप में काम कर रहा है।" अनुपालित कराए जाने वाले कानून के विषय में किसी पुलिसजन की कार्रवाई से जनता और पुलिस में मतभेद नहीं होना चाहिए। एक लोकतंत्रीय समाज में, वह पुलिस कार्यवाही जो किसी वर्ग तथा दल के स्वार्थों के अनुरूप होती है, चाहे वह कितना ही बहुसंख्यक क्यों न हो, एक भयंकर प्रवृत्ति है और सामाजिक न्याय एवं कानून के नियम के सिद्धान्तों के विरुद्ध है।

पुलिस को बहुमत दल तथा अल्पमत दल में बड़ा सही संतुलन रखना होता है। लोकतंत्रीय समाज में, कानून की वैध प्रक्रिया के बिना तो, पुलिस एक मजिस्ट्रेट तक को बन्दी बनाने, जेल भिजवाने या जुर्माना करने से रोक सकती है तथा यह सुनिश्चित करती है कि स्वयं सरकार भी उन्हीं कानूनों से बंधी है जो उसने बनाए है।

लोकतंत्रीय समाज में पुलिस को अपने सभी कार्यों का उत्तरदायित्व जनता के प्रति है क्योंकि परमेष्ट सत्ता तो जनता ही के पास है । इंग्लैंड में पुलिसजनों की आचरण नियमावलि में लिखा है—"पुलिसजन को इस प्रकार का आचरण करना चाहिए जिससे जनता पुलिसजन को सेवक तथा मित्र मानने को प्रेरित हो और वह यह देखे कि पुलिसजन के रूप में अपने अधिकार का प्रयोग ना तो डराने-धमकाने का हो और ना ही अत्याचारी हो, किन्तु सीधा-सादा केवल जनता की सेवा में समर्पित हो ।"

दुर्भाग्य से भारतीय पुलिस ने ब्रिटिश पुलिस की ये लोकतंत्रीय परम्पराएं नहीं सीखी हैं । भारत में पुलिसजन जनता जनार्दन के सेवक के स्थान पर स्वामी समझे जाते हैं । भारतीय सामाजिक पद्धति पुलिस को नियंत्रित नहीं रखती, वह चुपचाप पुलिस से दुःख झेलती है और उसकी ज्यादतियों को सत्ताधारी स्वामियों की कानूनी कार्रवाई मानती है ।

निष्कर्ष: आचार्य जे० बी० कृपालानी ने खूब ही कहा है—"पिछले तीस वर्षों में हमने अपने पुलिसजनों को ऐसे कानून-पालन सिखाने का श्रीगणेश तक नहीं किया है जो एक स्वतंत्र लोकतंत्रीय समाज को वांछनीय है ।" लोकतंत्रीय समाज में, जहां लोक अधिकार शासितों की अनुमति पर कायम होता है और जहां सचमुच में एक खास मोर्चे को जन सहयोग पाने के लिए बनाया जाता है, पुलिस जनों को उसी जनता पर कानून लागू तथा संबद्ध करने का काम सौंपा जाता है, जिसके प्रति उनका उत्तरदायित्व है ।

कितनी कूटतार्किकता तथा राजनीतिक प्रौढ़ता की आवश्यकता एक नागरिक को यह समझने के लिए चाहिए कि उसका लोक सेवक कभी-कभार उसका स्वामी भी बन सकता है । दूसरी ओर, कितनी राजनीतिक बुद्धिमत्ता, संयम तथा चतुरता की जरूरत पुलिसजन को है कि वह यह समझे कि यद्यपि वह समाज के अधिकार-पूर्ण स्वर में बोलता है तथापि वह उसी समय निज समाज तथा जनता के प्रति जिम्मेदार और जवाबदेह है ।

अध्याय 5

पुलिस हड़तालें

एक विवेचना

परिचय:—"जब पुलिस कर्मचारी काम बन्द करने का रास्ता अपनाते हैं तो इसका सामान्यत: अर्थ है कि अन्य तरीकों के माध्यम से उनके वेतन और कार्य करने की परिस्थितियों में सुधार लाने के प्रयत्न नाकाम हो गए हैं, समझौता-वार्तालाप असफल सिद्ध हुई है तथा अचानक काम बन्द करके विरोध प्रदर्शित करने का कोई लाभ नहीं हुआ है। जब समस्याओं का समाधान ढूंढ़ने का कोई अवसर नहीं रह जाता तो पुलिस के लिए हड़ताल का रास्ता अपनाने के सिवाय और कोई रास्ता नहीं रह जाता। कोई अन्य विकल्प न होने का मतलब यह कभी नहीं है कि उनका यह रवैया उचित है, परन्तु हड़ताल की जगह कोई अन्य उचित तरीका ढूंढ निकालने की आवश्यकता की ओर ध्यान खींचता है।"

"सर्वप्रथम तो यह समझ लेना अति आवश्यक है, कि हड़ताल को केवल रातों-रात में ही साकार रूप नहीं दिया जा सकता है। इनका निर्माण ज्वालामुखी की तरह है, जो धीरे-धीरे सुलगती है जिससे कर्मचारियों में गहरा असंतोष व्याप्त हो जाता है। यह असंतोष तभी फूटता है जब संपर्क व्यवस्था उचित नहीं होती तथा कर्मचारियों के काम के प्रति संस्थापक ध्यान कम देते हैं और उनके काम की सराहना नहीं करते हैं। यह वह पहलू है जिसे हड़ताल के लिए चिंगारी के रूप में काम करने के लिए भावनात्मक सहारे की आवश्यकता होती है।"

उनकी नौकरी का जोखिम और निराशा उन्हें यह महसूस करने के लिए मजबूर करती है कि उन्हें जो कुछ अब तक मिल रहा है उससे अलग कुछ और सुविधाएं प्राप्त करने के वे हकदार हैं। परिणामस्वरूप पुलिस कर्मचारियों को अंतिम रास्ता अपनाने अर्थात् हड़ताल करने के लिए बाध्य होना पड़ता है। पिछले दो दशकों के दौरान पुलिस कर्मचारियों की सामाजिक-आर्थिक प्रतिष्ठा कम हुई है। पुलिस कर्मचारियों में प्रतिष्ठान या घर-गृहस्थी के प्रति आम निराशा व्याप्त है। सैमूर एम० लिपसेट के अनुसार "वे महसूस करते हैं कि, जैसा सम्मान और आदर पाने के वे हकदार हैं "वैसा उन्हें नहीं मिल रहा है, न तो समाज से और न प्रशासन से।" न्यूयार्क टाइम्स के अनुसार आन्दोलनों, विद्यार्थी-हंगामे, घात तथा पुलिस कर्मचारियों को गाली देने की घटनाओं के कारण पुलिस का कार्य अत्यन्त ही कठिन हो गया है।" (5 दिसम्बर, 1968) अन्य व्यवसायों की तुलना में पुलिस का औसत वेतन कम होना, प्रतिष्ठा और मान न

होना, पुलिस कार्य में जोखिम होना तथा आम जनता की पुलिस हितों के प्रति घृणा होना आदि पुलिस में असंतोष और पुलिस हड़ताल के कारण हैं। अतः यह अत्यन्त ही आवश्यक है कि पुलिस हड़ताल के कारणों और उन्हें दूर करने के उपयुक्त समाधान ढूंढ़ने की पुलिस प्रशासन में सूझ-बूझ होनी चाहिए। इस लेख में लेखक ने संसार की जानी-पहचानी हड़तालों को दोहराने का प्रयास किया है, जिसमें कुछ ऐसी सिफारिशें और मार्ग-दर्शन दिए गए हैं जो पुलिस हड़ताल की घटनाओं को रोकने में सरकार और पुलिस प्रशासन दोनों के लिए सहायक होंगे।

2. विदेशों में पुलिस हड़तालें

2.1 **प्रथम पुलिस हड़ताल** : पुलिस इतिहास में पुलिस की सबसे प्रथम हड़ताल लन्दन पुलिस द्वारा उनकी वेतन वृद्धि की मांग को लेकर की गई थी, और एक समिति का आयोजन दिनांक 17 अक्टूबर से 24 अक्तूबर ,1872 तक लन्दन में किया गया था। उनकी मांग को 16 नवम्बर, 1872 को स्वीकार कर लिया गया, किन्तु 109 पुलिस कर्मचारियों को नौकरी से निकाल दिया गया और 65 को पदावनत (निम्न पद पर) कर दिया गया था।

2.2 **द्वितीय पुलिस हड़ताल** : पुलिस इतिहास में पुलिस की द्वितीय हड़ताल संभवतः 1889 में हुई थी। 1889 में ईथिका, न्यूयार्क के मेयर ने पुलिस कर्मचारियों का वेतन 12 डालर प्रति सप्ताह से घटाकर 9 डालर प्रति सप्ताह कर दिया था अतः इसके विरोध में पुलिस के पांच सदस्यों ने हड़ताल की। पुराना वेतन देने तथा हड़ताली पुलिस कर्मचारियो के पक्ष में झगड़ा निपटाने का समझौता होने पर सात दिन पुरानी हड़ताल वापिस ले ली गई।

2.3. **हिंसात्मक पुलिस हड़ताल** : सिंसिन्नाटि, ओहियो में 1918 में पुलिस ने उस समय पुलिस हड़ताल का आयोजन किया जब पुलिस के चीफ ने अपनी मन-मर्जी से उन चार पुलिस कर्मचारियों को बर्खास्त कर दिया जिन्होंने 300 डालर प्रति वर्ष की वेतन वृद्धि हेतु चर्चा करने के लिए बैठक में भाग लिया था। करीब 450 पुलिस कर्मचारियों-अधिकारियों ने अपने काम करने से इन्कार कर दिया तथा बर्खास्त चारों कर्मचारियों को वापिस नौकरी में लेने की मांग की। जब सिंसिन्नाटि पब्लिक सेफ्टी डाइरेक्टर कथित चारों कर्मचारियों को नौकरी में वापिस लेने के लिए विचार करने पर सहमत हो गए तो हड़ताली अधिकारियों को भी अपने काम पर लौटने के लिए राजी किया गया।

2.4. **इंग्लैंड पुलिस हड़ताल** : लन्दन में 1918 में करीब सभी मेट्रोपोलिटन पुलिस बल को 30 अगस्त, 1918 को उनकी ड्यूटी से वापस बुला लिया गया था तथा एक सिपाही को संघ की गतिविधियों के कारण नौकरी से निकाल दिया

गया था। वहां के प्रधानमंत्री ने इसमें हस्तक्षेप करके नौकरी से निकाले गए सिपाही को पुर्ननियुक्त करने तथा पुलिस वेतन को निर्धारित करने हेतु निर्णय दिया था। वर्ष 1919 में पुलिस ने लिवर-पूल के साथ मिलकर हड़ताल की, किन्तु इस हड़ताल को निर्दयतापूर्वक दबा दिया गया, जिसमें पुलिस बल को भारी क्षति उठानी पड़ी थी।

2.5. **बोस्टन पुलिस हड़ताल** : सबसे मशहूर पुलिस हड़ताल 1919 में बोस्टन में हुई जब बोस्टन महानगर पुलिस फोर्स के पुलिस कर्मचारियों ने यूनियन का गठन किया तथा अच्छे वेतन और काम-काज की दशा में सुधार के लिए अपनी मांगें मंजूर करवाने हेतु अमरीकन फेडरेशन आफ लेबर के साथ साठ-गांठ की। एडविन करटिस, पुलिस कमिश्नर, द्वारा उन्तीस गश्ती कर्मचारियों को उनके यूनियन से संबंधित क्रिया-कलापों के लिए निलंबित किए जाने पर बोस्टन के 1544 गश्ती कर्मचारियों में से 1134 ने हड़ताल में भाग लिया। सरकारी सूचना के अनुसार पुलिस हड़ताल 8 सितम्बर, 1919 मंगलवार को शाम 5-45 बजे शुरू हुई और जो कुछ बाद में हुआ उसे घोर विपत्ति की संज्ञा दी जा सकती है। राष्ट्रपति विलसन ने इस हड़ताल को "सभ्यता के विरुद्ध एक असहनीय अपराध" की संज्ञा दी। कोई भी सामाजिक नियंत्रण न होने के कारण असामाजिक तत्वों और दंगाइयों का पूरे शहर पर कब्जा हो गया तथा चार दिन तक लगातार कानून की बिगड़ी हुई स्थिति चलती रही। हिंसात्मक मुठभेड़ों में पांच व्यक्तियों की जानें गईं और 50 से अधिक व्यक्ति जख्मी हुए तथा 1500 व्यक्तियों द्वारा दंगों में भाग लेने तथा पूरे शहर में स्टोरों की लूट-पाट मचाने के कारण करीब आधा मिलियन डालर की संपत्ति को नुकसान पहुंचा। चार दिनों के बाद पुलिस हड़ताल समाप्त हुई और तुरन्त ही हड़ताली पुलिस कर्मचारियों में से 1200 व्यक्तियों को फोर्स से आंशिक रूप से बर्खास्त कर दिया गया। शहर की रक्षा के लिए 10 सितम्बर को चार हजार गारद कर्मचारियों को बुलाया गया तथा पुनः शांति स्थापित करने में 825 सिविल वालण्टियरों ने गारद कर्मचारियों की सहायता की। मस्साचुसेट्स के गर्वनर काविन कूलिज ने कहा कि "किसी को भी कहीं भी किसी समय जन-सुरक्षा के विरुद्ध हड़ताल करने का अधिकार नहीं है।" राष्ट्रपति वुडरो विलसन ने घोषणा की कि "एक महानगर की पुलिस द्वारा हड़ताल अपनाकर उस नगर की बिगड़ी स्थिति को सेना की दया पर छोड़ना मानवीय सभ्यता के खिलाफ एक अपराध है। मेरी राय में एक पुलिस कर्मचारी का कर्त्तव्य उतना ही पवित्र है जितना कि एक सैनिक का। वह एक सार्वजनिक कर्मचारी है न कि किसी का निजी नौकर तथा पूरे समाज का आदर उसके हाथों में होता है। सार्वजनिक सुरक्षा के मुकाबले किसी निजी लाभ को महत्व देने का उसे कोई अधिकार नहीं है" बोस्टन हड़ताल के प्रभावों का विश्लेषण निम्न प्रकार से किया गया है:—

1. ग्यारह सौ से अधिक पुलिस कर्मचारियों को अपने रोजगार से हाथ धोने पड़े ।
2. बोस्टन पुलिस विभाग के सदस्यों की कार्य करने की दशा में और अधिक सुधार हुआ ।
3. अमरीकन फेडरेशन के साथ पुलिस कर्मचारियों का संबंध समाप्त हो गया ।
4. संपत्ति को नष्ट होने से बचाने पर चार हजार गारद के सिपाहियों के रख-रखाव पर व्यय तथा भारी मात्रा में हुई जान-माल की हानि से बोस्टन के समाज को भारी नुकसान हुआ ।
5. अमरीका के अन्य शहरों और महानगरों में बोस्टन पुलिस हड़ताल से बहुत शीघ्र विभिन्न प्रकार की प्रतिक्रियाएं सामने आईं । बोस्टन के नजदीक के छोटे-छोटे तीन समुदायों ने पुलिस कर्मचारियों के तुरंत और पर्याप्त वेतनमान बढ़ा दिए । वाशिंगटन पुलिस विभाग ने घोषणा की कि जो भी कर्मचारी पुलिस हड़ताल में शामिल होगा उसे तुरन्त उसके पद से हटा दिया जाएगा ।
6. "हड़ताल के बाद बोस्टन में पुलिस विभाग की काम-काज की दशा के प्रति आयुक्त (कमिश्नर) के नजरिये में विशेष परिवर्तन हुआ ।" वेतनों में प्रतिवर्ष तीन सौ डालर की वृद्धि कर दी गई, अधिकारियों को प्रथम वर्ष के लिए निःशुल्क वर्दियां दी गईं और पेंशन पद्धति शुरू की गई ।
7. अपने रोजगार से हाथ धोने पर भी बोस्टन पुलिस कर्मचारी संघ के सदस्यों को वस्तुतः अपने उत्तराधिकारियों के लिए हड़ताल में जीत प्राप्त हुई ।

2.6. **वेलेजो पुलिस हड़ताल** : 1969 में वेलेजो, कैलिफोर्निया, यू० एस० ए० में पुलिस कर्मचारी 17 जुलाई को हड़ताल पर चले गए और 22-7 69 तक काम पर नहीं लौटे । पुलिस कर्मचारियों ने निम्नलिखित मांगें रखीं:—

(क) नगर द्वारा प्रदत्त वेतन के ऊपर 5 प्रतिशत वृद्धि करना ।
(ख) अतिरिक्त कार्य अवधि के लिए डेढ़ गुना क्षतिपूर्ति और समय या समान समय के बराबर छुट्टी देना ।
(ग) कम से कम चार घंटे पर वेतन का आधार हो ।
(घ) प्रत्यक्ष टाइम के वेतन के बराबर घर रहने पर राशि देना ।
(ङ) कर्मचारियों की तरक्की के लिए दीर्घ-आयु वेतन, जिसका आधार 2-1/2 (ढाई प्रतिशत) प्रति पांच वर्ष के हिसाब से बीस वर्ष की सेवाकाल तक हो ।

(च) कैलिफोर्निया स्टेट-हाई-वे पेट्रोल के अनुरूप रिटायर पद्धति हो।
(छ) शिक्षा प्रोत्साहन वेतन प्रोग्राम की बढ़ोतरी (इंटरमीडिएट और एडवांस कालेज सर्टिफिकेट के लिए 7-1/2 प्रतिशत की वृद्धि)।

वेलेजो के पुलिस कर्मचारी हड़ताल पर चले गए, क्योंकि नगर परिषद ने 1969-70 के नगरपालिका बजट के अधीन उनका 5 प्रतिशत वेतन बढ़ाना स्वीकार कर लिया था, किन्तु बाद में उनकी मांग स्वीकार करने से इन्कार कर दिया। पांच दिन की हड़ताल 21 जुलाई, 1969 को उस समय समाप्त हुई जब हड़तालियों को मुक्त करने तथा हड़ताल अवधि के लिए वेतन राशि न रोकने का आश्वासन मिलने पर समझौता हो गया। पुलिस समझौते में निम्नलिखित बातें शामिल की गईं:—

1. पिछली बार प्रदान की गई 5 प्रतिशत बढ़ोतरी के अतिरिक्त 2 प्रतिशत की वृद्धि (इससे शुरू के वेतनमान में परिवर्तन 630 डालर प्रतिमाह से 706 डालर प्रतिमाह या तीन वर्ष लौंगविटी (दीर्घायु) 841 डालर से 1857 डालर।
2. अतिरिक्त समय भत्ता (ओवर टाइम) के लिए स्ट्रेट टाइम पे या टाइम के बीच विकल्प होना और ऐसे ओवर-टाइम का डेढ़ गुना यदि हर्जाना के रूप में टाइम लिया जाता है। (छुट्टी की व्यवस्था केवल तभी ठीक थी यदि क्रियाकलापों को देखते हुए ऐसा करना ठीक है)।
3. इण्टरमिडिएट पोस्ट-सर्टिफिकेट के लिए शैक्षिक वेतन प्रोत्साहन, वेतन के 2-1/2 प्रतिशत से 5 प्रतिशत तक किया गया तथा एडवांस पोस्ट-सर्टिफिकेट के लिए 5 प्रतिशत से 7-1/2 प्रतिशत किया गया। हड़ताल के दौरान वास्तविक खर्चे की राशि का हिसाब 17,802 डालर लगाया गया। कोई भी पक्ष हड़ताल में अपनी जीत का साफ-साफ दावा नहीं कर सका।

2.7. **ऐंटिओक पुलिस हड़ताल :** वेतन में 16 प्रतिशत वृद्धि करने की मांग को लेकर कैलिफोर्निया स्टेट की ऐंटिओक पुलिस 13 जुलाई, 1970 को हड़ताल पर चली गई। नगर परिषद द्वारा वेतन में 12.25 प्रतिशत वृद्धि प्रदान करने तथा पुलिस कर्मचारियों को मुक्त करने तथा सभी जमा ओवर-टाइम के बदले छुट्टी प्रदान करने की अनुमति देने पर तीसरे दिन अर्थात 14-7-70 को हड़ताल समाप्त हुई। हड़ताल समझौता के बाद, ऐंटिओक में पुलिस वेतन 771 डालर प्रतिमाह से 933 डालर प्रतिमाह हो गया।

2.8. **होलिस्टर पुलिस हड़ताल :** कैलिफोर्निया स्टेट में होलिस्टर के 12 पुलिस फोर्स सदस्य 13 नवम्बर, 1970 को उस समय हड़ताल पर चले गए जब नगर-परिषद ने, पुलिस कर्मचारी एसोसिएशन द्वारा वेतन में 10 प्रतिशत वृद्धि

करने की मांग को ठुकरा दिया। नगर प्रबंधकों के साथ लम्बे विचार-विमर्श के बाद हड़ताली पुलिस कर्मचारी 16 नवम्बर को काम पर लौट आए परन्तु उनकी मांगों को स्वीकार नहीं किया गया।

2.9 **मांट्रियल पुलिस हड़ताल** : 7 अक्तूबर, 1969 की सुबह को मांट्रियल नगर के 3700 सदस्य, कनाडा पुलिस ने हड़ताल कर दी। पुलिस के पक्ष में एक वर्ष पुराने वेतन संबंधी झगड़े को निपटाने में पंचायती बोर्ड द्वारा जल्दबाजी में किए गए बहिष्कार से मामला खटाई में पड़ गया। हड़ताल की अवधि के दौरान टाउन शहर में 34 सशस्त्र डकैतियां और 456 सेंधमारी की घटनाएं घटित हुईं। हड़ताली पुलिस कर्मचारी 8 अक्टूबर, 1969 को सुबह 12-30 वजे उस समय काम पर लौट आए जब विधान-सभा ने हड़ताली कर्मचारियों को अपने काम पर लौटने और विभिन्न दंड भुगतने से संबंधित बिल पास कर दिया। हड़ताल के परिणामस्वरूप 2 व्यक्ति मारे गए तथा 49 व्यक्ति जख्मी हो गए। हड़ताल के दौरान हुई धोखा-धड़ी और लूट की घटनाओं के कारण करीब एक मिलियन अर्थात् 10 लाख डालर से भी अधिक की सम्पत्ति का नुकसान हुआ। हड़ताल समाप्ति के 16 दिनों बाद पुलिस और नगर के बीच हुए नये समझौतों में इनाम के अतिरिक्त 720 डालर की वेतन वृद्धि की व्यवस्था की गई।

2.10. **एलबुर्कक में पुलिस : हड़ताल** एल्बुर्कक, न्यू मेक्सिको जुलाई 1975 में दस दिन तक पुलिस हड़ताल में फंसा रहा। 12 जुलाई, 1975 शनिवार की सुबह चार बजे 10,000 कर्मचारियों द्वारा पूर्व नियोजित योजना के अनुसार हड़ताल पर चले जाने की सूचना पुलिस रेडियो पर प्रसारित की गई तथा 58 ड्यूटी अधिकारियों के अवकाश का बहिष्कार किया यह एक हड़ताल थी। इस हड़ताल के बहुत से कारण थे परन्तु यह हड़ताल मुख्यतः नगर के "अविश्वास-पूर्ण समझौते-"वाजी" पुलिस प्रशासकों की कुण्ठित बुद्धि तथा ए०पी० ओ०ए० एस० की समझौता टीम में अनुभवी और तकनीशियनों की कमी का कारण थी। परन्तु हड़ताल के दौरान हिंसा, लूट और दंगे की कोई घटना नहीं हुई तथा अपराधों की संख्या आंकी गई संभावना से कम रही।

2.11. **ओकलाहोनिया नगर में पुलिस हड़ताल** : 21 अक्टूबर, 1975 को ओकलाहोनिया नगर के 598 पुलिस अधिकारियों में से करीब 582 पुलिस अधिकारियों ने "फ्रेटर्नल आर्डर आफ पुलिस" के आह्वान पर "भारी संख्या में पंजीकरण" के लिए हड़ताल कर दी। 26 अक्टूबर, 1975 को पुलिस अधिकारियों ने बड़े नाटकीय ढंग से सिटी-हाल में अपने बैज उतारकर फैंक दिए। समझौता वार्ता सफल होने पर हड़ताल समाप्त हो गई। इस पुलिस हड़ताल के कुछ कारण दूषित निरीक्षण पद्धति, पुलिस विभाग में कार्य विश्लेषण योजना की शुरुआत तथा संवैधानिक संस्था की ओर से शिक्षा तथा बोधगम्यता की कमियां थीं।

2.12. **सेन्फ्रांसिस्को पुलिस हड़ताल**: 18 अगस्त, 1975 को सेन्फ्रांसिस्को में

90 प्रतिशत पुलिस अधिकारी उस समय हड़ताल पर चले गए जब "सेन्फ्रांसिस्को पुलिस आफिसर्स एसोसिएशन" द्वारा वेतन में वृद्धि की मांग का आह्वान करने पर नगर प्राधिकारियों ने मांग अस्वीकार कर दी। यह एसोसिएशन एक शक्तिशाली विशेष स्वार्थपूर्ण और राजनैतिक रूप से सक्रिय ग्रुप तथा अपने सदस्यों की आर्थिक दुर्दशा से संबंध रखती थी। पुलिस हड़ताल 21 अगस्त, 1975 को समाप्त हो गई। सेन्फ्रांसिस्को हड़ताल एक "श्रम संबंधी सार्वजनिक क्षेत्र में बढ़ी-चढ़ी जांच, निर्णय लेने में भरपूर गल्तियों, राजनीतिक कुचक्र, आलंकारिक शब्दाडंबर तथा सम्मिलित पार्टियों की तरफ से कुछ हिंसात्मक और बढ़ती चढ़ती आचरण की मिसाल थी।" (12) "जिन पुलिस अधिकारियों ने हड़ताल की थी उन्होंने यह साबित किया कि 'कोई भी हड़ताल नहीं चाहता है·········परन्तु यदि एक पुलिस कर्मचारी को नगर के माली या गली के झाड़ूकश से कम वेतन दिया जा रहा है तो हम उसे स्वीकार नहीं कर सकते।' पुलिस आफिसर्स की हड़ताल के परिणामस्वरूप उनके वेतन में 13.5 प्रतिशत की वृद्धि स्वीकार कर ली गई तथा सभी हड़तालियों को अनुशासनात्मक कार्रवाई से मुक्त कर दिया गया परन्तु इससे रैंक एंड फाइल में आंतरिक रूप से कडुवाहट व्याप्त हो गई।

भारत में पुलिस हड़तालें

3.1. भारतवर्ष में पुलिस हड़तालों के बारे में प्रामाणिक सरकारी रिपोर्ट उपलब्ध नहीं है परन्तु कुछ समाचार पत्रों और साप्ताहिक पत्रिकाओं में कुछ संदर्भ उपलब्ध हैं। आजादी से पहले भारतीय पुलिस का सबसे पहला हिंसात्मक आंदोलन सितम्बर, 1942 में उस समय हुआ जब पुलिस ने बिहार में विद्रोह कर दिया। जुलाई, 1942 में भारत छोड़ो आंदोलन तथा बाद में महात्मा गांधी को कैद कर लेने की घटना सुनकर बिहार में पुलिस कर्मचारियों ने अनशन (भूख हड़ताल) शुरू किया। इसके तुरन्त बाद ही बिहार में पुलिस कर्मचारी "हड़ताल पर बैठ गए" तथा अपनी 18 मांगों का एक पत्र प्रस्तुत किया, जिसमें सिपाही के लिए कम से कम 100/-रुपये के वेतन तथा उच्च अधिकारियों द्वारा अच्छे व्यवहार आदि करने की मांगे शामिल थी। 7 सितम्बर को सेना को बुला लिया गया और 34 पुलिस कर्मचारियों को कैद कर लिया गया, उन्हें दोषी ठहराया गया तथा सेवा से निकाल दिया गया। अंत में पुलिस कर्मचारी अप्रत्यक्ष रूप से हार स्वीकार कर काम पर लौट आए।

3.2. 16 अप्रैल, 1946 को मलाबार विशेष पुलिस ने हिंसात्मक आन्दोलन अपनाया तथा 24 अप्रैल 1946 तक जारी रखा सरकार ने 926 पुलिस कर्मचारियों को नौकरी से निकाल दिया तथा पुलिस आन्दोलन को दबाने के लिए सेना को बुला लिया गया।

3.3. 18 मार्च, 1946 को इलाहाबाद में पुलिस कर्मचारियों ने अपने राशन में कमी किए जाने के विरोध में आवाज उठाने के लिए भूख हड़ताल की तथा सेवा में अच्छे सुधार के लिए मांग करने हेतु जुलूस के साथ टाउन-हाल गए।

मार्च 1947 में बिहार में पुलिस कर्मचारियों ने सेवा की दशा में सुधार के लिए हड़ताल की जिसमें सेना द्वारा फायर खोलने पर चार कर्मचारी मारे गए तथा अन्य बहुत से जख्मी हुए। 20 मार्च 1947 को जब गया के सब-डिवीजनल आफिसर ने पुलिस हवलदार को न्यायालयों की अवमानना करने के लिए दोषी ठहराया, तो गया पुलिस ने 24 मार्च 1947 को हड़ताल कर दी तथा बाद में हड़ताल का यह ज्वर पटना पटना तथा मुंगेर में भी फैल गया।

3.4 **मद्रास पुलिस हड़ताल**—31 दिसम्बर 1952 को विद्रोह एवं दुराचरण से संबंधित आरोपों का एक ज्ञापन मद्रास सिटी पुलिस कांस्टेबुलरी एसोसिएशन के सचिव पी०सी०835 पी० के० एथीराजन को यह बताने के लिए दिया गया कि वह कारण बताएं कि उसे सेवा से वर्खास्त क्यों न कर दिया जाए? एशोसिएशन के सचिव के नाते अपने पद का लाभ उठाते हुए वह चाहता था कि उसके खिलाफ लगाए गए आरोप उठा लिए जाएं। उसके दबाव के अन्तर्गत एशोसिएशन ने मुख्य-मन्त्री एवं अन्य उच्च अधिकारियों को टेलीग्राम देते हुए 24 घण्टे के अन्दर एथीराजन के खिलाफ लगाए आरोपों को वापिस लेने की मांग की तथा धमकी दी कि जब तक यह मांग मान नहीं ली जाती तब तक कोई परिणाम नहीं निकल सकता। आरोप वापिस न किए जाने पर एशोसिएशन के सदस्यों ने दिसम्बर 1952 का वेतन लेने से इन्कार कर दिया। स्थिति को बिड़ती हुई जानकर पुलिस आयुक्त से सरकार की सहमति से सर्वश्री पी० सी० एथीराजन सचिव तथा एच० सी० राधाकृष्णन, वाइस प्रेसीडेन्ट को पी० डी० एक्ट की धारा 3/2 के अधीन 2. 1. 1953 की शाम को कैद कर लिया। 5 जनवरी 1953 को मद्रास के तत्कालीन मुख्यमंत्री श्री सी० राजगोपाचारी ने सिटी पुलिस कांस्टेबुलरी सहित एशोसिएशन के एक्जीक्यूटिव मेम्बरों को संबोधित किया तथा एशोसिएशन की 15 मांगों में से कुछ को स्वीकार कर लिया। आगे उन्होंने कहा कि उनके दो कर्मचारियों को केवल तभी मुक्त किया जाएगा जब सभी कर्मचारी अपना वेतन स्वीकार कर लेंगे परन्तु एशोसिएशन के नेता इस बात पर अड़ गए कि जब तक उनके कर्मचारियों को मुक्त नहीं कर दिया जाता तब तक वे अपना वेतन स्वीकार नहीं करेंगे। जब स्थिति में सुधार नहीं हुआ तो मुख्यमंत्री जी ने पुलिस महानिरीक्षक तथा जी० ओ० सी० मद्रास के साथ मंत्रणा की और 7. 1. 1953 को कार्यकारी सचिव, वाइस-प्रेसीडेंट तथा एक्जीक्यूटिव कमेटी के अन्य सदस्यों को कैद करने के लिए निर्देश जारी किया। तदनुसार 8. 1. 1953 को कार्रवाई कर एक्जीक्यूटिव कमेटी के 431 सदस्यों को पी० डी० एक्ट के अन्तर्गत तथा अन्य 51 कर्मचारियों को बलवे के अपराध में दंड प्रक्रिया संहिता की धारा 151 के अधीन कैद कर लिया गया। एशोसिएशन के पंजीकरण को वापिस ले लिया गया तथा उसके परिक्षेत्र को सील कर दिया गया। बाद में

कर्मचारियों को चेतावनी दी गई कि यदि 9.1.1953 को शाम तक वे अपना वेतन लेना स्वीकार नहीं करते तो उन्हें अपना किट जमा कराना होगा। पुलिस आवास तथा फोर्स को छोड़ना होगा। 9. 1. 53 को समय की हवा बदली तथा नगर में कुल 2886 हैड-कांस्टेबिल और पुलिस कांस्टेबिलों में से 2538 ने अपना वेतन लेना स्वीकार कर लिया।

3. 5 फरवरी 1955 में विभागीय परीक्षा का कठिन प्रश्न-पत्र होने के विरोध में आह्वान करने के लिए कलकत्ता के पुलिस कांस्टेबिल परीक्षा कक्ष का बहिष्कार कर बाहर चले गए (टाइम्स आफ इण्डिया फरवरी 3. 1955)नवम्बर 1957 में लखनऊ की जिला पुलिस ने आन्दोलन किया तथा भूख हड़ताल की। उत्तरप्रदेश पुलिस कर्मचारियों का आन्दोलन बहुत ही स्वाभाविक था, किन्तु पूर्व-नियोजित नहीं था।

3. 6 **दिल्ली पुलिस हड़ताल**—अक्टूबर, नवम्बर 1966 में दिल्ली में व्याप्त असंतोष उस समय अपनी चरम-सीमा पर पहुंच गया जब दिल्ली पुलिस अराजपत्रित कर्मचारी संघ ने दिल्ली में कई जनसभाओं का आयोजन किया जिसमें भारी संख्या में पुलिस कर्मचारियों ने भाग लिया। संघ को मान्यता प्रदान करने की उनकी मांग के साथ-साथ अन्य मांगों को पूरा न किए जाने के विरोध में पुलिस कर्मचारियों ने पहली नवम्बर 1966 को वेतन का बहिष्कार किया। इसी बीच भारत सरकार ने न्यायाधीश जी० डी० खोसला की अध्यक्षता में तीन सदस्यों से गठित एक आयोग, पुलिस कर्मचारियों की कठिनाइयों के विचारार्थ बिठाया। पुलिस कर्मचारियों द्वारा ट्रेड युनियन का गठन करने या राजनीतिक आन्दोलनों मे भाग लेने की स्वतंत्रता पर प्रतिबंध लगाने के लिए पुलिस फोर्स अधिकारों पर प्रतिबंध अधिनियम भी पारित किया गया। इस बिल को लागू करने के विरोध में पुलिस कर्मचारियों ने 14 नवम्बर को 24 घण्टे की भूख-हड़ताल आयोजित की। पहली दिसम्बर 1966 को पुलिस महानिरीक्षक की उपस्थिति में दिल्ली पुलिस लाइन में आयोजित समारोह परेड में एकत्रित पुलिस कर्मचारियों ने नारे-बाजी कर प्रदर्शन किया। इसके पणिामस्वरूप 3 दिसम्बर 196 को तत्कालीन गृहमंत्री जी के सम्मान में आयोजित की जाने वाली समारोह परेड को रद्द करनी पड़ी। इससे पुलिस कर्मचारियों में निराशा व्याप्त हो गई। दिमम्बर 1966 में सरकार ने "दिल्ली पुलिस अरापत्रित कर्मचारी संघ" नाम से उनकी यूनियन को मान्यता प्रदान कर दी। अपनी कठिनाइयों का कोई समाधान न पाने पर पुलिस कर्मचारियों मे 28 मार्च 1967 को भूख हड़ताल का आयोजन किया, परन्तु प्राधिकारियों से बातचीत के बाद उन्होंने सीधी-कार्रवाई करने मार्ग त्याग दिया। 14 नवम्बर 1967 को उनके असंतोष ने गम्भीर रूप ले लिया और पुलिस कर्मचारियों ने एक विशाल जुलूस का आयोजन करने के

बाद तत्कालीन गृहमंत्री जी के निवास स्थान पर प्रदर्शन किया। गृहमंत्री जी के निवास स्थान के एक तरफ खुले मैदान में रात्रि-भर धरना दिए हुए बैठे रहे। दिल्ली के विभिन्न स्थानों पर तैनात पुलिस कर्मचारियों को निःशस्त्र कर दिया गया तथा उनकी ड्यूटियों को सीमा सुरक्षा बल/केन्द्रीय रिजर्व पुलिस बल/सेना ने सम्हाल लिया। गृहमंत्री जी के निवास-स्थान पर एकत्रित पुलिस कर्मचारियों को तितर-बितर करने के लिए आंसू गैस का प्रयोग किया गया। आन्दोलन के संबंध में भारी संख्या में कर्मचारियों की धर-पकड़ हुई। इस तरह अगले तीन-चार दिनों में स्थिति पुनः सामान्य हो गई। पुलिस कर्मचारियों की मांगों के समर्थन में 22 अप्रैल को प्रस्तावित हड़ताल बिल्कुल अंतिम समय पर वापिस ले ली गई। इसके बाद दिल्ली पुलिस में किसी बड़े असंतोष के होने के अधिक लक्षण जानकारी में नहीं आए। पुलिस फोर्स (अधिकारों पर प्रतिबंध) अधिनियम में संशोधन कर, भारत सरकार ने 1970 में संघ की मान्यता समाप्त कर दी। आन्दोलन एवं भूख हड़ताल के तुरन्त बाद धारा 311 (11) (सी) के अधीन संघ के मुख्य-मुख्य नेताओं को बर्खास्त कर दिया गया परन्तु सर्वोच्च न्यायालय ने इस आधार पर इस आदेश को रद्द कर दिया कि इस विषय में भारत सरकार के राष्ट्रपति ने व्यक्तिगत रूप से इस संबंध में अपना विचार व्यक्त नहीं किया। इस निर्णय के परिणामस्वरूप इन व्यक्तियों को सेवा से बर्खास्त करते हुए नया आदेश जारी किया गया। अंतरिम सहायता, पुलिस नियम 1934 को रद्द करने, काम के आठ घंटे और घंटों के न्यूनतम की अपनी मांग के समर्थन में दिल्ली पुलिस कर्मचारियों ने दिनांक 26 मार्च 1967 को आन्दोलन छेड़ दिया। कुल 16,000 कर्मचारियों में से करीब 7000 पुलिस कर्मचारियों ने दिल्ली पुलिस अराजपत्रित कर्मचारी यूनियन की आयोजित बैठक में भाग लिया। दिनांक 13 अप्रैल 1967 से पुलिस कर्मचारियों को दिल्ली प्रशासन द्वारा निःशस्त्र करने के अभियान के खिलाफ आवाज उठाने हेतु पुलिस कर्मचारियों ने 14 अप्रैल को काम बन्द कर दिया। 15 अप्रैल 1967 को सरकार ने 2,5000 पुलिस कर्मचारियों को निःशस्त्र किया, 40 पुलिस कर्मचारियों को सेवा से बर्खास्त किया तथा 680 आंदोलन कारियों को गिरफ़्तार किया। आन्दोलनकारियों के खिलाफ आंसू गैस का प्रयोग भी किया गया।

3.7 पश्चिम बंगाल में यूनियन फ्रंट गवर्नमेंट के शासन के दौरान 31 जुलाई 1969 को पुलिस कर्मचारी तत्कालीन गृहमंत्री जी श्री ज्योति बसु के सामने विरोध प्रकट करने के लिए अपने मृतक साथी का शव जुलूस के साथ विधान सभा चेम्बर तक ले गए तथा मांग की कि राजनीतिक स्वार्थों को लेकर पुलिस कर्मचारियों पर हमलावरों के खिलाफ कार्रवाई की जाए।

3.8 **यू० पी०, पी० ए० सी० पुलिस हड़ताल** : उत्तर प्रदेश में पुलिस कर्मचारी अपने काम-काज की असंतोषजनक दशाओं, उन्नति के कम अवसरों तथा कम वेतन से असंतुष्ट थे उनका वेतन उनके द्वारा कठिन परिस्थितियों में किए जा रहे काम-काज के अनुरूप नहीं था। एक तरफ तो सशस्त्र पुलिस में पुलिस कर्मचारी, वरिष्ठ अधिकारियों द्वारा पुलिस कर्मियों का अपने निजी काम के लिए प्रयोग में लाने पर चिंतित थे तो दूसरी तरफ जो कर्मचारी स्थानीय इंटेलीजेंस यूनिटों तथा पी. ए. सी. में थे उन्हें भड़काया गया कि सिविल पुलिस में उनके साथियों को जो बहुत सी वित्तीय सुविधाएं प्राप्त है उन्हें नहीं मिल रही है। अपने मामले को प्राधिकारियों के सम्मुख अधिक प्रभावी ढ़ंग से प्रस्तुत करने हेतु पुलिस कर्मचारियों ने उत्तर प्रदेश राज्य पुलिस कर्मचारी परिषद गठित की तथा पुलिस महानिरीक्षक उत्तरप्रदेश ने 12 मई 1973 को एशोसिएशन बनाने के लिए पुलिस कर्मचारियों (सिपाही और हवलदारों) को अनुमति दे दी। यह सुविधा देने के परिणामस्वरूप मई 15 तक कोई भी अनुशासन-हीनता की घटना जानकारी में नहीं आई। यद्यपि 20-21 मई 1973 को उस समय स्थिति ने अचानक खराब मोड़ ले लिया जब परीक्षकों के संबंध में लखनऊ यूनिवर्सिटी क्षेत्र में तैनात पी. ए. सी. के जवानों ने विद्यार्थियों के साथ सांठ-गांठ कर पहले तो यूनिवर्सिटी क्षेत्र में और बाद में स्थानीय पुलिस उप-अधीक्षक के निवास पर पथराव भी किया। अतः 21 मई की सुबह को प्राधिकारियों ने यूनिवर्सिटी क्षेत्र में तैनात पी. ए. सी. पुलिस कर्मचारियों को हटा लिया। बाद में करीब दो घंटे के लिए सेना को तैनात किया गया। इस समय देर से कार्रवाई के कारण विद्यार्थियों ने कैम्प में आगजनी की वारदातों में भाग लिया। स्थिति का जायज़ा लेते हुए प्राधिकारियों ने राज्य में अत्यधिक महत्वपूर्ण ठिकानों पर पी. ए. सी. बटालियन को निःशस्त्र करने का निर्णय लिया। 21 मई की सुबह को शिविर से पी. ए. सी. को हटाने का परिणाम यह हुआ कि बाद में विद्यार्थियों ने शिविर के अन्दर बड़ी मात्रा में आगजनी की वारदातों में भाग लिया। पी. ए. सी. बटालियनों को निःशस्त्र करने तथा उनके शस्त्रागार और उत्तेजक भण्डार को सेना के अधिकार में देने के निर्णय से सरकार को लखनऊ, फतेहपुर, रामगढ़ और जहाँगीराबाद में कठिन स्थिति का सामना करना पड़ा। कानपुर, रामगढ़ और लखनऊ में पी. ए. सी. के जवानों तथा सेना के बीच दोनों ओर से गोली-बारी की घटनाएं हुई, परिणामस्वरूप 17 जवान पी. ए. सी. के, 14 जवान सेना के तथा एक नागरिक अर्थात् कुल 32 व्यक्तियों की जानें गई। सेना और पी. ए. सी. के करीब 100 कर्मचारियों को चोटें आई। सैनिक कार्रवाई के बाद पी. ए. सी. के करीब 200 जवान जिनमें बहुत से व्यक्तियों के पास हथियार थे, वे भगोड़े हो गए। गोरखपुर और जहांगीराबाद, बाराबंकी में पी. ए. सी. कर्मचारियों ने कुछ अधिकारियों

को बन्दी बना लिया ताकि बाहर से बल के प्रवेश को रोका जा सके। मई 24 और 25 के बीच काफी समय तक समझौता वार्ता होने के बाद, यद्यपि बाद में उन्होंने आत्म-समर्पण कर दिया फिर भी सिविल पुलिस बढ़ती हुई परिस्थितियों के प्रति काफी जागरुक बनी रही। इलाहाबाद में सचमुच ही वे हड़ताल पर चले गए जिसमें उन्होंने अपने नियमित काम-काज को नहीं निभाया तथा वाराणसी में 32 मई को वे थोड़ी देर के लिए काम से अलग रहे। पुलिस परिषद् के उन प्रमुख नेताओं और कामगारों को हिरासत में ले लिया गया जिन्होंने कर्मचारियों के दिल में भय का वातावरण पैदा कर दिया था। पुलिस परिषद् पर प्रतिबंध लगा दिया गया तथा उत्तरप्रदेश ने उनकी कुछ शिकायतों को दूर कर दिया।

यू० पी० पी० ए० सी० की हड़ताल के मुख्य-मुख्य कारण निम्न थे:

1. पर्याप्त आवासों की कमी।
2. कल्याण सुविधाओं की कमी।
3. पी. ए. सी. बटालियनों का दोषपूर्ण गठन।
4. पी. ए. सी. में अधिकारियों की तैनाती का दोषपूर्ण चयन।
5. सेवा की शर्तें और दशाएं प्रतिकूल।
6. अपने निजी और व्यक्तिगत उद्देश्यों के लिए अधिकारियों द्वारा पी. ए. सी. के जवानों का दुरुपयोग।
7. पुलिस समस्याओं और कठिनाइयों के प्रति सरकार और राजनीतिज्ञों का अलग दृष्टिकोण।

3.9 1977 में अगस्त के शुरु में बिहार सशस्त्र पुलिस के पुलिस जवानों ने वरिष्ठ पुलिस अधिकारी के रूखे व्यवहार के विरुद्ध भूख-हड़ताल कर अपनी आवाज उठाई। अपने साथियों के निलंबन तथा राजनीतिक स्वार्थों से उन्हें बंदी बनाने के खिलाफ आवाज उठाने के लिए 4 सितम्बर 1977 को वाराणसी के 40 पुलिस कर्मियों ने खाना खाने से तथा उनमें से कुछ ने अपनी नियमित ड्यूटी करने से इन्कार कर दिया। 6 सितम्बर 1977 को यह प्रतिरोध समाप्त हो गया। धनबाद में 19 सितम्बर 1977 को कुछ पुलिसकर्मी प्रतिरोध स्वरूप उस समय भूख-हड़ताल पर चले गए जब बिहार राज्य के एक विधायक ने उनके एक साथी की पिटाई कर दी।

3.10 **वर्ष 1979 में बड़ी मात्रा में कई राज्यों में पुलिस हड़ताल** : जनता शासन के दौरान अधिक मात्रा में कई राज्यों में पुलिस द्वारा हड़ताल की गई। पटियाला में 8 मई 1979 को पुलिस हड़ताल आरम्भ हुई, जबकि करीब 200 पुलिस कर्मचारियों ने यूनीफार्म (वर्दी) में जुलूस निकाल कर उनकी समस्याओं के समाधान हेतु राज्य सरकार के समक्ष उपस्थित हुए। इसका मुख्य कारण दो घटनाओं के घटने से था। प्रथम घटना 15 अप्रैल 1979 में घटी जब एक पुलिस सिपाही अपनी ड्यूटी पर था और वह आम जनता को नियंत्रित कर रहा

था तब स्थानीय विधायक के रिश्तेदार के द्वारा उसके उपर आक्रमण किया गया था। दूसरी घटना 6 मई 1979 को तब हुई जबकि वाहन नियंत्रण पर तैनात एक पुलिस सिपाही को स्थानीय विधायक ने थप्पड़ मारा। इन दोनों घटनाओं से पंजाब पुलिस के सिपाहियों में विद्रोह की स्थिति उत्पन्न हो गई। यद्यपि यह पुलिस हड़ताल पटियाला से शुरू हुई थी किन्तु इसका प्रभाव शीघ्र ही कई स्थानों पर हुआ, जिसमें भटिंडा, संगरूर, गोविंदगढ़, मोगा, मनसा इत्यादि में फैल गया पुलिस हड़तालें भारत वर्ष के अन्य कई राज्यों में फैल गई तथा धीरे-धीरे मध्य प्रदेश, उड़ीसा, गुजरात, जम्मू एवं कश्मीर और राजस्थान में भी सफल हुई। तमिलनाडू, केरल, कर्नाटक, आन्ध्रप्रदेश, महाराष्ट्र तथा अण्डमान-निकोबार द्वीप समूह के पुलिस कर्मचारियों ने अनुशासनिक सिद्धान्तों को ताक पर रखकर विरोध प्रदर्शन कार्यक्रम की धमकी दी। विरोध प्रदर्शन करने वाले सिपाहियों ने जूलूस निकाले, प्रातःकालीन परेड (कवायद) का वहिष्कार किया, अन्य प्रदर्शन किए, नारे लगाए, घेराव किया, उच्च अधिकारियों के साथ हाथापाई की, विरोध सभाएं की, विरोधी सम्मेलन का आयोजन किया तथा यह धमकी दी कि यदि उनकी मांगे पूरी नहीं की गई तो वे सीधी कार्रवाई करेंगे। केन्द्रीय औद्योगिक सुरक्षा फोर्स और केन्द्रीय रिजर्व पुलिस फोर्स पर भी इसका अविलम्ब प्रभाव हुआ। त्रिवेन्द्रम, भुवनेश्वर और दिल्ली में केन्द्रीय रिजर्व पुलिस बल के जवान भी इस हड़ताल में सम्मिलित हुए। सी० आइ० एस० एफ० दुर्गापुर, राँची, कलकत्ता, बोकारो की यूनिटें (बटालियने) भी पुलिस हड़ताल में सम्मिलित हुईं। सबसे बड़ी दुर्घटना 25 जून 1979 में बोकारों में घटित हुई, जहां मुठभेड़ में सेना का एक मेजर, 2 जवान और केन्द्रीय औद्योगिक सुरक्षा बल के 20 जवान मारे गए तथा सी० आइ० एस० एफ० के 75 व्यक्ति/जवान घायल हुए। पूरे भारत वर्ष में पुलिस हड़ताल में विशेष तौर पर सिपाहियों ने ही भाग लिया। विभिन्न राज्यों और केन्द्रीय पुलिस विभाग में एक अनुमान के अनुसार तकरीबन 4,500 पुलिस कर्मियों को नौकरी से निकाल दिया गया और करीबन 7,000 पुलिस कर्मियों के विरुद्ध कानूनी कार्रवाई करने हेतु उन्हें बन्दी बनाया गया। देश में पुलिस को सुविधा प्रदान करने हेतु पुलिस हड़ताल हुई तो पंजाब, हरियाणा, हिमाचल प्रदेश, गुजरात, राजस्थान, आन्ध्र प्रदेश और उड़ीसा राज्यों की पुलिस ने भी इस हड़ताल में साथ दिया। भारत सरकार ने सीमा सुरक्षा बल तथा केन्द्रीय ओद्यौगिक सुरक्षा बल के जवानों को कई सुविधा एवं लाभ प्रदान करने की घोषणा की। 6 जून 1979 को केन्द्रीय गृहमंत्री जी ने राज्य के मुख्य मंत्रियों का एक सम्मेलन बुलाया जिसमें निम्नलिखित सप्त-सूत्री कार्यक्रम पर विचार किया गया:—

1. राष्ट्रीय पुलिस आयोग की सहमति पर पुलिस एशोशिएशन (संघ) बनाने की स्वीकृति दी गई।

2. विभिन्न स्तरों पर संयेत्रों का प्रावधान रखा गया, जिससे उनकी मांगों पर शीघ्र कार्रवाई कर सके ।
3. अर्दली पद्धति की समाप्ति ।
4. साप्ताहिक अवकाश और कार्य अवधि की एकरूपता ।
5. सिपाहियों के कार्य स्तर को निर्धारित करना ।
6. पुलिस कर्मियों के लिए गृह आवास का प्रावधान, और
7. पुलिस प्रशासन में राजनीतिक प्रभाव पर नियंत्रण ।

3.11 "आई०बी०" और "रा" के कर्मचारियों में भी असंतोष की भावना देखी ग किन्तु उन लोगों ने किसी प्रकार की हिंसक कार्रवाई नहीं की । असंतोष के कुछ छोटे-मोटे प्रदर्शन राष्ट्र के अन्य भागों में भी देखे गए, परन्तु हरियाणा पुलिस में यह साफ परिलक्षित था । शीघ्र स्थानान्तरण, पदोन्नति, वरीयता पुष्टी-करण, अन्यत्र पुलिस नियुक्ति तथा सेवा से निष्कासन और अन्य सेवा संबंधी तथ्यों से संबंधी बहुत से मुकदमें न्यायालयों में अभी विचाराधीन है तथा नये-नये मुकदमें न्यायालयों में प्रस्तुत किए जा रहे है ।

4. पुलिस असंतोष स्वयं एक बुराई नहीं है अपितु एक गहरे रोगी के प्रति सामूहिक सहानुभूति है ।

पुलिस असंतोषअसंगत लगता है,, क्योंकि जब सम्पूर्ण विश्व में "श्रमिक अशांति, विद्यार्थी अशांति, कृषक अशांति और अन्य से संबंधित अशांति होने के कारण बिधि और व्यवस्था असंतुलित होती है तब यही पुलिस उस पर नियंत्रण रखती है तथा सामाजिक शांति को सामान्य बनाए रखती है। परन्तु जब उनके स्वयं के कष्टों का निवारण नहीं होता है, उनकी कठिन परिस्थितियों के प्रति ध्यान नहीं दिया दिया जाता, उसके आत्म सम्मान पर आघात किया जाता है तथा उनकी वैध मांगों से संबंधित आवाज का गलाघोट दिया जाता है, तब वे परिस्थिति वश बिवश होकर विरोध के रास्ते पर चलने के लिए कटिबद्ध हो जाते हैं ।

"पुलिस हड़ताल के कुछ मुख्य कारण निम्नलिखित हैं"

1. दयनीय वेतन एवं भत्ते ।
2. नौकरी की बदतर स्थिति एवं पुलिस कर्मियों का संकटमय कर्तव्य ।
3. पदोन्नति के अवसर का अभाव ।
4. सिपाहियों की सेवा-सुरक्षा का मानसिक दबाव ।
5. पुलिस सेवा का न्यूनतम् स्तर और अनावश्यक आलोचना ।
6. सांगठनिक परिस्थिति के चलते वैचारिक भाव के स्पष्टीकरण का अभाव ।

7. पुलिस का निम्न-स्तरीय नेतृत्व ।
8. पुलिस प्रशासन में राजनीतिक हस्तक्षेप ।
9. पुलिस मांगों के प्रभावी निराकरण हेतु तत्वों का अभाव तथा उनकी मांगों का समुचित विचार हेतु न्यायाधिकरण का अभाव ।
10. पुलिस विधि कानून, उसके नियम निर्देश और कार्य-पद्धति का पुरानापन ।
11. श्रमिक संगठनों की स्थिति अनुसार प्रभाव तथा जीवन मूल्य में सामान्य पतन ।
12. नियोजन एवं कार्य प्रेरणा का अभाव ।
13. पुलिस कार्य एवं उनके जीवन स्तर को सुधारने में जनता व सरकार का औवस्य (उदासीनता) ।
14. पुलिस समस्याओं की पहचान का अभाव तथा उनके निदान के प्रति सरकार का असहयोगी व्यवहार ।
15. पुलिस बल में विरोधी तत्वों की घुसपेठ ।
16. सामान्य सामाजिक विरोधी प्रचलन का प्रभाव तथा सामाजिक भेदभाव के चिह्न ।
17. नव-प्रशिक्षित सिपाहियों के सामान्य कार्य विधि के प्रति अनाधिकृत तरीके से दबाए रखने की पुरानी कार्य पद्धति के कारण विरोध ।
18. विभिन्न स्तरों पर गलत पुलिस व्यवस्था और विभिन्न स्तरों पर रचनात्मक (संलग्नात्मक) सहयौगिक व्यवस्था का अभाव ।
19. पुराने अनुशासनिक प्रचलन के प्रति सानिध्यता (सम्पर्क) और प्राचीन सांगठनिक विचार स्तर के प्रति लगाव ।
20. पुराने असंतोष की भावना के प्रति अनदेखे रवैये के कारण अन्त में घोर विक्षोभ (दुःख) की पुलिस कर्मियों में उत्पत्ति ।
21. सेवा-असुरक्षा, शीघ्र स्थानान्तरण तथा आवास व्यवस्था की कमी।

अकुशल नेतृत्व सामयिक विचारों का प्रभाव, राजनीतिक हस्तक्षेप, वैचारिक भावनाओं का अभाव, अपर्याप्त वेतन एवं कठिन कार्य स्थिति के कारण पुलिस का विरोध अपने शीर्षक बिन्दु पर पहुंच गया था ।

5. पुलिस कर्मचारियों द्वारा हड़ताल के अधिकार की साँविधिक मनाही

भारतवर्ष में पुलिस कर्मचारी पुलिस(इनसाइटमेंट आफ डिसइफेक्शन) एक्ट 1966 और पुलिस फोर्सेस (रेस्ट्रीकशन आफ राइट) एक्ट 1966 के तहत अधिशासित होते हैं । पुलिस (इनसाइटमेंट ऑफ डिसइफेक्शन)एक्ट 1922 किसी भी बाहरी ऐजेंसी को पुलिस कर्मचारियों में विद्वेष की भावना फैलाकर कुछ भी करने की अनुमति प्रदान नहीं करता और "जो भी जानबूझ कर ऐसा करता है या

ऐसा करने की कोशिश करता है या कोई ऐसा कार्य करता है जिससे पुलिस बल के कर्मचारियों में विद्वेष फैलने की संभावना का पता होता है या प्रेरित करने का प्रयास करता है या ऐसा कार्य करता है जिससे उसे किसी भी पुलिस कर्मचारी को उसके द्वारा ड्यूटी न करने, अनुशासन भंग करने की प्रेरणा को बल मिलने की संभावना का पता होता है··········" (पुलिस इनसाइटमेंट आफ डिसएफेक्शन एक्ट 1922 धारा-3) उसे दंडित करने की इस एक्ट में व्यवस्था की गई है।

भारत के संविधान के अनुच्छेद-33 में रक्षा और पुलिस कर्मचारियों द्वारा नागरिकों की मूल स्वतंत्रता को लागू करने के बारे में स्थायी व्यवस्था की गई है। इसमें कहा गया है कि "संसद कानून द्वारा यह निर्धारित कर सकती है कि उस भाग द्वारा (मूल अधिकारों) के बारे में (संविधान का भाग-3) प्रदत्त अधिकारों का सशस्त्र बलों के जवानों या ऐसे बल का जिसे लोक व्यवस्था बनाए रखने का भार सौंपा गया है, उनके बारे में प्रयोग कर किस सीमा तक प्रतिबंध या रोक लगा दी जाए ताकि उनके अनुशासन बना रहे तथा उनके द्वारा ठीक प्रकार से कर्तव्य निभाने की प्रक्रिया सुनिश्चित की जा सके"। 13 पुलिस फोर्स(रेस्ट्रिकशन आफ राइट्स) एक्ट 1966 को लागू कर दिया गया है ताकि, "पुलिस फोर्स तथा इसकी स्वच्छ परंपराओं को ट्रेड यूनियन की क्रियाओं तथा भड़काने वाली क्रियाओं से कोई ठेस न पहुंचे। ऐसी क्रियाओं से अंततः एक स्वच्छ बल में अनुशासन भंग करने की क्रियाओं का सहारा मिल सकता है"। 14 पुलिस फोर्स (रेस्ट्रिक्शन आफ राइट्स) एक्ट 1966 की धारा-3 में कहा गया है कि, "1 केन्द्र सरकार या निर्धारित प्राधिकारी को बताकर उसकी अनुमति के बिना पुलिस बल का कोई भी सदस्य :—

(क) किसी भी ट्रेड यूनियन, लेबर यूनियन, राजनीतिक संघ या किसी भी वर्ग की ट्रेड यूनियन, लेबर यूनियन या राजनीतिक संगठन का किसी भी रूप में सदस्य या सहयोगी नहीं बन सकेगा।

या

(ख) किसी भी ऐसी सोसाइटी, संस्था, एशोसिएशन या संगठन जिसका कि वह सदस्य है उसके साथ, किसी भी रूप में संबंध नहीं रख सकेगा, जिसे फोर्स के एक भाग के रूप में नहीं माना जाता है, या वह संस्था बिलकुल सामाजिक, मनोरंजन या धार्मिक प्रकार की हो,

या

(ग) सूचना या प्रकाशन सामग्री या कोई पुस्तक, पत्र या कोई कागजात प्रकाशित करने के निमित्त प्रेस को तभी दिए जा सकते है जब ऐसी सूचनाएं या प्रकाशन सामग्री का संबंध उसके वास्तविक कर्तव्य से हो या ऐसी सामग्री बिलकुल साहित्यिक, कलात्मक या वैज्ञानिक प्रकार की हो या एक निर्धारित प्रकार की हो।"

"(11.)राजनीतिक उद्देश्यों या ऐसे अन्य निर्धारित उद्देश्यों के लिए किन्हीं भी व्यक्तियों के निकाय द्वारा आयोजित प्रदर्शनों में पुलिस बल का कोई भी सदस्य न तो भाग ले सकता है और न उसकी बैठकों में शामिल हो सकता है या व्याख्यान दे सकता है।" अनुच्छेद 309 के उपबंधों में प्रदत्त शक्तियों का प्रयोग करते हुए भारत के राष्ट्रपति ने सेन्ट्रल सिविल सर्विसेस (कन्डक्ट) रूल्स 1955 जारी किया था जो सरकारी नौकरियों में कार्यरत व्यक्तियों के मूल अधिकारों पर असर डालता है। सेन्ट्रल सिविल सर्विसेस (कन्डक्ट) रूल्स 1955 के नियम-4 में कहा गया है कि "कोई भी सरकारी कर्मचारी अपनी सेवा शर्तों से संबंधित किसी भी मामले के संबंध में न तो किसी प्रदर्शन में भाग ले सकता है और न ही हड़ताल का सहारा ले सकता है। इस प्रकार के नियम भारत के विभिन्न राज्यों में भी प्रचलित हैं तथा पुलिस कर्मचारियों को हड़ताल करने के अधिकार से वर्जित करते हैं। कामेश्वर प्रसाद बनाम बिहार सरकार 1962-63 एफ० जे० आर० 58 नामक प्रमुख केस में सर्वोच्च न्यायालय ने सिविल सर्विसेस रूल्स की संवैधानिक वैधता का समर्थन किया है तथा यह निर्णय दिया है कि "अनुच्छेद 19 (1) (सी) द्वारा ऐशोसिएशन गठित करने के अधिकार की गारंटी में हड़ताल का सहारा लेने का अधिकार निहित नहीं है।"

6. पुलिस हड़तालों को रोकने के लिए मार्ग दर्शन

6.1 पुलिस सरकार और लोक प्रशासन के बीच आपसी विश्वास और भाई-चारा का स्वस्थ वातावरण बनाया जाना चाहिए, जिससे सद्भाव का आदान प्रदान होता रहे। निम्नलिखित दस ऐसी बातें हैं जो सामान्यत: पुलिस और सरकार के बीच विवाद का विषय बनी रहती है तथा नेक निष्ठा और समाज तथा पुलिस के हित में इन बातों पर समझौता किए जाने की आवश्यकता है :—

1. सरकारी समाचार पत्रों के बोर्ड।
2. पुलिस शिकायतें।
3. काम के घंटे।
4. गैर-हाजिरी की छुट्टी।
5. पदोन्नति।
6. हड़तालें।
7. स्थानान्तरण।
8. दीर्घ अवकाश।
9. अतिरिक्त कार्य-अवधि भत्ता।
10. बाहरी रोजगार।

पुलिस प्रशासन और सरकार में पुलिस कर्मचारियों की भलाई के लिए वचनबद्ध रहना चाहिए तथा पुलिस संगठन के साथ स्वच्छ संबंध बनाए रखना चाहिए।

6.2 आजकल पुलिस नेताओं और प्रशासकों को ऐसे बड़े-बड़े निर्णयों और नीति संबंधी मामलों से अपने आप को अलग नहीं रखना चाहिए जिनका पुलिस की कार्यक्षमता से गहरा संबंध होता है। पुलिस कर्मचारियों को इस योग्य होना चाहिए कि वे स्वस्थ और प्रजातांत्रिक तरीके से अपने बड़े अधिकारियों और नेताओं के जरिए अपनी समस्याएं और आवश्यकताएं सरकार तक स्पष्ट रूप में पहुंचा सकें तथा पुलिस कर्मचारियों की सामाजिक आर्थिक और काम की दशाओं में सुधार की आवश्यकताओं को अच्छी तरह समझ सकें।

6.3 केलीफोर्निया मीयर्स—मिलियान—ब्राउन एक्ट 1968 की पद्धति के अनुसार प्रत्येक पुलिस संगठन में सरकारी स्वामियों और कर्मचारियों के बीच सूचनाओं का आदान-प्रदान पूरी तरह होना चाहिए। इन सूचनाओं में सरकारी स्वामियों और सरकारी कर्मचारियों के संगठनों के बीच वेतन घंटे और रोज़गार संबंधी अन्य सभी शर्तों पर विवादास्पद मुद्दों को सुलझाने के उचित उपाय होने चाहिए "15"। सभी पुलिस संगठनों में एक कुशल संचार माध्यम विकसित किया जाना चाहिए ताकि संगठन के सबसे उच्च व्यक्ति के पास पुलिस कर्मचारियों की की शिकायतें, कठिनाइयां तथा समस्याएं आसानी से पहुंच सके। पुलिस संगठनों में ऊपर-नीचे और क्षैतिजीय संचरण (कम्युनिकेशन) औपचारिक और अनौपचारिक दोनों ही रूप नियमित रूप से होते रहना चाहिए। अधीनस्थों से सुपरवाइजरों तथा पुलिस प्रशासकों तक स्वतंत्र रूप से निम्न प्रकार की सूचनाओं के आदान-प्रदान की उचित व्यवस्था की जानी चाहिए :—

(क) उनके कामकाज और शिकायतों के बारे में सूचनाएं

(ख) दूसरों के काम-काज और शिकायतों संबंधी सूचनाएं

(ग) संगठनात्मक क्रियाओं और नीतियों को सुदृढ़ बनाने के संबंध में

(घ) क्या काम किए जाने की आवश्यकता है तथा उसके संपादन हेतु क्या उपाय या साधन है आदि के संबंध में

(ङ) विशेष गतिविधियों और उद्देश्यों के बारे में स्पष्ट करने के लिए अनुरोध "16"

6.4 पुलिस बलों के कल्याण और कार्यकुशलता से संबंधित सभी मामलों में सदस्यों का प्रतिनिधित्व करने के लिए यूनाइटेड किंगडम की पद्धति पर एक पुलिस एशोसिएशन होना चाहिए। ये एशोसिएशन पूरी तरह एक स्वतंत्र निकाय होना चाहिए जिसका पुलिस विभाग के अलावा बाहरी संगठनों और ऐशोसिएशनों से कोई संबंध नहीं होना चाहिए। भारत जैसे प्रजातांत्रिक देश में तीन-श्रेणी पद्धति (थ्री टायर सिस्टम) के अनुसार पुलिस कर्मचारियों की ऐशोसिएशन बनाना बहुत हीआवश्यक है, जिससे कि प्रबुद्ध मंडल के सभी रेंजों को उनकी भागीदारी का एहसास कराया जा सके। स्काटलैंड यार्ड के एक वरिष्ठ पुलिस अधिकारी के

अनुसार "इस बात की कल्पना नहीं की जा सकती कि एक प्रजातांत्रिक समाज में पुलिस बिना ऐशोसिएशन के अपने काम को पूरा कर सकती है।" ग्रेट-ब्रिटेन में निम्नलिखित तीन पुलिस ऐशोसिएशन हैं :—

(क) पुलिस फेडरेशन, जिसमें कांस्टेबिल से लेकर चीफ इंस्पेक्टर तक के सभी रेंकों के सदस्य है।
(ख) सुपरिन्टेन्डैन्टों की ऐशोसिएशन, और
(ग) चीफ पुलिस आफीसर्स ऐशोसिएशन।

1919 की पुलिस हड़ताल के बाद, पुलिस फेडरेशन मशीनरी का गठन देशबोरों कमेटी द्वारा हुआ था तथा पुलिस एक्ट 1964 ने इसे सांविधिक दर्जा दिया। भारतवर्ष में पुलिस ऐशोसिएशन का गठन करना एक बहुत ही महत्वपूर्ण आवश्कता है और यदि सभी रेंकों की ऐशोसिएशन उचित रूप में गठित हो जाती है तथा स्वतंत्र और खुले रूप में चर्चाएं, गोष्ठियां तथा शिकायतों को स्वस्थ भावना से प्रस्तुत करने की अनुमति दी जाती है तो इससे कुल मिलाकर देश को बहुत बड़ा फायदा होगा। "हम यह बात पसन्द करते हैं या नहीं" इस संबंध में एक वरिष्ठ पुलिस अधिकारी ने टिप्पणी की है कि "हमारी पुलिस ऐशोसिएशन अवश्य होगी।" ऐसे राज्य जिनमें ये पहले ही बन चुकी हैं उनके साथ कार्य करने के लिए एक व्यावहारिक रास्ता बनाने के लिए सोचना होगा। ऐसे राज्य जिनमें उनका गठन नहीं हुआ है तो शुरू से ही इस दिशा में उनका काम-काज चलाने की शुरूआत करने तथा पुलिस प्रशासन चलाने के लिए पूरी नफरी को काम में लेने का एक सुनहरा मौका है।" पुलिस ऐशोसिएशनों का दुरुपयोग रोकने के लिए उचित सुरक्षात्मक तरीका ढूँढ़ा जाना चाहिए जो स्वयं में एक यंत्र की तरह निर्मित हो।

6.5 राज्य और केन्द्र सरकार के चुने हुए प्रतिनिधियों को पुलिस समस्याओं परेशानियों और शिकायतों से अवगत कराया जाना चाहिए। जिला, राज्य और केन्द्र स्तर पर पुलिस कर्मचारियों और जनता के चुने हुए प्रतिनिधियों के बीच प्रभावकारी संचार व्यवस्था तथा आपसी संबंध लगातार बनाए रखना चाहिए। कम से कम पुलिस विभाग का एक प्रतिनिधि विधानसभा और संसद को भेजा जाना चाहिए ताकि वह विधानसभा और संसद में पुलिस कर्मचारियों की समस्याओं को उठा सके। इसके लिए संभवतः हमें संविधान में संशोधन की आवश्यकता हो सकती है। ए. झेड. गामेज तथा स्टानले एल. साच के अनुसार पुलिस कर्मचारियों पर दो बातें प्रभाव डालती है जैसे वेतन, काम की दशाएं तथा कल्याणकार्य आदि को व्यवस्थित रूप से व्यक्त करने के लिए पुलिस अधिकारियों को सरकारी प्रतिनिधित्व (संघीय और राज्य विधान सभाओं के जरिए) दिया

जाना चाहिए जिससे स्थानीय पुलिस एशोसिएशनों को और अधिक औपचारिक मान्यता मिल सकेगी।

6.6. पुलिस एशोसिएशन और कल्याण समितियों में आंतरिक नेतृत्व का का विकास करना चाहिए। पुलिस कर्मचारियों और प्रशासकों को भारतीय संघ के नेताओं से लगातार संबंध एवं संपर्क बनाए रखना चाहिए।

6.7 सभी जिला, राज्यों और पुलिस की पेरा-मिलिट्री यूनिटों में पुलिस कर्मचारियों के लिए शिकायत-निवारण समिति का गठन किया जाना चाहिए। शिकायत-निवारण समिति की प्रतिमाह नियमित रूप से बैठक की जानी चाहिए और उनमें सभी रेंकों के कर्मचारियों को बिना किसी डर और झिझकी के अपनी शिकायतों और समस्याओं को व्यक्त करने की अनुमति दी जानी चाहिए। शिकायत निवारण समिति में सभी रेंकों के कर्मचारियों का प्रतिनिधित्व होना चाहिए तथा आपसी हित के मामलों पर चर्चा करने और पुलिस तथा प्रशासन के बीच संपर्क की खुली प्रक्रिया पर चर्चा करने का मौका दिया जाना चाहिए। शिकायत निवारण प्रक्रिया, पुलिस के सभी विभागीय नियम और अनुदेशों में समावेश की जानी चाहिए। जब कोई पुलिस अधिकारी यह महसूस करता है कि उसके साथ अन्याय किया जा रहा है, अन्य अधिकारियों द्वारा विभागी नियम और अनुदेशों का पालन नहीं किया जा रहा है, नई नीतियां व्यवहारिक नहीं है, तब कथित समस्या के समाधान के लिए शिकायत प्रक्रिया द्वारा उपाय प्रदान किए जाना चाहिए। जॉन एच बर्नों ने यह मत दिया है कि "अधिकांश प्रशासक शिकायत प्रक्रिया का प्रतिरोध करते है। यह मुख्य अधिकारी की क्रुद्धता का कारण होती है कि उसके निर्णय या उनके समान अधिकारियों के निर्णय अपरिपक्त समझे जायेंगे और बदनामी की संभावना होगी। (17"

6.8 पुलिस रेंकों पर असर डालने वाली किसी भी बात में जब कोई समझौता किया जाता है तो वार्तालाप में पुलिस एशोसिएशन के नेताओं और पुलिस कार्यकारियों का उसमें पर्याप्त प्रतिनिधित्व होना चाहिए। जिम्मेदार पुलिस नेताओं और एशोसिएशन के नेताओं को उस मामले की आधारपूर्ण जानकारी तथा विचार-विमर्श की कला आनी चाहिए, ताकि समझौता वार्ता में पुलिस विचारों का स्पष्ट प्रतिनिधित्व कर सके। जब वेतन, काम की दशाएं और अन्य हित के मामले, पुलिस संगठनों और सरकार के बीच विवाद का विषय बन जाते हैं तब तीसरी पार्टी पंच-निर्णय का सहारा लिया जाना चाहिए।

6.9 पुलिस संगठनों को अच्छा जन-प्रबंध और प्रजातांत्रिक प्रतिनिधित्व प्रदान किया जाना चाहिए। सभी पुलिस सुपरवाइजरों और प्रशासकों को जन-प्रबंध का गहन प्रशिक्षण दिया जाना चाहिए, ताकि पुलिस कर्मचारियों के हित को सुनिश्चित किया जा सके। कर्मचारियों में अनुशासन, कार्य-कुशलता बनाए रखने,

निहित स्वार्थों तथा शिकायतों, संकल्प जैसी समस्याओं से व्यावसयिक तरीके से निपटने के लिए वरिष्ठ पुलिस अधिकारियों में "जन-प्रबंध-कर्ता" कराने हेतु आचरणात्मक-विज्ञान के प्रशिक्षण के जरिए प्रवृत्तिमूलक विचार विकसित किए जाने चाहिए।

6.10 पुलिस एशोसिएशन के (कार्य-कर्ताओं) और पुलिस कार्यकारियों को समझौता-वार्ता में निपुण, संगठनात्मक योग्यताओं और नेतृत्व करने की विशेषताओं में कुशलता लाने के लिए पर्याप्त प्रशिक्षण दिया जाना चाहिए। पुलिस एशोशिएशन के कार्य-कर्ताओं को एशोसिएशनों के प्रबंधात्मक कार्यों तथा प्रजातांत्रिक तरीके से उनका काम-काज चलाने में निपुण करने के लिए उचित प्रशिक्षण दिया जाना चाहिए।

6.11 पुलिस एशोसिएशन तथा पुलिस कर्मचारियों को राजनीति तथा पार्टी-नीतियों से अलग रखा जाना चाहिए। हमें खतरनाक प्रकार की आंतरिक गुट-बाजियों और गुप्त क्रियाओं को बढ़ावा नहीं देना चाहिए। और न ही तोड़-फोड़ करने वाली ताकतों को अवसर देना चाहिए।

6.12 पुलिस को एक व्यवस्था का दर्जा दिये जाने के साथ-साथ सामाजिक सम्मान अच्छा वेतन, काम-काज की दशाओं में सुधार तथा काम के घंटे नियत किए जाना चाहिए और यदि अतिरिक्त समय में उनकी सेवाएं ली जाती हैं तो भत्ता देने में उदारता बरती जानी चाहिए। ईमानदारी और न्याय के साथ जब तक उनकी मूल समस्याओं को नहीं सुलझाया जाता है तब तक पुलिस में खुशी और संतोष की भावना नहीं पनप सकती है। यदि पुलिस कर्मचारियों के साथ न्यायपूर्ण व्यवहार हो तथा उनकी आवश्यकताओं पर उचित ध्यान दिया जाए, अच्छी तरह देख-भाल की जाए तो पुलिस हड़ताल होने का कोई प्रश्न ही नहीं उठता है।

6.13 "इफेक्टिव स्ट्राइक्स कन्टिजैंसी प्लान" तैयार की जानी चाहिए, जिसमें कि, पुलिस की हड़ताल के दौरान समाज को दंगे, हिंसा और बढ़ते हुए अपराधों के परिणाम न भुगतने पड़ें। सभी पुलिस समस्याओं के समाधान में पुलिस एशोसिएशनों की सलाह ली जानी चाहिए ताकि पुलिस द्वारा हड़ताल करने की नौबत न आए और समस्या को शुरू में ही समाप्त किया जा सके।

6.14 पुलिस कर्मचारियों को सामूहिक लाभ की सुरक्षा से वंचित नहीं किया जाना चाहिए। विशेष रूप से उन सुरक्षाओं से जिनमें उनके हड़ताल करने का अधिकार शामिल है, परन्तु ऐसी हड़तालों पर अंकुश लगाना सभी के हित में होगा जिनसे लोक व्यवस्था और सुरक्षा पर बुरा असर पड़ता है। 18 पुलिस कार्यकारियों (एक्सिक्यूटिव) और प्रबंधकों दोनों में ही पुलिस कर्मचारियों में व्याप्त असंतोष और शिकायतों के कारणों का पता लगाना चाहिए और तब निष्ठा

और सद्भाव के वातावरण में ईमानदारी और न्यायपूर्ण ढंग से समस्याओं के समाधान के लिए काम करना चाहिए । शांति और आपसी मेल-मिलाप करने की एक प्रक्रिया होना चाहिए ताकि उसके द्वारा पुलिस कर्मचारी अपने सामूहिक लाभों की रक्षा कर सके तथा इस महत्वपूर्ण मामले को अधिशासित करने की आदर्श प्रक्रिया विकसित की जानी चाहिए ।

6.15 पुलिस संगठन-विकास टास्क फोर्स में बीमारी की छुट्टियों, पुलिसमेन की शक्तियों का दुरुपयोग, काम काज की असुरक्षित दशाओं, शिकायत निवारण प्रक्रिया, समाचार प्रेषण की अपर्याप्त सुविधाओं, असंतोषजनक पर्यवेक्षण पद्धतियों तथा अन्य संगठनात्मक समस्याओं का पता लगाना चाहिए जिसके बढ़ने पर संगठन के विकास के लिए भारी नुकसान पहुंचने का कारण बन सकता है । कथित टास्क फोर्स को इन समस्याओं के कारगर इलाज के लिए उपयुक्त साधन और उपाय सुझाने चाहिए । 19

6.16 समय-समय पर उच्च शक्ति प्राप्त एक बोर्ड जिसमें पुलिस के प्रतिनिधि भी हों, उनके द्वारा पुलिस कर्मचारियों की काम की दशाओं, वेतनमान की दशाओं, वेतनमान और अन्य दशाओं की समीक्षा की जानी चाहिए तथा उनकी कठोर ड्यूटियों का ध्यान रखते हुए 15 प्रतिशत अतिरिक्त क्षतिपूर्ति वेतन भत्ता दिया जाना चाहिए । ऐसे पुलिस अधिकारी जिन्हें कानून का अनुपालन करने का दायित्व होता है, उनकी सेवाओं की उचित प्रकार क्षतिपूर्ति करने के लिए राज्य (नगर) की क्षमता में उन्हें अदायगी करने की व्यवस्था होनी चाहिए, परन्तु समाज की विपत्ति के समय उसकी सुरक्षा करने का उनका दायित्व है, ऐसे समय हड़ताल का सहारा लेना अपने दायित्वों का उन्मूलन करना है कभी भी अनुमति नहीं दी जानी चाहिए ।

6.17 स्वायत्त पुलिस बोर्ड तथा प्रशासकों को लगातार यह मूल्यांकन करते रहना चाहिए कि पुलिस विभाग में काम की दशाएं और आर्थिक हालत समकालीन स्तर की आवश्यकताओं को पूरा करती है या नहीं । प्रत्येक पुलिस प्रशासक में निम्नलिखित सुझाई गई छः बातों को अपनाना और लागू करना चाहिए ताकि पुलिस हड़तालों पर अंकुश लग सके :—

1. अपने कर्मचारियों की आर्थिक और काम करने की आवश्यकताओं पर नगर प्रशासकों के साथ परिचर्चा के साथ पूरी कोशिश के साथ ध्यान रखना चाहिए ।
2. विभागीय कार्यक्रमों और नीतियों में अधिकारियों द्वारा मुख्य भूमिका प्रदान करना ।
3. संचार-साधनों की सार्वजनिक लाइनें ।
4. शिकायत-निवारण प्रक्रिया शुरू की जाए ।

5. निम्न और मध्यम दर्जे के प्रबंधकों को अधिक उत्तरदायित्व देना।
6. बुद्धि-ज्ञान (चतुराई) के इस्तेमाल में तीव्रता लाना। 20

7. **पुलिस असंतोष पर आकस्मिक कार्रवाई :** किसी रोग का निदान करने हेतु यह अति आवश्यक है कि गंभीर स्थिति के चिह्न मिलने पर समय से कार्रवाई करना चाहिए। यदि विचार विनिमय माध्यम की सुविधा खुली रखी जाए तो पुलिस कर्मियों में उत्पन्न असंतोष की भावना को गोपनीय रूप में सही एवं असरदार ढंग से आसानी से कई स्तरों पर पुलिस अधिकारियों द्वारा सूचना एकत्रित की जा सकती है। गोपनीय सूचना एकत्रित करने का मुख्य उद्देश्य विशेष नेताओं, दृढ़ निश्चय, तटस्थ रहने वाले और दूर से बहकाने वाले गुमराह करने/उकसाने वाले कर्मियों का पता लगाना होता है। पुलिस कर्मचारी किस मांग को लेकर उत्तेजित होते हैं, तथा उसकी क्या वस्तु स्थिति है, इसका ज्ञान होना चाहिए। किसी भी आकस्मिक दुर्घटना की रोकथामों के लिए समय से पूर्व होम गार्ड, सी. आर. पी. एफ., बी. एस. एफ. तथा सेना को सतर्क कर देना चाहिए। किसी उचित कार्य को पूर्ण करने की योजना को बनाने में यदि संदेह उत्पन्न हो जाता है तो उसमें से अनावश्यक कार्यों को कम कर देना चाहिए और केवल जरूरी कार्य को उसमें सम्मिलित करना चाहिए जिससे कि वह कार्य सुगमता पूर्वक पूर्ण हो सके।

विरोधी प्रदर्शनकारियों पर यह विश्वास होना चाहिए कि वे ड्यूटी पर आएं तथा सेवा भक्ति, स्वेच्छा से कार्य करने वाले कर्मियों को उचित सुविधा प्रदान करनी चाहिए, जिससे कि वे अपनी ड्यूठी को सही ढ़ंग से करते हुए पुलिस के कर्तव्य को निभा सकें।

"एक संतुष्टिकरण योजना" बनाना चाहिए, जिसके द्वारा प्रमुख नेता, दृढ़ इच्छा शक्ति तथा तटस्थ व्यक्ति पूर्णरूपेण कार्य कर सके। आकाशवाणी, समाचार-पत्र और दूरदर्शन इत्यादि के प्रयोग द्वारा प्रभावी जन-समूह को अफवाहों से बचाया जाए, और उन्हें सही, विश्वसनीय सूचना दी जाए, जिससे इसका प्रभावशाली असर हो सके। पुलिस द्वारा एकत्रित सूचना सही और विश्वसनीय होनी चाहिए, जिससे किसी भी कार्य को शीघ्रता से निपटाया जा सके और अनावश्यक हड़ताल को समाप्त करने में इसका प्रयोग किया जा सके।

हड़ताल के विरुद्ध शीघ्र कार्रवाई करने हेतु निम्न तथ्यों को विशेष रूप से ध्यान में रखना चाहिए।

1. प्रधान नेताओं और दृढ़ निश्चय वाले हड़ताली कर्मियों को समयानुसार बन्दी बनाना।
2. हड़ताली कर्मियों को हतोत्साहित करना या आवश्यकता पड़ने पर कम से कम फोर्स का उपयोग करना।

3. हड़तालियों और प्रधान नेताओं के विरुद्ध अनुशासनहीनता की कार्रवाई करना।
4. विरोधी प्रदर्शनकारी जो हथियार डालना चाहते हैं तथा अच्छा व्यवहार करने की प्रतिज्ञा करते हैं, उन्हें क्षमायाचना प्रदान करना।
5. होमगार्ड, केन्द्रीय पुलिस प्रशासनिक व्यवस्था या आवश्यक होने पर सेना की सहायता द्वारा आवश्यक सेवाओं का एकत्रीकरण करना।
6. विरोधी प्रदर्शनकारियों द्वारा राजनीतिक हल खोजने पर संचार व्यवस्था बनाए रखना।
7. शस्त्रागार, आयुद्धक तथा अन्य आवश्यक सामग्रियों की होमगार्ड द्वारा सुरक्षा की व्यवस्था करना।
8. सेवामुक्त पुलिस कर्मियों की नामावली बनाना, जो विरोधी गतिविधियों में सम्मिलित नहीं होना चाहते, उन्हें उचित व्यवस्था प्रदान करना तथा कठिन कार्य/अधिक कार्य करने पर उन्हें उचित पारिश्रमिक तथा अन्य पारितोषिक देना।
9. सेवामुक्त, कार्य करने लायक पुलिस कर्मचारियों का उपयोग विशेष सरकारी अधिसूचना को जारी कराकर पुलिस असंतोष के समय करना चाहिए।
10. आपराधिक मामलों, फौजदारी और फौजदारी मुकदमों पर कार्रवाई करके उन्हें शीघ्रता से पंजीकृत करके एक निर्णायक समिति द्वारा जांच करानी चाहिए।
11. पुलिस कार्य के लिए जन सहयोग का उपयोग किया जाना चाहिए तथा जनसाधारण को पुलिस हड़ताल के बारे में संचार साधनों का उपयोग करके बता देना चाहिए।
12. पुलिस का नेतृत्व अधीनस्थ स्तर तथा निम्न स्तर पर होना चाहिए जिससे कि निम्न कर्मचारियों/अन्य पदों से विचार-विमर्श आसानी से किया जा सके तथा उनकी वैध मांगों को स्वीकार कर, विरोधी प्रदर्शनकारियों को पुन: कर्तव्य पर लाया जा सके।
13. विरोधी प्रदर्शनकारियों के विरुद्ध उत्पीड़न तथा निराशाजनक कार्रवाई को न करते हुए उनके मुख्य उद्देश्य को व्यावहारिक तौर पर स्वस्थ व मानवीय आधार पर विचार करना चाहिए। अत्यन्त ही गंभीर मामलों में प्रधान नेता को सेवा से निष्कासित करने का निर्णय लेना चाहिए।

14. जनसाधारण के विरुद्ध अभियोग लगाने हेतु कुछ कानूनी कठिनाइयां उत्पन्न होती हैं जो कि पुलिस कार्मिक द्वारा बताई जाती है। अतएव यह आवश्यक है कि दोनों अभियोगों को आवश्यकतानुसार कानून में उचित संशोधन करना चाहिए।

15. जनसाधारण तथा पुलिस सही मायनों में शिक्षित होना चाहिए, जिससे कि वे एक दूसरे को सहयोग कर सकें। प्राविधिक व्यवस्थापकों, सम्पादकों तथा पत्रिका प्रबंधकों को विश्वास में लेकर पुलिस समस्याओं का समाधान खोजना चाहिए।

16. राज्यों में पुलिस विरोधी प्रदर्शनकारियों से निपटने हेतु कम से कम सी. आर. पी.,बी. एस.एफ. तथा आई. टी. बी. पी. और अन्य अर्ध-सैनिक पुलिस बल की सेवाएं उपलब्ध करानी चाहिए। सभी प्रयास असफल होने पर अंतिम क्षणों में सेना की सेवाओं का प्रयोग करना चाहिए। पुलिस हड़ताल के दौरान केन्द्रीय पुलिस प्रशासन को प्राथमिकता देनी चाहिए और अन्त में सेना का प्रयोग करना चाहिए।

17. पुलिस की उचित समस्याओं का समाधान ढूंढ़ने में व्यावहारिक, अभियांत्रिक पक्ष का प्रयोग करना चाहिए।

18. ड्यूटी पर तैनात पुलिस कर्मियों को अलग रखा जाए, जिससे कि वे विरोधी प्रदर्शनकारियों में सम्मिलित न हों। कर्तव्यरत पुलिस कर्मियों को प्रदर्शनकारियों की भावना से बचाव के लिए अलग रखना चाहिए, जो स्वामीभक्त कार्यकर्ताओं के सहयोग से ही प्राप्त हो सकेगा।

19. वर्ष 1979 के पुलिस असंतोष को भड़काने में बेतार पुलिस कर्मियों का सक्रिय हाथ देखा गया था, कार्य योजना में बेतार पुलिस कर्मचारियों को संवाद सम्प्रेषण कार्य से जहां तक संभव हो सके अलग रखना चाहिए। दूरभाष का प्रयोग तथा डाक-तार विभाग का प्रयोग स्थिति को सामान्य बनाए रखने में ज्यादा सहयोगी एवं हितकर होगा।

20. आरक्षीय परिवहन व्यवस्था पर पूर्ण विश्वास नहीं किया जा सकता है, क्योंकि वाहन चालक भी उन पुलिस कर्मियों में से एक है, जो अफवाहों को फैलाने तथा विभागीय गोपनीय कार्रवाई के संबंध में सूचना दे सकते हैं। इस कार्य में जनसाधारण की गाड़ियां अधिग्रहित कर सुनियोजित ढंग से चलाना चाहिए।

8. चिकत्सा से निवारण उत्तम है

पुलिस असंतोष व्यवस्थात्मक दुर्व्यवहार, सिद्धी भाव एवं विकास भाव की अनुपस्थिति, मांग परितोषण, संयंत्र का अभाव, निष्प्रभावी नेतृत्व, सम्मिलित व्यवस्थात्मक प्रबंध का अभाव, और असंतोषप्रद कार्य एवं जीवन स्थिति का एकत्र परिणाम है। पुलिस समस्याओं का समाधान निःस्वार्थ, विरक्त एवं न्यायिक परीक्षण के द्वारा ही सुधार की स्थिर राजनैतिक इच्छा के साथ आरक्षीय निकाय के सुधार एवं पुनर्निर्माण की भावना से ही इस कठिन ग्रंथि को खोला जा सकता है। पुलिस असंतोष नासमझी, गड़बड़ी और अविश्वास का एक विप्लवी (उपद्रव) स्वरूप है। सुधारवादी योजनाएं ही बड़े परिमाण में पुलिस विभाग के सभी पद के अधिकारियों में कार्य सन्तुष्टि की भावना को प्रतिष्ठित कर सकती है। पुलिस संगठन में अब जनतांत्रिक भाव, आधुनिकीकरण, विकेन्द्रीकरण, विशिष्टिकरण तथा व्यवसायीकरण की महती आवश्यकता है। तदर्थ अल्पकालिक सुधारवादी सहायताओं की अपेक्षा स्थिर व्यावहारिक सुधारवादी कार्यक्रम जो पुलिस कर्मियों के वर्तमान जीवन स्तर में व्यावहारिक सुधार ला सके उसी से पुलिस असंतोष को निर्मूल किया जा सकता है। पुलिस विभाग की इस महती आवश्यकता को हमें स्वतः सुनियोजित ढंग से हल करना चाहिए न कि पुलिस असंतोष रूपी आंधी की प्रतीक्षा करनी चाहिए। पुलिस संगठन को एक ऐसे संयंत्र की व्यवस्था करनी चाहिए जो प्रगतिशील ढंग से पीछे की त्रुटियों का आभास दे सके। यह केवल पुलिस असंतोष रूपी रोग का निवारण ही नहीं कर पाएगा बल्कि पुलिस की आंतरिक स्थिति को सुदृढ़ करेगा तथा भविष्य में बार-बार उत्पन्न होने वाले इस रोग से इस संगठन को मुक्त करा सकेगा। जापानी सुरक्षा संघ की तरह संवैधानिक ढंग से स्थायी पुलिस आयोग का गठन करना चाहिए जो आरक्षीय समस्याओं का सामयिक अध्ययन करेगा और उसके समाधान से संबंधित कार्यविधि को निर्देशन दे सकेगी। एक अच्छे सामाजिक मनोचिकित्सक की भांति हमें पुलिस असंतोष रूपी रोग का निदान स्थाई रूप से करना होगा न कि उसके कुछ खास कारणों पर ध्यान देकर बाकी को छोड़ने से। इसमें एक सुस्पष्ट, पूर्ण निदान के खोज की आवश्यकता है जो बहुविध (बहुत प्रकार) सुदृढ़ व्यवस्थात्मक प्रबंध पर वास्तविक रूप से आधारित हो।

अध्याय में उल्लिखित उद्धारणों के सन्दर्भ

1. जान एच.ब्यूरो, दी पुलिस लेबर मूवमेण्ट प्रोब्लेम्स एण्ड पर्सपेक्टिवस-1971 पृष्ठ80-81,
2. रिचर्ड एम. आर्यस्: पुलिस स्ट्राइक्स, आर. बी. थ्रेटिंग द सिस्टम्स रादर दैन द प्राबलम. द पुलिस चीफ मार्च 1977.
3. जेस्कींग डेविड, वन थाउजेन्ड स्ट्राइक्स ऑफ गवर्नमेंट एम्प्लाइज़, न्यूयार्क, 1940, पृष्ठ 33.

4. एम. डब्लू ओसिका, जूनियर पुलिस कलेक्टिव बारगेनिंग पुलिस पर्सनल एसोसिएशन पब्लिक एम्प्लाइज़ रिलेशन्स लाइब्रेरी नं. 18, 1969 पी. एल.
5. इन्टरनेशनल एसोसिएशन आफ पुलिस यूनियन्स रिवाइज्ड एडिशन—1958 पृ. 4
6. अर्ल. ई. हेस्टीस पुलिस युनियन दी पुलिस इयर बुक (वाशिंगटन आइ. ए. सी. पी. 1958) पृष्ठ 45.
7. जॉह्न एच. यूरेपो द पुलिस लेबर मूवमेन्ट प्रोब्लेम्स एण्ड पर्स-पेक्टिव, पृष्ठ 5.
8. ऐलन जैड गैमेज़ एण्ड स्टेनल एच. साचेज पुलिस यूनियन-पृष्ठ 44.
9. पुलिस फायर वाक आउट एण्डस्, वेलेजा टाइम हेराल्ड—21 जुलाई 1969 पृष्ठ. ।
10. क्लार्क गैराल्ड, दी डे दी पुलिस बेंट अवे, लेस ऐंजिल्स हेराल्ड एक्जामिनर—30 नवम्बर, 1969 पृष्ठ 3.
11. रिचार्ड एम. आयरस, दो नगरों में हुई पुलिस हड़तालों के मामलों का अध्ययन, अल्बुकर्क तथा ओकलाहोनिया सिटी जर्नल आफ पुलिस साईन्स एण्ड एडमिनिस्ट्रेशन वाल्यूम 5, नवम्बर—मार्च 1977
12. सेन्फ्रांसिस्को पुलिस स्ट्राइक आफ 1975—ए केस स्टेडी विलियम जे. वाप्प, पोल सिगनेल एण्ड मैडोक्स—जर्नल ऑफ साईन्स एण्ड एडमिनिस्ट्रेशन वाल्यूम-5 नवम्बर—मार्च 1977.
13. भारतीय संविधान का अनुच्छेद-33 लोक सभा में गृहमंत्री जी का भाषण, लोकसभा गोष्ठियां (सोलहवां सत्र) तीसरा क्रम, वाल्यूम 19, 20 नवम्बर 1966, काल. 027.
14. ऐलन जैड गेमेज एण्ड स्टेनले एच० साचज, पुलिस यूनियन 1972 पृष्ठ 59.
15. पाल एम् व्हीसेनंद, पुलिस सुपरवीजन थ्योरी एण्ड प्रैक्टिस 1976 पृष्ठ 318.
16. जान. एच. बर्नो—दी पुलिस लेबर मूवमेन्ट प्रोब्लम एण्ड पर्सपेक्टिव 1971.
17. एन ऐडीटोरियल, "शुड पब्लिक इम्पलायी स्ट्रगाइस" लास ऐंजिल्स, जनवरी, 7, 1975 पार्ट-11, पृष्ठ 4.
18. वैलेजो न्यूज कौंसिल एडीटोरियल जुलाई 21, 1962, पृष्ठ. 1
19. जोहन एच० बरनो—दी पुलिस लेबर मूवमेन्ट प्रोबलम एण्ड पर्सपेक्टिव, पृष्ठ 100-110

अध्याय 6

पुलिस में प्रशिक्षण–एक अन्वेषणात्मक विवेचना

भारतीय पुलिस प्रशिक्षण का इतिहास लगभग 125 साल से भी अधिक पुराना है। भारतीय पुलिस ने सबसे पहले 1859 में पुलिस प्रशिक्षण के लिए मद्रास प्रान्त में वैलोर नाम स्थान में पुलिस प्रशिक्षण स्कूल खोल कर विश्व में एक ऐतिहासिक कीर्तिमान स्थापित किया क्यों कि यह पुलिस प्रशिक्षण के क्षेत्र में विश्व में अनूठा प्रथम प्रयास था। भारत के पुलिस कर्मचारियों को अच्छे प्रशिक्षण के हेतु समय समय पर राज्यों में स्वतंत्रता से पूर्व भी पुलिस प्रशिक्षण केन्द्र फिलौर, मुरादाबाद, सागर (मध्य प्रदेश) आदि स्थानों पर प्रारम्भ किया गया था। स्वतंत्रता प्राप्ति के बाद माउन्ट आबू में केन्द्रीय पुलिस ट्रेनिंग कालेज श्री पी. एल. मेहता के नेतृत्व में खोला गया था। 1971 में भारत सरकार ने पुलिस के प्रशिक्षण में सुधार हेतु सुझाव देने के लिए एक कमेटी गठित की तथा उसके प्रमुख प्रोफेसर एम. एस. गोरे थे तथा इस कमेटी ने अपनी रिपोर्ट भारत सरकार को 1973 के अन्त में प्रस्तुत की। इस कमेटी के सुझावों ने पुलिस प्रशिक्षण के क्षेत्र में एक नई क्रांति पैदा की है। पुलिस प्रशिक्षण के इतिहास में एक स्वर्णिम अवसर उस समय आया जब 1975 में माउन्ट आबू से राष्ट्रीय पुलिस अकादमी हैदराबाद आयी तथा उसको सरदार वल्लभ भाई पटेल राष्ट्रीय पुलिस अकादमी का नाम मिला तथा उसका मूलभूत पुनर्गठन हुआ। पुलिस प्रशिक्षण के लिए आज भारत में 130 से अधिक पुलिस प्रशिक्षण केन्द्र हैं तथा लगभग पुलिस के सभी कर्मचारियों ने पुलिस प्रशिक्षण प्राप्त किया है। भारत में ज्यादातर पुलिस प्रशिक्षण विभागीय रूप से होता है। जब संयुक्त राज्य अमेरिका में अन्य संस्थाओं द्वारा पुलिस प्रशिक्षण संचालित होता है भारत में पुलिस कर्मचारियों को प्रशिक्षण देने का उत्तरदायित्व राज्य सरकारों पर है क्योंकि पुलिस राज्य का एक विषय है। केन्द्रीय सरकार केवल भारतीय पुलिस सेवा (आई. पी. एस.) के प्रशिक्षण तथा केन्द्र पुलिस दलों के प्रशिक्षण के लिए उत्तरदायी है।

पुलिस प्रशिक्षण विशेषतः निम्नलिखित उद्देश्यों को लेकर किया जाता है:

1. ज्ञान प्रदान करना तथा पुलिस की विभिन्न परिस्थितियों में उस ज्ञान के उपयोग को बताना।

2. उन तरीकों तथा हुनरों को सिखाना जो पुलिस कार्य करने के लिए आवश्यक है।
3. एक कार्य प्रणाली तथा कार्य पद्धति बनाना ताकि पुलिस कार्यो को सही तरीके से निष्पादन किया जा सके।
4. पुलिस के आचरण, व्यवहार, जीवन मूल्य तथा और तरीकों को देना जिससे पुलिस कर्मचारी अपने व्यावहारिक जीवन मेंसमस्याओं को सुलझा सकें।

पुलिस प्रशिक्षण में केवल व्यावसायिक ज्ञान और कौशल पर ही बल देना नहीं हैं बल्कि पुलिस कर्मियों के दृष्टिकोणों में परिवर्तन लाना है। भारत में प्रशिक्षण की दृष्टि से प्रशिक्षण केन्द्रों को निम्नलिखित खण्डों में बांटा जा सकता है :

1. राष्ट्रीय स्तर के प्रशिक्षण केन्द्र जैसे सरदार वल्लभ भाई पटेल राष्ट्रीय पुलिस अकादमी हैदराबाद, सेन्ट्रल डिटेक्टिव ट्रेनिंग स्कूल, बी० एस० आर० अकादमी ट्रेकिनपुर (मध्यप्रदेश), आन्तरिक सुरक्षा अकादमी, माउन्ट आबू (राजस्थान,), आई०टी०बी० पी० हाई अल्टीट्यूट ट्रेनिंग केन्द्र, मसूरी, इन्सटीट्युट आफ क्रिमनोलोजी एण्ड फारेंसिक साइन्स, दिल्ली.
2. राज्य स्तर के पुलिस अकादमी व प्रशिक्षण कालेज जहां सिविल पुलिस के उप अधीक्षक व अन्य पदाधिकारियों के प्रशिक्षण की व्यवस्था है।
3. रिक्रूट ट्रेनिंग सेन्टर जहां सिपाहियों की ट्रेनिंग होती है।
4. आर्म्ड पुलिस प्रशिक्षण केन्द्र जहां राज्य के सशस्त्र पुलिस के कर्मचारियों का प्रशिक्षण होता है।
5. विशिष्ट कार्य सिखाने के लिए प्रशिक्षण केन्द्र जैसे मोटर प्रशिक्षण केन्द्र, वायरलेस प्रशिक्षण केन्द्र, इन्टैलीजैन्स प्रशिक्षण केन्द्र आदि।

भारत के प्रशिक्षण केन्द्रों की कई दृटिकोणों से अन्वेषणात्मक विवेचनात्मक विवेचना की जा सकती है। लेखक ने 25 ट्रेनिंग केन्द्रों का गहन अध्ययन किया तथा उनमें से कई केन्द्रों में जाकर वहां के प्रबंध, स्टाफ, पाठ्यक्रम सुविधायें आदि के विषय में देखा। अध्ययन के कुछ प्रमुख निष्कर्षों को यहां दर्शाया जा रहा है। प्रशिक्षण केन्द्रों के बन्दोबस्त में गुणात्मक तथा संख्यात्मक कमजोरियाँ पाई गईं। प्रशिक्षण केन्द्रों में भवन संबंधी सुविधायें बहुत असंतोषजनक हैं तथा आवश्यकताओं को देखते हुए भवनों के निर्माण के कार्यों में तेजी लाने की जरूरत है। योग्य तथा अच्छे पुलिस प्रशिक्षक बहुत कम प्रशिक्षण केन्द्रों में मौजूद है तथा ज्यादातर

ऐसे लोग ट्रेनिंग सेन्टर में भेजे जाते हैं जो ट्रेनिंग के कार्य में बिल्कुल अभिरुचि नहीं रखते हैं तथा नहीं उन्हें पढ़ाने की कला आती है। ज्यादातर प्रशिक्षण केन्द्रों में प्रशिक्षणार्थियों की संख्या बहुत अधिक रहती है तथा ट्रेनिंग स्टाफ की संख्या कम रहती है जिसके कारण प्रशिक्षार्थी व्यक्तिगत रूप से ध्यान नहीं पा सकते हैं तथा शिष्य व गुरू का निकटतम संबंध स्थापित नहीं हो पाता है। लेखक ने प्रशिक्षण केन्द्रों के अध्ययन के दौरान देखा कि एक प्रशिक्षण 180 से 250 तक शिक्षार्थियों को एक साथ पढ़ा रहा था। कभी-कभी बाहरी प्रशिक्षण में एक-एक टोली की संख्या भी चालीस-पचास तक पाई गई। प्रशिक्षण केन्द्रों में पुलिस प्रशिक्षकों की कम संख्या होने तथा ट्रेनिंग करने वालों की ज्यादा संख्या होने से ऐसा करना पड़ता है। पच्चीस प्रशिक्षण केन्द्रों की भौतिक सुविधाओं के विषय में निम्न तालिका देखें जिसे लेखक के अनुसंधान द्वारा प्राप्त किया गया।

तालिका 1—भौतिक सुविधाओं में अभाव

क्रम संख्या	भौतिक सुविधाएं/व्यवस्था	प्रतिशत उन ट्रेनिंग संस्थाओं का जहां भौतिक सुविधाएं/व्यवस्था उपलब्ध नहीं है।
1.	प्रशिक्षार्थियों के रहने की समुचित व्यवस्था (मकान)/बैरक्स	60 प्रतिशत
2.	प्रशिक्षक सामान्य कक्ष	48 प्रतिशत
3.	क्लास कक्ष में फर्नीचर	24 प्रतिशत
4.	पी० टी० तथा परेड के लिए	20 प्रतिशत
5.	पुस्तकालय तथा सामान्य सूचनाकक्ष की समुचित व्यवस्था	52 प्रतिशत
6.	आडीटोरियम	76 प्रतिशत
7.	अस्पताल	28 प्रतिशत
8.	आदर्श पुलिस स्टेशन	60 प्रतिशत
9.	आदर्श कन्ट्रोल रूम	96 प्रतिशत
10.	ट्रैफिक पाईन्ट सैन्ड माडल	100 प्रतिशत
11.	वी० आई० पी० मीटिंग/सीड नियंत्रण कन्ट्रोल कक्ष	100 प्रतिशत
12.	फाईरिंग रेन्ज सुविधा	56 प्रतिशत
13.	नमूना देने हेतु नमूने के स्काड	80 प्रतिशत
14.	समुचित प्रशिक्षक दल (स्टाफ)	72 प्रतिशत
15.	परिवार रखने के लिए आवास (मकान)	64 प्रतिशत

पुलिस विभाग द्वारा पुलिस प्रशिक्षण पर जो धनराशि व्यय की जाती है वह कुल धनराशि पुलिस बजट की बहुत कम हैं इस विषय में कुछ राज्यों के आंकड़े प्रस्तुत हैं :—

तालिका 2—प्रशिक्षण पर होने वाले धनराशि व्यय प्रतिशत में क्रम संख्या राज्य/

केन्द्र शासित क्षेत्र	1976-77	77-78	78-79	79-80	80-81
1. आन्ध्र प्रदेश	0.35	0.36	0.37	0.39	0,42
2. आसाम	1.48	1.48	1.56	1.56	1.56
3. गुजरात	1.26	1.38	1.48	1.55	1,27
4. बिहार	0.53	0.84	0.76	0.74	0.66
5. हरियाणा	0.94	1.64	2.10	2.30	2.04
6. जम्मू व कश्मीर	1.64	1.70	1.72	1.79	1.42
7. कर्नाटक	0.61	0.67	0.75	0.75	0.70
8. केरल	0.78	0.78	0.76	1.15	1.11
9. मध्यप्रदेश	0.64	0.66	0.69	0.70	0.62
10. महाराष्ट्र	0,63	0.63	0.59	0.61	0.56
11. उड़ीसा	0.96	1.13	1.09	105	1.18
12. पंजाब	2.18	2.73	2.63	2.54	2.28
13. तमिलनाडू	0.68	0.66	0.84	0.87	0.87
14. त्रिपुरा	1.72	1.48	1.18	1.24	1.43
15. उत्तर प्रदेश	1.35	1.15	1.02	1.08	0.76
16. गोआ	0.95	0.84	0.76	0.88	—
17. अन्डमान व निकोबार द्वीप समूह		0.23	0.13	0.17	0.23
18. दिल्ली	4.4	4.08	3.80	3.55	3.75

उपर्युक्त तालिका से स्पष्ट है कि कुल पुलिस बजट का बहुत कम प्रतिशत पुलिस प्रशिक्षण पर इस्तेमाल किया जाता है। कम से कम एक प्रतिशत धनराशि प्रशिक्षण पर अवश्य खर्च की जानी चाहिए। लेखक द्वारा किए गए व्यक्तियों के विचारों की समीक्षा के आधार पर यह निष्कर्ष प्राप्त होता है कि 71 प्रतिशत पुलिस अधिकारी यह मानते हैं कि पुलिस प्रशिक्षण पर कुल व्यय पुलिसबजट का बहुत कम प्रतिशत है। जब तक पुलिस प्रशिक्षण पर अधिक धनराशि खर्च नहीं

की जावेगी तब तक प्रशिक्षण के स्तर में गुणात्मक सुधार लाना संभव नहीं है तथा ट्रेनिंग संस्थानों में लोग प्रशिक्षक वर्ग (ट्रेनर) बनकर जाना पसन्द नहीं करेंगे। पुलिस ट्रेनिंग संस्थानों में स्टाफ की कमी अनेक कारणों से होती है। वहां पर प्रशिक्षकों को आर्थिक हानि होती है, समाज में उनका सम्मान भी कम हो जाता है क्यों कि पुलिस ट्रेनिंग संस्था में बदली होना एक गौरव की बात नहीं मानी जाती हैं। वे व्यक्ति जिन्हें जिलों में असुविधाजनक समझा जाता है, जो अयोग्य पाए जाते है उन्हें ट्रेनिंग संस्थाओं में बदली कर दिया जाता है। ऐसी एक सामान्य भावना पुलिस कर्मचारियों में पाई जाती है। पुलिस प्रशिक्षकों के उपर स्टाफ की कमी रहने के कारण अतिरिक्त भार रहता है जिससे वे अपने विषयों की पूरी तरह से तैयारी नहीं कर पाते हैं तथा प्रशिक्षण सामान्य स्तर से ऊपर नहीं उठ पाता। पुलिस ट्रेनिंग संस्थानों में पुस्तकों तथा प्रशिक्षण सामग्री की कमी रहती है। प्रशिक्षकों का सही मूल्यांकन नहीं हो पाता है तथा उन्हें अपनी प्रशिक्षण कुशलता को बढ़ाने का अवसर नहीं मिल पाता। ज्यादातर प्रशिक्षार्थी जो ट्रेनिंग करने आते हैं वे बहुत ज्यादा व्यस्त रहते हैं, उन्हें बहुत काफी शारीरिक मेहनत करनी पड़ती है, इसलिए वे ट्रेनिंग में पूरी अभिरुचि नहीं लेते हैं। ट्रेनिंग देने वाले उस्तादों को वयस्क मनोविज्ञान का ज्ञान नहीं होता है अतः वे पुलिस प्रशिक्षार्थी की सही मनःस्थिति को नहीं समझ पाते हैं। सभी ट्रेनिंग कराने वाले स्टाफ को अनेक प्रशासनिक कार्य भी दिये जाते हैं, अतः वे अपने प्रशिक्षण के उत्तरदायित्व को ठीक से नहीं निभा पाते हैं। प्रशिक्षार्थियों में अपने पद का अभिमान व एहसास होता है तथा वे अपने से नीचे वाले पदों के उस्तादों से सीखने में पूरी अभिरुचि नहीं लेते हैं तथा एक उदासीनता का रुख़ अपनाते हैं। प्रशिक्षकों को भी न तो अपने कार्य में तुष्टि या सन्तोष प्राप्त होता है न ही कोई प्रेरणा रहती है तथा वे प्रशिक्षण का कार्य केवल एक दैनिक चर्या के रूप में ही करते हैं। प्रशिक्षकों को ट्रेनिंग संस्थानों में अनेक समस्याओं का सामना करना पड़ता है। अनेक पुलिस प्रशिक्षकों की यह एक समस्या रहती है कि पुलिस विषयों को एक प्रभावशाली रूप में कैसे पढ़ाया जाए। पुलिस विषयों को आंशिक दृष्टिकोंण से न पढ़ाकर संगठित, सम्पूर्ण तथा सम्यक दृष्टिकोंण (इन्टीग्रेटेड मेथड) से पढ़ाने से प्रशिक्षार्थियों को अधिक लाभ होगा। लेखक ने पुलिस ट्रेनिंग संस्थाओं में अपनाए जाने वाले विभिन्न प्रशिक्षण पद्धतियों तथा प्रणालियों के विषय जो शोध कार्य किया है उसका ब्यौरा नीचे दी गई तालिका में किया जा रहा है :

तालिका 3

प्रशिक्षण प्रणाली व पद्धतियों का प्रशिक्षण संस्थानों में उपयोग का प्रतिशत

क्रम संख्या	प्रणाली/पद्धति का नाम	प्रशिक्षण संस्थाओं द्वारा प्रयोग में आने का प्रतिशत
1.	व्याख्यान पद्धति	100
2.	प्रदर्शन प्रणाली	100
3.	व्यावहारिक अभ्यास व ड्रिल	100
4.	ब्लैक बोर्ड का प्रयोग	100
5.	फील्ड ट्रिप व निरीक्षण पद्धति	55
6.	ग्रुप (सामूहिक परिचर्चा)	50
7.	केस स्टडी	35
8.	रोल प्लेईंग	25
9.	दी ग्रुप सैन्स्टीविटी प्रणाली	15
10.	सिण्डिकेट प्रणाली	25
11.	इन बास्केट प्रणाली	30
12.	इन्सीडेन्ट प्रणाली	25
13.	प्रोजेक्ट/समस्या निवारण	30
14.	पैनल परिचर्चा	25
15.	सेमीनार प्रणाली	25
16.	कार्यशाला (वर्कशाप)	20
17.	ब्रैन स्टार्मिग	15
18.	मैनेजमेन्ट गेम्स (खेल)	35
19.	गाइड प्रणाली/ट्यूटोरियल	50
20.	व्यक्तिगत एसाइनमेन्ट्स (प्रयोजन)	50
21.	कान्फ्रेन्स/सिम्पोजियम्स	15
22.	वीडियो टेप व क्लोज सर्किट टी. वी. प्रयोग	15
23.	ट्रेनिंग फिल्म का प्रयोग	50
24.	फिलमस्ट्रिप, स्लाइड तथा अन्य औडोविजुअल	45
25.	टेप रिकार्डर का प्रयोग	50
26.	(क) बज़ सैशन	10
	(ख) माइक्रो लेक्चर	10
	(ग) डेल्फी मैथड	10

उपर्युक्त बिवरण ट्रेनिंग संस्थानों द्वारा दी गई सूचना के आधार पर आधारित है। वास्तविकता यह है कि बहुत-सी प्रशिक्षण प्रणालियों के प्रयोग करने की

योग्यता ही प्रशिक्षकों में नहीं है क्यों कि उनकी स्वयं इस विषय में कोई प्रशिक्षा नहीं हुई है ।

भारत में जो पुलिस की ट्रेनिंग हो रही है उसको वैज्ञानिक तथा व्यावहारिक आधार गोरे कमेटी ने प्रदान किया है । पुलिस अधिकारियों के प्रशिक्षण को मुख्यतः चार भागों में बांटा जा सकता है । भारतीय पुलिस सेवा तथा उच्च पुलिस अधिकारियों का प्रशिक्षण सामान्यतः राष्ट्रीय पुलिस अकादमी, हैदराबाद, में मुख्यतः होता है । डिप्टी सुपरिन्टेन्डेन्ट आफ पुलिस का प्रशिक्षण राज्य के पुलिस अकादमी अथवा कालेजों में होता है तथा सब-इन्सपेक्टर का प्रशिक्षण भी इन्ही संस्थानों में होता है । सिपाहियों का प्रशिक्षण रिक्रूट ट्रेनिंग संस्थानों में होता है । पिछले कुछ सालों में भारत के भारतीय पुलिस सेवा के सदस्यों ने जो आधारभूत प्रशिक्षण (बेसिक ट्रेनिंग) तथा पुनरावृत्ति प्रशिक्षण (रीफ्रेशर ट्रेनिंग) की है उनके आंकड़े नीचे तालिका में दिए गए हैं :

तालिका 4

भारतीय पुलिस सेवा के अधिकारियों के आधारभूत प्रशिक्षण करने वाले तथा पुनरावृति (रिफ्रेशर)ट्रेनिंग करने वालों की संख्या

वर्ष	राष्ट्रीय पुलिस अकादमी में आधारभूत प्रशिक्षण	राष्ट्रीय पुलिस अकादमी में सीनियर आफीसर कोर्स
1971	50	31
1972	49	18
1973	64	48
1974	84	43
1975	84	43
1976	66	62
1977	95	66
1978	109	50
1979	49	54
1980	50	41
योग :	702	456

भारतीय पुलिस सेवा के अधिकारियों को लाल बहादुर शास्त्री अकादमी मसूरी में भी फाउण्डेशन कोर्स करना पड़ता है । आन्तरिक सुरक्षा अकादमी माउन्ट आबू तथा अपराध शास्त्र एवं विधि विज्ञान संस्थान (इन्स्टीट्यूट आफ क्रिमनोलाजी एण्ड फारेन्सिक साइंस) दिल्ली में भी कुछ प्रशिक्षण प्राप्त होता है। 1977 से 1980 तक आन्तरिक सुरक्षा अकादमी में 221 भारतीय पुलिस सेवा के अधिकारियों ने प्रशिक्षण लिया तथा 1191 अधिकारियों ने अपराध-शास्त्र एवं

विधि विज्ञान संस्थान (इंस्टीट्यूट आफ क्रिमनोलाजी एण्ड फारेंसिक साइंस) दिल्ली के अन्तर्गत प्रशिक्षण प्राप्त किया। 1986 में भारतीय पुलिस सेवा के नये अफसरों के ट्रेनिंग में मूलभूत परिवर्तन किया गया है तथा 38 वें बेंच (आर. आर. 1985) का प्रशिक्षण दो भागों में विभाजित किया गया है। एक भाग में आठ माह का प्रशिक्षण होगा तथा दूसरे भागों का प्रशिक्षण तीन माह व पन्द्रह दिन का होगा तथा इन दोनों ट्रेनिंग के बीच में राज्यों में से जिसमें वे जायेंगे उसमें उन्हें व्यवहारिक प्रशिक्षण प्राप्त करना पड़ेगा। सीनियर आफिसर्स कोर्स जो 1960 में शुरू किया गया 11 दिसम्बर 1985 को 61 वे क्रमांक कोर्स के साथ समाप्त हो गया है। अब उसके स्थान पर दो मैंनेजमेन्ट कोर्स चलाए जायेंगे। जूनियर मैंनेजमेन्ट कोर्स 6 से 10 साल के भारतीय पुलिस सेवा के अधिकारियों के लिए होगा तथा सीनियर मैंनेजमेन्ट कोर्स ग्यारह से सोलह साल तक की सेवा वाले भारतीय पुलिस सेवा अधिकारियों के लिए होगा। राष्ट्रीय पुलिस अकादमी हैदराबाद, ने यह सभी नये कोर्स 1986 से प्रारम्भ कर दिए हैं।

डिप्टी सुपरिन्टेन्डेन्ट आफ पुलिस (उप पुलिस अधीक्षक) जो सीधे भर्ती होते हैं उनकी ट्रेनिंग राज्यों के प्रशिक्षण कालेओं में होती है। दस सालों में कितने ऐसे अधिकारियों ने आधारभूत प्रशिक्षण पाया इसका ब्यौरा तालिका, में देखें :

तालिका—5

उप पुलिस अधीक्षक जिन्होंने राज्यों में दस वर्ष में आधारभूत ट्रेनिंग प्राप्त की

क्रम संख्या	राज्य	प्रशिक्षण की अवधि	आधारभूत ट्रेनिंग पाने वाले कुल प्रशिक्षार्थियों की संख्या
1.	आन्ध्र प्रदेश	12 माह	35
2.	आसाम	12 माह	52
3.	गुजरात	12 माह	23
4.	कर्नाटक	12 माह	49
5.	केरल	12 माह	8
6.	महाराष्ट्र	12 माह	44
7.	उड़ीसा	12 माह	28
8.	पंजाब	12 माह	129
9.	राजस्थान	10 माह	142
10.	तमिलनाडू	12 माह	34
11.	उत्तर प्रदेश	12 माह	165
12.	पश्चिम बंगाल	14 माह	62

केवल कुछ राज्यों ने ही अपने उप पुलिस अधीक्षक के आधारभूत प्रशिक्षण के आंकड़े भेजे हैं जो ऊपर दिए गए हैं। सभी राज्यों में गोरे कमेटी के द्वारा सिफारिश किए गए पाठ्यक्रम के अनुसार ही प्रशिक्षण होता है। आन्तरिक सुरक्षा अकादमी द्वारा 1972 से 1980 के बीच में राज्यों के 1015 उप पुलिस अधीक्षकों ने आन्तरिक सुरक्षा संबंधी कोर्स माउन्ट आबू में किया। 1979 से 1981 के बीच इंस्टीट्यूट आफ क्रिमनोलाजी एन्ड फारेंसिक साइंस, दिल्ली में कुल 354 ऐसे अधिकारियों ने प्रशिक्षण प्राप्त किया।

राज्यों में सब इंस्पेक्टर (उप निरीक्षक) तथा निरीक्षक पुलिस अधिकारियों के प्रशिक्षण का उत्तरदायित्व भी राज्य की पुलिस अकादमी/कालेज का होता है। पिछले दस सालों में जिन उप निरीक्षक तथा निरीक्षकों ने पुलिस की आधारभूत तथा पुनरावृत्ति (रिफ्रेशर) ट्रेनिंग पाई उनके आंकड़े नीचे तालिका में दिए गए है :

तालिका—6

पुलिस उप निरीक्षक तथा पुलिस निरीक्षकों की कुल संख्या जिन्होंने आधारभूत ट्रेनिंग व पुनरावृत्ति ट्रेनिंग दस सालों में पाई

क्रम संख्या	राज्य/केन्द्र प्रशासित क्षेत्र	दस वर्षों में आधारभूत ट्रेनिंग पाने वाले कुल अधिकारियों की संख्या	दस वर्षों में पुनरावृत्ति ट्रेनिंग पाने वाले कुल अधिकारियों की संख्या
1.	आन्ध्र प्रदेश	443	114
2.	आसाम	764	50
3.	गुजरात	860	—
4.	हरियाणा	27	229
5.	कर्नाटक	732	—
6.	केरल	383	—
7.	महाराष्ट्र	1871	401
8.	मणिपुर	—	17
9.	उड़ीसा	1087	217
10.	पंजाब	689	—
11.	राजस्थान	664	1637
12.	तमिलनाडु	860	129
13.	उत्तर प्रदेश	5277	409
14.	पश्चिम बंगाल	1161	—

अधिकतर राज्यों में पुलिस उपनिरीक्षकों के आधारभूत प्रशिक्षण का समय एक साल है तथा गोरे कमेटी द्वारा निष्पादित पाठ्यक्रम के आधार पर प्रशिक्षण दिया जाता है।

पुलिस कांस्टेबिल तथा हेड कांस्टेबिल लोगों की आधारभूत ट्रेनिंग अपने-अपने राज्य के ट्रेनिंग सेन्टरों में होती है। बड़े राज्यों में कई रिक्रूट सेन्टर हैं जिनमें इनकी ट्रेनिंग होती है। पुलिस कांस्टेबिल तथा हेड कांस्टेबिल की संख्या सामान्यतः बहुत होती है अतः उनको सामान्यतः पूरा ध्यान प्रशिक्षकों द्वारा नहीं मिल पाता है। इनको सिखाने वाले प्रशिक्षक भी सामान्यतः ऐसे व्यक्ति होते हैं जो स्वयं प्रशिक्षण कार्य में अभिरुचि नहीं रखते हैं।

जिन ट्रेनिंग संस्थानों में पुलिस के कांस्टेबिल प्रशिक्षण प्राप्त करते हैं उन संस्थानों में गुणात्मक तथा संख्यात्मक रूप में अत्यअधिक जनसंख्या होने के कारण प्रशिक्षार्थियों का प्रबंध संतोषजनक कई स्थानों पर नहीं हैं। गोरे कमेटी द्वारा प्रस्तावित पाठ्यक्रमों में "मानव व्यवहार" विषय पुलिस प्रशिक्षणार्थियों के लिए आवश्यक रखा गया है परन्तु बहुत कम ट्रेनिंग संस्थानों इसका सही प्रशिक्षण नहीं हो पाता है क्योंकि इस विषय में ट्रेनिंग सामग्री का अभाव है तथा समाज शास्त्री इन संस्थानों में इसे पढ़ाने के लिए उपस्थित नहीं हैं। गोरे कमेटी ने यह मत व्यक्त किया है कि पुलिस अधिकारियों को भारतीय संविधान के प्रति निष्ठावान रहने के साथ ही साथ राष्ट्र के विकास में पूर्ण रूप से एकनिष्ठ होना चाहिए। चूंकि औद्योगिक विकास और आर्थिक विकास से समाज की मान्यताएं बदलती जा रही हैं इसलिए पुलिस के अधिकारियों का इस विषय में प्रशिक्षण जरूरी हो जाता है ताकि वे इन बदलती हुई परिस्थितियों में अपने आप को व्यवस्थित और स्थापित कर सकें। पुलिस अधिकारियों को आम नागरिक से व्यवहार करने का अच्छा व सही ज्ञान प्रशिक्षण में दिया जाना जरूरी हैं ताकि समाज के विभिन्न धर्म, जाति, क्षेत्र तथा सामाजिक रूप में अलग-अलग स्तर से आने वाले लोगों से पुलिस सम्पर्क सही रूप में हो सके। गोरे कमेटी ने ट्रेनिंग में निम्नलिखित विषयों पर विशेष ध्यान देने की सिफारिश की है ताकि पुलिस अधिकारी आर्थिक व सामाजिक विकास में अपनी सही भूमिका निभा सकें :

1. संविधान के प्रति निष्ठा, राष्ट्रीय एकता तथा समाजवादी समाज की स्थापना के प्रति पुलिस कर्मचारियों का संकल्प।
2. आर्थिक प्रक्रिया जो प्रगतिशील समाज में उत्पन्न होती है जैसे सामाजिक तनाव, क्षेत्रीय असंतुलन, सामाजिक अभाव तथा नियंत्रण तथा उनसे उत्पन्न होने वाली समस्याएं जिन्हें पुलिस को विकासशील समाज के सन्दर्भ में निपटना पड़ेगा तथा जिसका ज्ञान प्रशिक्षण के दौरान हो जाना चाहिए।
3. एक गहरी सामाजिक संचेतना व सजगता ताकि गम्भीर समस्याओं का सही समाधान निकाला जा सके तथा सामाजिक विकास में सहयोग

दिया जा सके।

4. एक सूझबूझपूर्ण तथा विवेचनात्मक कुशलता का विकास ताकि बदली हुई परिस्थितियों के अनुरूप बदलने की प्रवृत्ति हो क्योंकि बदली हुई परिस्थितियों के लिए गणित के समान कोई हल प्रदान नहीं किया जा सकता है।
5. एक नई जागरूकता तथा संवेदना ताकि सामान्य जनता के साथ व्यवहार सही व उपयुक्त रहे तथा समाज के विभिन्न धर्म, जाति क्षेत्र तथा सामाजिक भूमिका से आने वाले व्यक्तियों से सम्पर्क सही दिशा में हो में हो सके।
6. पुलिस अधिकारियों में वैज्ञानिक तकनीकी पद्धति के प्रयोग में अभि-रुचि हो ताकि मनोविज्ञान, अपराध शास्त्र प्रबंध तथा समाज शास्त्र के नवीनतम विचारों को हृदयंगम कर सके तथा पुलिस कार्य में उनका एक एक रचनात्मक दृष्टिकोण रहे तथा मानव मूल्यों का सही परिपालन कर सकें।

पुलिस प्रशिक्षण का मूल्यांकन करना एक कठिन समस्या है क्योंकि प्रशिक्षण का क्षेत्र बहुत विस्तृत है तथा अनेक बाधाएं वैज्ञानिक तथा संतुलित मूल्यांकन में पड़ती है। लेखक ने पुलिस प्रशिक्षण के मूल्यांकन करके कुछ सामान्य सर्वव्यापी निष्कर्ष प्राप्त किए हैं। भारत के पुलिस प्रशिक्षण में तथा व्यवहार जगत में यथार्थ सत्य में भारी अन्तर है जो शिक्षार्थियों को पढ़ाया जाता है उन्हें वे व्यावहारिक जीवन में नहीं अपनाएं क्योंकि उसमें आदर्शवाद का बहुत अधिक समावेश होता है तथा प्रशिक्षण जीवन की व्यावहारिकता से बहुत दूर है। बहुत से प्रशिक्षण क्रमों (ट्रेनिंग कोर्सों) में बहुत बड़ा पाठ्यक्रम होता है जिसे दिए गए थोड़े समय में पूरा करना पड़ता है जिसके कारण प्रशिक्षकों को विस्तार से समझाकर पढ़ाने की पूरी स्वतंत्रता नहीं रहती। प्रशिक्षार्थियों को भी बहुत बड़ा व विस्तृत पाठ्य-क्रम थोड़े समय में पूरा करना पड़ता है। कानून, अपराधों की जांच-पड़ताल तथा व्यवहारिक पुलिस विषयों में पाठ्यक्रम बहुत विस्तृत पाया जाता है। बहुत से प्रशिक्षण केन्द्रों में प्रशिक्षणार्थियों के साथ उचित व्यवहार नहीं होता है तथा उनमें एक आत्मतिरस्कार की भावना जागृत होती हैं। बहुत-से विषयों को अलग-अलग करके पढ़ाया जाता है परन्तु उनका सम्यक तथा मिला-जुला ज्ञान नहीं दिया जाता है। विभिन्न राज्यों के तथा विभिन्न प्रशिक्षण के स्तर में काफी अन्तर पाया जाता है। प्रशिक्षणार्थियों के व्यवहार, चरित्र, अनुशासन, मानव मूल्यों तथा मनोवृत्तियों को बदलने का सही प्रयास प्रशिक्षण के दौरान नहीं किया जाता है। पुलिस ट्रेनिंग संस्थाओं में ज्यादातर भाषण द्वारा ही प्रशिक्षण होता है तथा नई प्रशिक्षण पद्धति का प्रयोग बहुत कम होता है। ज्यादातर प्रशिक्षणक्रम जीवन

की व्यावहारिक समस्याओं जो पुलिस अधिकारियों को सुलझानी पड़ती है, का समाधान अथवा विश्लेषण नहीं करते हैं तथा सामान्यतः रूढ़िवादी पुराने पाठ्यक्रम को ही दोहराते रहते हैं। पुलिस प्रशिक्षण केन्द्रों में पुलिस प्रशिक्षार्थियों की आधार-भूत आवश्यकताएं जैसे पीने का पानी, रहने की उचित व्यवस्था, खाने के लिए स्वादिष्ट व पौष्टिक भोजन उचित व संतोषजनक ढंग से इसलिए प्रदान नहीं कर पाते हैं कि जिस संस्था में 600 प्रशिक्षार्थी होने चाहिए वहां 1500 प्रशिक्षार्थी एक समय पर उपस्थित हो जाते हैं। योग्यता, विषय वस्तु का ज्ञान और उस क्षेत्र में उसकी अभिरूचि के अनुसार प्रशिक्षकों का उचित चयन नहीं किया जाता है जिसका परिणाम यह होता है कि प्रशिक्षण अच्छा व प्रभावशाली नहीं हो पाता। प्रशिक्षण करते समय छात्रों की योग्यता अभिरूचि तथा उनके मानसिक स्तर का सही ध्यान नहीं रखा जाता है। वास्तव में प्रत्येक प्रशिक्षण क्रम का अलग-अलग मूल्यांकन अभी किसी भी प्रशिक्षण संस्था में प्रारम्भ नहीं हुआ है तथा इसके कारण शिक्षकों का सही मार्गदर्शन नहीं मिलता। प्रशिक्षण क्रमों का वैज्ञानिक अवमूल्यन व समीक्षा समय-समय पर तथा सम्यक रूप में होना चाहिए जो अभी नहीं हो रहा है।

भारतीय पुलिस को आन्तरिक सुरक्षा के संबंध में प्रशिक्षण देने के लिए आन्तरिक सुरक्षा अकादमी माउन्ट आबू, में 3 अलग-अलग प्रशिक्षण प्रोग्राम चलते हैं। डिप्टी सुपरिन्टेन्डैन्ट आफ पुलिस (उप पुलिस अधीक्षक) पद के अधिकारियों के लिए 18 दिन का प्रशिक्षण चलता हैं। एस. पी (पुलिस अधीक्षक) पद के अधिकारियों के लिए 10 दिन का कार्यक्रम चलता है तथा उप महा-निरीक्षक (डी०आइ०जी० पी०) पद के अधिकारियों को यहां आन्तरिक सुरक्षा संबंधी प्रशिक्षण दिया जाता है।

राष्ट्रीय पुलिस अकादमी द्वारा गोरे कमेटी रिपोर्ट की सिफारिशों के आधार पर प्रशिक्षकों का प्रशिक्षण पाठ्यक्रम प्रारम्भ किए गए हैं तथा पुलिस अधीक्षक तथा उप पुलिस अधीक्षकों को 4 सप्ताह के प्रशिक्षण प्रदान किए जाते हैं। 1981 में राष्ट्रीय पुलिस अकादमी में प्रशिक्षकों का प्रशिक्षण स्कन्ध स्थापित किया गया। 1981 में भारत के पुलिस प्रशिक्षक संस्थाओं के प्रधान के सिम्पोजियम में तथा 1982 में पुलिस प्रशिक्षण संस्थान के प्रधानों की कार्यशाला ने इस स्कन्ध के विभिन्न पाठ्यक्रमों में आयोजन की रूप रेखा तथा प्रशिक्षण आवश्यकताओं को रेखांकित किया। पुलिस प्रशिक्षण के लिए विभिन्न श्रेणी के अधिकारियों के प्रशिक्षण के लिए समुचित पाठ्यक्रम, ट्रेनिंग, साहित्य आदि तैयार किया जा रहा है। पुलिस उपमहानिरीक्षक तथा उससे ऊपर वाले उच्च स्तरीय प्रबंधकों के लिए 10/15 दिन की अवधि का एक कार्यक्रम चलाया जाता है जिसमें प्रशिक्षण संस्थानों और प्रशिक्षण नीतियों पर विचार विमर्श होता है। पिछले तीन सालों

में बहुत से पुलिस प्रशिक्षकों ने इस पाठ्यक्रम योजना से लाभ उठाया है ।

महिला पुलिस प्रशिक्षण भारतीय पुलिस प्रशिक्षण की एक महत्वपूर्ण उपलब्धि मानी जा सकती है। 1939 में सबसे पहले 12 महिलाओं को पुलिस सेवा में लिया गया और 1942 में नियमित पुलिस नलों में सम्मलित किया गया । पिछले दस सालों में आन्ध्र प्रदेश में 54 महिला पुलिस को प्रशिक्षण दिया गया । आसाम में 278, बिहार में 273, गुजरात में 696, हरियाणा में 129, हिमाचल प्रदेश में 67, जम्मू व कश्मीर में 100, कर्नाटक में 312, केरल में 317, मध्य प्रदेश में 441, महाराष्ट्र में 1318, मणिपुर में 202, नागालैण्ड में 17, उड़ीसा में 113, पंजाब में 198, राजस्थान में 150, सिक्किम में 9, तमिलनाडु में 775, त्रिपुरा में 120, पश्चिम बंगाल में 130 महिला पुलिस प्रशिक्षणार्थिनियों को पुलिस प्रशिक्षण प्रदान किया गया हैं । केन्द्रीय शासित प्रदेशों में भी महिला पुलिस कार्य कर रही हैं। अंडमान नीकोबार द्वीप की 18, अरुणाचल प्रदेश की 18, चण्डी-गढ़ की 27, दादर व नागर हवेली की 3, दिल्ली की 188, लक्षद्वीप की 41, मिजोरम की 48 तथा पांडीचेरी की 14 महिला पुलिस कर्मचारियों को भी पुलिस प्रशिक्षण पिछले दस सालों में प्रदान किया गया है । राष्ट्रीय पुलिस अकादमी में महिला पुलिस प्रशिक्षण पर एक गोष्ठी भी आयोजित की गई थी ताकि पुलिस महिलाओं के प्रशिक्षण संबंधी समस्याओं के विषय में वाद-विवाद हो सके। केन्द्रीय रिजर्व पुलिस दल ने भी एक बटालियन महिलाओं की बनाई है तथा इनका भी प्रशिक्षण अब पूरा हो गया हैं ।

पुलिस प्रशिक्षण की विभिन्न समस्याओं पर विचार करने के लिए प्रतिवर्ष पुलिस प्रशिक्षण संस्थाओं के प्रधानों की एक सिम्पोजियम पुलिस अनुसंधान एवं विकास ब्यूरो व राष्ट्रीय पुलिस अकादमी के सौजन्य से किसी राज्य में की जाती है तथा प्रशिक्षण संबंधी विषयों पर विचार होता है । सिम्पोजियम की सिफारिशों को सभी प्रशिक्षण केन्द्रों में भेज दिया जाता है ।

यद्यपि पुलिस प्रशिक्षण का काफी विस्तार हो गया है तथा अनेक नये पाठ्य-क्रम प्रारम्भ किए गए हैं परन्तु अभी तक पुलिस कर्मचारियों के व्यवहार व आचरण में कोई विशेष परिबर्तन करने में पुलिस प्रशिक्षक सफल नहीं हो पाया है । पुलिस प्रशिक्षण का संख्यात्मक (क्वाँटिटेटिव) विकास हुआ है परन्तु गुणात्मक (क्वालिटे-टिव) विकास अभी तक कोई खास नहीं हुआ है । अभी भी पुलिस के प्रशिक्षण में गुणात्मक परिवर्तन आना बाकी है जिसके लिए अथक प्रयास तथा सर्वांगीण प्रयत्न करना आवश्यक है । पुलिस को नई-नई समस्याओं का सामना करना पढ़ रहा है । श्वेतपोश अपराध तथा सुसंगठित अपराध बढ़ रहे है । आतंकवाद बढ़ रहा है । घूसखोरी तथा भ्रष्टाचार बढ़ रहा है तथा पुलिस प्रशिक्षणार्थियों को

इन नई चुनौतियों का सामना करने लिए तैयार करना पुलिस प्रशिक्षण का मुख्य कर्त्तव्य है। योग्य पुलिस अधिकारियों को पुलिस प्रशिक्षण केन्द्रों में प्रशिक्षक के रूप में भेजना पड़ेगा। उचित व सभी भाषाओं में प्रशिक्षण सामग्री तैयार करनी पड़ेगी तथा प्रशिक्षण को पुलिस कार्यकलापों में महत्वपूर्ण स्थान प्रदान करना होगा।

एक कमेटी रिपोर्ट में अनेक सुझाव दिए गए हैं जिनके लागू करने से प्रशिक्षण में सुधार आ सकता है। राज्य सरकार तथा केन्द्र सरकारों को एक राजनीतिक संकल्प व दृढ़ इच्छा करनी पड़ेगी तभी पुलिस प्रशिक्षण में आवश्यक सुधार हो सकते हैं। सभी प्रशिक्षण संस्थाओं को समुचित धनराशि प्रदान करनी चाहिए ताकि रहने के लिए आवश्यक मकान बनाए जा सकें तथा पुलिस ट्रेनिंग संस्थाओं की आवास संबंधी आवश्यकताओं को पूरा किया जा सके। पुलिस प्रशिक्षण को प्रभावशाली बनाने के लिए निम्नलिखित कार्य आवश्यक हैं :

1. प्रशिक्षण केन्द्रों का वातावरण अच्छा बनाया जावे तथा योग्यता, विषय-वस्तु का ज्ञान व क्षेत्र में अभिरुचि के अनुसार अच्छे, प्रशिक्षकों का चयन किया जावे तथा उन्हें निवास संबंधी सुविधाएं, प्रशिक्षण भत्ता आदि देकर अभिप्रेरित किया जाय।
2. छात्रों का उचित चयन किया जावे तथा वेतन-भत्ता आदि का उचित स्तर करके पुलिस में पढ़े-लिखे, चरित्रवान व ऐसे व्यक्ति भर्ती हों जो पुलिस में सेवा करने की इच्छा से प्रेरित हों।
3. पुलिस विषयों पर अंग्रेजी तथा अन्य भाषाओं में पाठ्यक्रम पुस्तकें तथा प्रशिक्षण सामग्री का निर्माण दक्ष तथा प्रतिष्ठित लेखकों व पुलिस अधिकारियों से कराया जावे तथा उन्हें छपाया जावे ताकि वे बाजार से खरीदी जा सकें तथा छात्रों को उपलब्ध हो सकें।
4. केस स्टडी, रोल प्ले अभ्यास, समस्या प्रधान एवं अनुरूपक अभ्यास सामग्री प्रचुर मात्रा में प्रशिक्षणार्थियों को उपलब्ध हो सके तथा सेमीनार, सिम्पोजियम तथा विशेषज्ञों द्वारा भाषणों का सारांश उपलब्ध हो ताकि प्रशिक्षक व प्रशिक्षणार्थी दोनों उनसे लाभ उठा सकें।
5. प्रशिक्षण संस्थानों में पुस्तकालयों में प्रचुर मात्रा में पुस्तकें तथा अन्य प्रशिक्षण सामग्री प्राप्त हो तथा उसका उपयुक्त वर्गीकरण किया जाय। सभी पुस्तकालयों में प्रशिक्षित पुस्कालय अध्यक्ष व स्टाफ हो तथा वे प्रशिक्षणार्थियों को सहायता करें।
6. प्रशिक्षकों को आपसी आदान-प्रदान तथा अन्य पुलिस प्रशिक्षण केन्द्रों में जाने का अवसर मिले तथा उन्हें दूसरे प्रशिक्षकों से रचनात्मक सहयोग व मार्गदर्शन प्राप्त हो।

7. पुलिस अनुसंधान व विकास ब्यूरो तथा राज्य अनुसंधान केन्द्रों द्वारा प्रशिक्षण के विभिन्न क्षेत्रों में रचनात्मक सहयोग प्राप्त हो तथा प्रेरणा प्राप्त हो।

8. पुलिस प्रशिक्षण में पुलिस जनसम्पर्क एक महत्वपूर्ण विषय माना जाय तथा उस पर अनेक व्याख्यान, विचार-विमर्श व गोष्ठियां हों तथा विकासशील समाज में पुलिस की सही भूमिका से प्रशिक्षणार्थियों को अवगत कराया जाय।

9. पुलिस प्रशिक्षण केन्द्रों में पुलिस प्रशिक्षकों को अपनी आय का यदि 30 प्रतिशत प्रशिक्षण भत्ते के रूप में दिया जावे तथा रहने के लिए मकान भी मुफ्त दिया जावे तो इससे प्रशिक्षण केन्द्रों में योग्य तथा सही पुलिस अधिकारियों की नियुक्ति में सहायता मिलेगी। भारत सरकार ने ऊपर दिए गए सुझाव अभी केवल उच्च पुलिस अधिकारियों के प्रशिक्षण केन्द्रों में जहां "ए" दर्जे के अधिकारी प्रशिक्षण पाते हैं, ही लागू किए हैं। यह नियम एक योजना बद्ध कार्यक्रम के रूप में सभी प्रशिक्षण केन्द्रों में लागू किया जाना चाहिए।

10. आधुनिकीकरण के हेतु पुलिस को जो राशि मिलती है उसका बहुत बड़ा भाग पुलिस प्रशिक्षण केन्द्रों पर खर्च होना चाहिए तथा प्रशिक्षण केन्द्रों की इमारतों पर आवश्यक धनराशि खर्च की जानी चाहिए। प्रशिक्षण के हेतु आवश्यक सभी प्रशिक्षण उपकरण, मोटर गाड़ियां, बेतार यंत्र, कम्प्यूटरों और अन्य वैज्ञानिक उपकरणों के लिए समुचित धनराशि स्वीकृत की जानी चाहिए तथा धनराशि का उपयुक्त उपयोग भी होना चाहिए।

11. पुलिस उपसंस्कृति, जो अस्वस्थ परम्पराओं से परिपूर्ण है और जिसका क्रमिक विस्तार होता जा रहा है, को बदलने के लिए पुलिस प्रशिक्षण तथा पुलिस संगठन में ही आधारभूत परिवर्तन करना जरूरी हैं। भारत नीति, प्रशिक्षण कार्य परिवेश, सेवा अनुबंध, व्यावसायिक तनाव, राजनैतिक प्रभाव,जीवन मूल्यों में परिवर्तन, विरोधाभासी कार्य तथा चतुर्दिक अधीनस्थीकरण के कारण आज पुलिस उपसंस्कृति बहुत शोचनीय व दयनीय स्थिति में पहुंच चुकी है तथा जब तक पुलिस का पुनर्गठन राष्ट्रयवाद, मानववाद, प्रजातन्त्र, समाजवाद, धर्म निरपेक्षता व लोकतन्त्र के आधारों को लेकर नहीं होगा तब तक पुलिस प्रशिक्षण में भी सुधार संभव नहीं है। पुलिस को एक नया रूप देने में पुनर्गठन के साथ-साथ प्रशिक्षण भी अपनी बहुमूल्य भूमिका निभा सकता है।

अध्याय 7

महिला पुलिस की विकासशील समाज में भूमिका

एक विकासशील समाज में महिला पुलिस की अपनी विशिष्ट भूमिका हैं। आज जिस तरह से सामाजिक, राजनीतिक तथा आर्थिक संघर्ष चल रहे हैं, भाषा संबंधी विवाद, प्रान्तीयतावाद व साम्प्रदायिकता के कारण दंगे हो रहे हैं, विद्यार्थियों में असंतोष बढ़ रहा है फूलनदेवी, कुसुम नयन, फूलश्री तथा मुन्नी जैसी डाकू महिलाओं की संख्या में वृद्धि हो रही है तथा जिस प्रकार सभी प्रदर्शनों में महिलाएं आगे आकर उनका नेतृत्व कर रही हैं उस स्थिति का सामना करने के लिए महिला पुलिस की भूमिका बहुत महत्वपूर्ण वन जाती है। ऐतिहासिक दृष्टि से सबसे पहले 1922 में पुलिस प्रधानों के अन्तर्राष्ट्रीय संघ ने अपने कन्वेंशन में एक प्रस्ताव पास किया था कि आधुनिक पुलिस विभाग के लिए महिला पुलिस एक अनिवार्य अंग है तथा यह स्वीकार किया गया कि महिला पुलिस का प्राथमिक कर्तव्य उन अपराधों से निपटना है। जो महिलाओं व बच्चों से संबंधित हों तथा बच्चे व महिला अपराधी हों अथवा अपराध के शिकार हों। नियोजन और अनुसंधान, प्रशिक्षण, गुप्तचर्या, निरीक्षण जनसूचना, सामुदायिक संबंध तथा विधि सलाहकार के रूप में पुलिस महिलाओं की भूमिका अमूल्य हो सकती है। रेलवे स्टेशन, बस स्टापों, निनेमाघरों तथा बाजार आदि स्थानों पर सफेदपोश आधुनिक महिलाएं जिस प्रकार अपराध कर रही हैं उन सबसे निपटने के लिए महिला पुलिस की मनिवार्यता व उपयोगिता दिन प्रति दिन बढ़ती जा रही है। एक विकासशील समाज में अनेक सामाजिक परिवर्तनों को लाने के लिए बनाए गए अधिनियमों को कार्यान्वित करने के लिए महिला पुलिस की भूमिका बहुत महत्वपूर्ण है। बाल अधिनियम, महिला व बच्चों के साथ अनैतिक व्यवहार, भिक्षुक अधिनियम व कमजोर वर्गों के लिए बनाए गए विभिन्न अधिनियमों को भलीभांति कार्यान्वित करने के लिए महिला पुलिस महत्वपूर्ण योगदान दे सकती है। भारत में पुलिस महिलाओं की राज्यों में संख्या आगे की तालिका में दी गई है :

सारणी 1

क्रम संख्या	राज्य/केन्द्र शासित प्रदेश	कुल राज्य पुलिस	महिला पुलिस की कुल संख्या
1.	आन्ध्र प्रदेश	56358	54
2.	असम	21526	278

3. बिहार	66483	273
4. गुजरात	62485	696
5. हरियाणा	21497	129
6. हिमाचल प्रदेश	8857	67
7. जम्मू-कश्मीर	24379	100
8. कर्नाटक	45109	312
9. केरल	33072	317
10. मध्य प्रदेश	80766	441
11. महाराष्ट्र	107818	1318
12. मणिपुर	8534	202
13. मेघालय	6475	उपलब्ध नहीं
14. नागालैण्ड	15431	17
15. उड़ीसा	32901	113
16. पंजाब	35156	198
17. राजस्थान	46918	150
18. सिक्किम	1802	9
19. तमिलनाडु	50562	775
20. त्रिपुरा	8472	120
21. उत्तर प्रदेश	142557	उपलब्ध नहीं
22. पश्चिम बंगाल	75614	130
23. अण्डमान व निकोबार	1882	18
24. अरुणाचल	2268	18
25. चंडीगढ़	2535	27
26. दादर और नागर हवेली	148	3
27. दिल्ली	31050	188
28. गोवा, दमन व दियु	2644	41
29. लक्षद्वीप	286	उपलब्ध नहीं
30. मिजोरम	2813	48
31. पाण्डिचेरी	1700	14

विश्व में अनेक प्रगतिशील देशों में महिला पुलिस कार्य कर रही हैं। 1845 में न्यूयार्क शहर में सबसे पहले महिला को पुलिस में भर्ती किया गया था और

1960 के आते-आते इनकी संख्या न्यूयार्क में 5617 हो गई थी। जर्मनी में 1903 में महिला पुलिस की भर्ती हुई। जापान में 1946 में 63 महिलाओं को पुलिस विभाग में लिया गया और विशेष प्रशिक्षण देकर उन्हें अन्वेषण, अपराध निरोध, किशोर अपराध का निरोध, सुरक्षा, यातायात नियंत्रण आदि कार्यों में महिला पुलिस का प्रयोग होने लगा। भारत में सर्वप्रथम 1939 में कानपुर नगर में 12 महिलाओं को पुलिस में लिया गया था। श्रीमती इन्दिरा गांधी ने कहा था कि "महिला पुलिस का नियोजन आगे का एक महान कदम है, मुझे विश्वास है कि केरल की महिला पुलिस अपने प्रशंसनीय कार्यों द्वारा जनता की सेवा के साथ-साथ देश के अन्य भागों में पुलिस के लिए अच्छा उदाहरण प्रस्तुत करेगी।"

भारत में औरतों व बालिकाओं द्वारा अपराधों में दिन-प्रति-दिन वृद्धि हो रही है। 1971 में औरतों द्वारा किए गए 16,303 अपराध थे जबकि 1979 में यह बढ़कर 28,600 हो गए। इस प्रकार 1971 की अपेक्षा 1979 में महिलाओं ने 75.4 प्रतिशत अधिक अपराध किए। इसके अतिरिक्त जेल सुधार समिति की 1980-83 की रिपोर्ट के अनुसार 31 दिसम्बर, 1980 को पूरे देश में महिला कैदियों की संख्या 4073 थी जो कैदियों की कुल संख्या का 2.6 प्रतिशत थी। समाज शास्त्रियों के अनुसार विकासशील देशों में महिलाओं द्वारा अपराध दिन-प्रति-दिन बढ़ेंगे। हत्या, डकैती, चोरी, शराब का व्यापार तथा वेश्यावृति ऐसे अपराध हैं जिन्हें महिलाएँ अधिकतर मजबूरी व लाचारी के कारण करती हैं। स्वभाव से कोमल, सहनशील और सरल महिलाएं भी कभी-कभी मनोवैज्ञानिक, पारिवारिक अथवा सामाजिक पारिस्थितियों वश अपराध करने लगती हैं। फूलन देवी, मीरा ठाकुर और पुतली बाई आदि डकैत औरतों की पृष्ठ-भूमि पर ध्यान देने से यह स्पष्ट होता है कि परिस्थितियों के कारण महिलाएं ऐसे अपराध करने के लिए बाध्य होती हैं। सौतिया डाह, असफल प्रेम, चारित्रिक लांछन, सामाजिक तिरस्कार, पारिवारिक तनाव, बांझपन, प्रतिशोध की भावना के कारण महिलाओं ने अनेक अपराध विवश होकर अथवा क्षणिक आवेश में आकर किए हैं। अतः यह अत्यन्त आवश्यक है कि ऐसे अपराधों के बारे मे अन्वेषण जांच-पड़ताल महिला पुलिस अधिकारियों द्वारा की जाय। संयुक्त राज्य अमेरिका में 1967 में विधि प्रवर्तन तथा न्याय प्रशासन पर राष्ट्रपति आयोग की टास्कफोर्स के प्रतिवेदन के अनुसार वर्तमान, विधि प्रवर्तन में महिला पुलिस एक अमूल्य वरदान सिद्ध हो सकती है और इसलिए उनकी वर्तमान भूमिका का विस्तार किया जाना चाहिए। आज के विकासशील समाज में महिला पुलिस ऐसी भीड़ों को तितर-वितर करने में महत्वपूर्ण योगदान दे सकती है, जिनका नेतृत्व

महिलाएं कर रही हों अथवा जिनमें अधिकतर महिलाए हों।

भारत में किशोर अपराध व बाल-अपराध भी बढ़ रहे हैं। 1980 में भारतीय दण्ड संहिता के अन्तर्गत किशोर अपराध की संख्या 1970 के 27,226 से बढ़कर 55,125 हो गई। 1970 की अपेक्षा 1980 में जनसंख्या भारतीय दण्ड संहिता के अंतर्गत कुछ संज्ञेय अपराधों और किशोर अपराधों में क्रमशः 24.2 प्रतिशत, 37.8 प्रतिशत और 102.5 प्रतिशत की वृद्धि रही। 1980 में भारतीय दण्ड संहिता संबंधी कुल 55129 बाल अपराध हुए जबकि 1979 में केवल 46351 अपराध हुए थे। इस तरह एक वर्ष में किशोर अपराधों की संख्या में 15.9 प्रतिशत की वृद्धि हुई। अब 1980 में स्थानीय और विशेष नियमों के अन्तर्गत कुल 82893 अपराध हुए जो कि 1979 की 84894 की संख्या से 1.4 प्रतिशत कम हैं। भारतीय दण्ड संहिता के अन्तर्गत किशोर अपराध के कुछ आंकड़े इस प्रकार हैं :

सारणी 2

भारतीय दण्ड संहिता के अन्तर्गत किशोर अपराध

क्रम संख्या	वर्ष	भारतीय दण्ड संहिता के अन्तर्गत कुल किशोर अपराध	किशोर अपराधों के कुल संज्ञेय अपराधों से प्रतिशत	प्रति एक लाख जनसंख्या के पीछे किशोर अपराधों की संख्या प्रतिशत
1.	1973	27226	2.8	5.1
2.	1974	40226	3.4	6.9
3.	1975	39888	3.4	6.6
4.	1976	37015	3.4	6.0
5.	1977	44008	3.5	7.0
6.	1978	44284	3.3	6.9
7.	1979	46351	3.5	7.1
8.	1980	55129	4.2	8.3

(आंकड़े पुलिस विज्ञान, मार्च 1984, अंक 7 से)

सारणी 3

स्थानीय तथा मुख्य कानूनों के अन्तर्गत बाल अपराध

क्रम संख्या	अपराध शीर्ष	अपराध की संख्या 1979	1980	1980 में हुए कुल अपराधों में इन अपराधों का प्रतिशत
1.	शस्त्र अधिनियम	1127	1348	1.6
2.	अफीम अधिनियम	163	205	0.2
3.	जुआ अधिनियम	14748	18423	22.2
4.	उत्पादन शुल्क अधिनियम	2570	2447	3.0
5.	नशाबंदी अधिनियम	25969	29419	35.5
6.	विस्फोटक अधिनियम	34	28	नगण्य
7.	अनैतिक व्यापार दमन अधिनियम	1583	1033	1.3
8.	मोटर वाहन अधिनियम	1708	1852	2.2
9.	भ्रष्टाचार निवारक अधिनियम	—	5	नगण्य
10.	सीमा कर अधिनियम	—	—	—
11.	भारतीय रेलवे अधिनियम	2921	772	0.9
12.	अन्य अपराध	33271	27411	33.1
	योग :	84994	82893	100.00

बाल अपराध व किशोर अपराध को रोकने व उनके नियंत्रण में महिला पुलिस की भूमिका बहुत महत्वपूर्ण हो सकती है क्योंकि बच्चों के अपराधों को रोकने के लिए कारगर कदम उठाने के साथ-साथ प्यार, स्नेह, सही मार्गदर्शन तथा एक मानवीय व्यवहार की आवश्यकता है। अपराध के हो जाने के मामले में भी बाल अपराधियों के नाजुक तथा कोमल दिलो-दिमाग को देखते हुए उनके लिए सामान्य पुलिस नहीं बल्कि महिला पुलिस की व्यवस्था ही जरूरी है। बाल कानून व बाल कल्याण के क्षेत्र में पुलिस महिलाएं एक महत्वपूर्ण योगदान विदेशों में दे रही हैं तथा ऐसी ही भूमिका की अपेक्षा भारत में भी की जा सकती है। महिला पुलिस अधिकारियों को बाल-मनोविज्ञान की विशेष शिक्षा की आवश्यकता होती है। बाल अपराधियों के दिल अत्यन्त नाजुक, भावुक और

भोले होते हैं। इसलिए अपराध के मामले में भी उन्हें अपराधी महसूस नहीं कराना चाहिए वल्कि मनोवैज्ञानिक तरीकों से उन्हें सुधारने की कोशिश की जानी चाहिए।

दहेज संबंधी अपराधों की जांच-पड़ताल के संदर्भ में भी महिला पुलिस की भूमिका बहुत महत्वपूर्ण है। पुलिस महिलाओं की भूमिका बलात्कार तथा स्त्रियों पर किए गए अथवा स्त्रियों द्वारा किए गए अपराधों की जांच-पड़ताल में बहुत महत्वपूर्ण है।

फ्रान्स में महिलाओं की उपयोगिता "स्पेशल पुलिस जुवेनाइल यूनिटों" के लिए विशेष रूप से पाई गई। 1950 में पहले फ्रान्स में निवारक उपायों पर जोर दिया गया तथा समाज के लिए उत्पन्न खतरों को रोकने और परिवारों की सुरक्षा के उद्देश्य के सड़कों पर गश्तें लगाने के लिए तथा सामाजिक सेवा का कार्य करने के लिए भी महिला पुलिस अधिकारियों की नियुक्ति की गई। इस सामाजिक पुलिस ने पूरी पुलिस फोर्स के लिए एक उदाहरण पेश किया।

भारत में भारतीय पुलिस सेवा (आई. पी. एस.) में भी अनेक महिलाएं हैं। 1972 में श्रीमती किरण बेदी ने सबसे पहले भारतीय पुलिस सेवा में शुरुआत की। आजकल तो अनेक महिलाएं विभिन्न उच्च पदों को सुशोभित कर रही हैं। श्रीमती कचंन चौधरी, कुमारी मित्रा दुलारी, श्रीमती सूरज कौर मेहरा, श्रीमती माधवन, श्रीमती मंजरी जस्हार, कुमारी आशा गोपाल, रेणुका भाटिया, लतिका धर और श्रीमती जी. तिलकवर्ती कुछ प्रमुख महिला पुलिस अधिकारी है जिन्होंने विभिन्न क्षेत्रों में सराहनीय कार्य किया है। 1977 में श्रीमती दीपा मेहता, कंवलदीप देओल, श्रीदेवी गोयल का चयन भारतीय पुलिस सेवा में किया गया जबकि श्रीमती विमला मेहरा 1978 में भारतीय पुलिस सेवा में आई। अनेक महिलाएं आजकल पुलिस सेवा में आ रही हैं। श्रीमती अरुणा गिव्स, कुमारी कुमुद साहू, कुमारी अर्चना मिश्र, श्रीमती मीराचन्द बोरबकर अब पुलिस का जिला स्तर पर नेतृत्व कर रही हैं। राष्ट्रीय पुलिस अकादमी में इन सभी महिलाओं का प्रशिक्षण अन्य पुलिस अधिकारियों के साथ ही होता है। बड़े गर्व की बात है कि महिला अधिकारी भी पी टी. परेड, शस्त्र प्रशिक्षण, मुठभेड़ की लड़ाई, घुड़-सवारी, तैराकी, पर्वतारोहण आदि सभी विषयों में प्रवीणता प्राप्त करती है। 1980 में राष्ट्रीय पुलिस अकादमी में अक्टूबर माह में एक संगोष्ठी 'महिला पुलिस अधिकारियों की भूमिका व प्रशिक्षण' पर रखी गई थी जिसमें नौ महिला पुलिस अधिकारियों ने भी भाग लिया था। अभी तक भारतीय पुलिस सेवा में लगभग 23 महिलाएं भर्ती हो चुकी हैं जो ट्रेनिंग के बाद प्रशिक्षण, अन्वेषण, यातायात नियंत्रण, सुरक्षा तथा किशोर अपराधियों से निपटने के लिए भारत के विभिन्न राज्यों में कार्यरत हैं।

डिप्टी सुपरिन्टेन्डेन्ट (उप पुलिस अधीक्षक) के रैंक में महिला पुलिस अधिकारी, आन्ध्र प्रदेश, बिहार, हरियाणा, मध्य प्रदेश, महाराष्ट्र, उड़ीसा, पश्चिम बंगाल तथा दिल्ली में कार्यरत हैं तथा प्रशंसनीय ढंग से अपना उत्तरदायित्व निभा रही हैं। पुलिस निरीक्षक तथा अन्य पदों में जो संख्या महिला पुलिस की है उनके आंकड़े इस प्रकार है:—

सारणी 4

भारत के विभिन्न राज्यों में अराजपत्रित महिला पुलिस अधिकारियों की संख्या

क्र. सं.	राज्य/केन्द्र शासित प्रदेश	इंसपेक्टर	सब-- इंस्पेक्टर	असिस्टैंट सब-इंसपेक्टर	हवलदार	सिपाही	कुल
1	2	3	4	5	6	7	8
1.	आन्ध्र प्रदेश	1	5	—	15	32	53
2.	आसाम	—	19	6	20	233	278
3.	बिहार	2	3	4	11	252	272
4.	गुजरात	—	22	—	175	499	696
5.	हरियाणा	—	4	9	18	97	128
6.	हिमाचल प्रदेश	—	—	1	24	42	67
7.	जम्मू व कश्मीर	1	5	6	18	69	100
8.	कर्नाटक	—	23	—	47	242	312
9.	केरल	—	4	—	50	263	317
10.	मध्य प्रदेश	6	23	13	77	321	440
11.	महाराष्ट्र	15	122	—	266	914	1317
12.	मणिपुर	—	1	2	3	196	202
13.	मेघालय	—	—	—	—	—	—
14.	नागालैंड	—	3	9	—	5	17
15.	उड़ीसा	5	27	22	—	58	112
16.	पंजाब	7	9	1	25	156	198
17.	राजस्थान	—	18	4	15	113	150
18.	सिक्किम	—	6	—	3	—	9
19.	तमिलनाडू				71	625	775
20.	त्रिपुरा	1	8	12	—	99	120
21.	उत्तर प्रदेश	·········संख्या उपलब्ध नहीं···············					

22.	पश्चिम बंगाल	4	37	36	—	52	129
23.	अण्डमान-निकोबार	—	—	—	4	14	18
24.	अरुणाचल प्रदेश	—	—	—	—	18	18
25.	चंडी गढ़	—	3	2	2	20	27
26.	दादर-नागर हवेली	—	—	—	—	3	3
27.	दिल्ली	4	71	35	32	45	188
28.	गोवा, दमन, दीव	—	2	1	4	34	41
29.	लक्षद्वीप	—	—	—	—	—	—
30.	मिजोरम	—	4	—	—	44	48
31.	पाण्डिचेरी	—	2	—	2	10	14

नवम्बर 1985 के ऊपर दी गई तालिका के आंकड़ो से स्पष्ट है कि महाराष्ट्र राज्य में सबसे ज्यादा महिला पुलिस है। महाराष्ट्र की 1317 की तुलना में तमिलनाडु में 775 तथा गुजरात में 696 महिला पुलिस अधिकारी कार्यरत हैं।

महिला पुलिस के कार्यों की विवेचना से यह निष्कर्ष निकलता है कि मुख्यतः वे नीचे लिखित कार्य करती हैं :

1. शांति व व्यवस्था बनाए रखने संबंधी कार्य जिसमें अपराधों को रोकना भी सम्मिलित है।
2. महिलाओं तथा बाल अपराधों के विषय में अनुसंधान करना अथवा ऐसे अपराधों की जांच-पड़ताल करना जिससे स्त्रियों अथवा बच्चों को हानि हुई है। महिला अपराधियों तथा बाल अपराधियों की देख-भाल का कार्य।
3. सामाजिक अधिनियमों को पालन करानें का कार्य।
4. यातायात पुलिस (ट्रैफिक पुलिस) का कार्य विशेषकर बड़े चौराहों पर जहां स्कूल आदि हो अथवा जनता को रास्ता पार करना पड़ता हो।
5. पुलिस स्वागत कक्षों में अतिथियों व आगंतुकों की सेवा व सत्कार तथा उनको मार्ग दर्शन देना।
6. प्रशिक्षण केन्द्रों में प्रशिक्षकों तथा प्रबंधकों का कार्य। अनुसंधान केन्द्रों में पुलिस विषयों पर अनुसंधान कार्य करना।
7. किशोर अपराधियों के साथ कार्य तथा उन्हें मनोवैज्ञानिक रीति से सुधारना।
8. गुप्तचर विभाग में कार्य करना तथा गुप्त भेद (इन्टैलीजैन्स) प्राप्त करना।
9. पारिवारिक झगड़ों को निपटाना तथा पारिवारिक सलाह आदि की सामाजिक सेवा करना। समाज सेवी संस्थाओं के साथ समाज सेवा का कार्य करना।

10. पुलिस में जब महिलाऐं हिरासत में हो तो उनको सुरक्षा प्रदान करना तथा महिलाओं की तलाशी का कार्य करना। महिलाओं के इन्ट्रोगेशन (जांच-पड़ताल) के कार्य को करना तथा महिला अपराधियों को गार्ड करना।
11. पुलिस थानों पर लिखा-पढ़ी का कार्य करना तथा कन्ट्रोल रूम में आवश्यक रिकार्ड तैयार करना व सूचनाओं को एक अफसर से दूसरे अफसर तक तथा विभिन्न बेतार की मोटरों द्वारा गश्त टुकड़ियों से सम्पर्क बनाना।

राष्ट्रीय पुलिस आयोग ने अपनी पांचवीं रिपोर्ट के 42 वें अध्याय में महिला पुलिस के विपय में अनेक सुझाव दिए हैं। पुलिस के अन्वेषणात्मक कार्यों में महिला पुलिस की महत्वपूर्ण भूमिका हो सकती है तथा किशोर अपराध को रोकने के लिए "किशोर अपराध निरोधक" में महिला पुलिस शहरी क्षेत्रों में काफी कार्य कर सकती है। महिला पुलिस को सामान्य पुलिस का ही एक सम्यक अंग के रूप में कार्य करना चाहिए। राष्ट्रीय पुलिस आयोग की सिफारिशों के अनुरूप बस अड्डों पर, रेलवे स्टेशन पर, मजदूर बस्तियों में तथा झुग्गी-झोंपड़ी वाली गरीबों की बस्ती (स्लम्म्स) के क्षेत्र में दिन में पेट्रोलिंग (गश्त) का कार्य महिला पुलिस को दिया जा सकता है तथा यह न केवल अपराधी बालक व अपराधी महिलाओं को ढूंढ़ेगी बल्कि जनता से सम्पर्क स्थापित करेगी तथा महिला व बालक यात्रियों का मार्ग दर्शन भी कर सकेंगी। इस भूमिका से पुलिस की छवि सुधारने में मदद मिलेगी। महिला पुलिस का अच्छा उपयोग यातायात नियंत्रण में भी सफलता पूर्वक हो सकता हैं। विशेष रूप में स्कूल, बाजार, मेला, त्यौहार तथा अन्य ऐसी स्थितियों में जहां महिलाए व बालक बड़ी तादाद में आते-जाते हैं। आजकल जब बड़े शहरों में, विश्वविद्यालयों में तथा औद्योगिक प्रतिष्ठानों में महिला प्रर्दशन-कारियों का मुकाबला करना पड़ता है तब महिला पुलिस की अति आवश्यकता पड़ती हैं।

यदि हम विदेशों की महिला पुलिस के कार्यों व भूमिका की ओर देखें तो हम पाते हैं कि आस्ट्रेलिया, तसमानिया, जापान, मालावी में महिला पुलिस को रात में प्रयोग नहीं किया जाता है। इटली में महिला पुलिस के पास बहुत सीमित पुलिस अधिकार हैं तथा वे कानून व व्यवस्था संबंधी कार्य नहीं करती हैं। फ्रांस तथा ब्राजील में महिला पुलिस को कभी भी व्यवस्था बनाए रखने के लिए, उपद्रवी भीड़ से निपटने के लिए प्रयोग में नहीं लाया जाता है। कुछ विदेशी स्थानों में महिला पुलिस को ही कुछ अधिकार दिए जाते है। इंगलैंड,, आस्ट्रेलिया, बरमूडा, ब्राजील साइप्रस, कनाडा, फिनलैंड, फ्रान्स, ग्रीस, मलेशिया, फिलीपान्इस, श्रीलंका, जाम्बिया तथा संयुक्त राज्य अमेरिका में महिलाओं की तलाशी केवल महिला पुलिस अधिकारियों द्वारा ही ली जा सकती है। इंगलैंड, आस्ट्रेलिया, मालावी तथा ट्रिनीडाड में महिला कैदियों के गार्ड की ड्यूटी केवल महिला पुलिस अधि-

कारियों को दी जा सकती है। आस्ट्रिया, ईरान, तथा फिलीपाइन्स में महिला कैदियों के जेल में रहने पर महिला पुलिस ही मेट्रन नियुक्त होती है। आस्ट्रेलिया, हाँग-कांग तथा संयुक्त राज्य अमेरिका में उन सभी अपराधों की जांच-पड़ताल में जिनमें स्त्रियों अथवा बालकों के ऊपर कोई अपराध हुआ है, महिला पुलिस अधिकारियों द्वारा अनुसंधान कार्य में शामिल होना अनिवार्य होता है। ज्यादातर देशों में महिला पुलिस को सामान्य पुलिस का ही अंग माना जाता है तथा उन्हें कोई अलग से इकाई अथवा खण्ड (ब्रांच) के रूप में नहीं माना जाता है। कुछ देशों में महिला पुलिस की विशेष टुकड़ियां अथवा विभाग बनाए गए हैं तथा उन्हें सीमित कार्य ही दिए जाते हैं जैसे फ्रान्स व फिनलैंड में महिलाओं तथा बालकों संबंधी कुछ अपराधों की जांच करने के लिए एक अलग से विभाग बनाया जाता है जो कुछ सीमित कार्यों को ही करता है। महिला पुलिस को अपने विशेष उत्तरदायित्व को पूरा करने के लिए योग्य बनाने के लिए विशेष प्रशिक्षण भी आवश्यक हो जाता है। इंगलैण्ड में महिला पुलिस का प्रशिक्षण पुरुष पुलिस के समान ही रहता है। केवल उन्हें महिला अपराधियों की तलाशी तथा देखभाल के लिए कुछ विशेष शिक्षा प्रदान की जाती है। जापान में महिला पुलिस का प्रशिक्षण 6 माह में होता है जबकि पुरुष पुलिस का प्रशिक्षण एक साल का होता है तथा विषयों में भी काफी भिन्नता रहती हैं। इटली में महिला व पुरुष पुलिस प्रशिक्षण की अवधि तो एक ही है परन्तु विषयों तथा पाठ्यक्रम में काफी अन्तर है।

कनाडा में महिला पुलिस का शारीरिक प्रशिक्षण पुरुष पुलिस से सरल व कम परिश्रम वाला है। श्रीलंका में महिला पुलिस को शस्त्र का प्रशिक्षण तथा भीड़ को तितर-बितर करने के प्रशिक्षण को कम कर दिया जाता है तथा मनोविज्ञान पर ज्यादा जोर दिया जाता हैं। इंगलैण्ड की भांति भारत में महिला पुलिस अधिकरियों का प्रशिक्षण पुरुष पुलिस अधिकारियों के समान ही होता है। महिला पुलिस की उपयोगिता बहुत बढ़ सकती है यदि महिला पुलिस को विशेष प्रशिक्षण समाज सेवा आदि पर दिया जावे तथा बालक अपराधी तथा महिला अपराधी की तलाशी, जांच-पड़ताल तथा उन्हें गलत मार्ग से सही मार्ग पर लाने के लिए मनोवैज्ञानिक तरीकों से सुधार लाने का विशेष प्रशिक्षण दिया जावे।

महिला पुलिस का प्रशिक्षण पुरुष अधिकारियों के साथ उसी प्रशिक्षण केन्द्र में होने के लिए राष्ट्रीय पुलिस आयोग ने सिफारिश की है। अभी महिला पुलिस की औसत संख्या 0.4 प्रतिशत हैं। आशा की जाती है कि देश की आवश्यकताओं को देखते हुए तथा बाल अपराधी व महिला अपराधियों की बढ़ती हुई संख्या को देखते हुए

महिला पुलिस की भारत में धीरे-धीरे संख्या बढ़ेगी तथा वे अपनी सही भूमिका निभा सकेंगी। एक विकासशील समाज में महिला पुलिस की बड़ी संख्या में आवश्यकता है ताकि वे अपने उत्तरदायित्व व विशिष्ट कार्यों को ठीक से कर सकें। कम से कम महिला पुलिस का अनुपात राज्य पुलिस की कुल संख्या का 10 प्रतिशत अवश्य होना चाहिए तभी महिला पुलिस प्रभावशाली ढंग से कार्य कर सकती है तथा पुलिस की छवि उभर सकती है।

अध्याय 8

आतंकवाद तथा आतंकवाद के विरुद्ध पुलिस की भूमिका

आतंकवादियों के कार्य को आज विश्व एक आकर्षक कार्यविधि (एक्ट) प्रदान करता है। जे. ब्युवर वेल के कथनानुसार, "आज हम जिस संसार में रह रहे है वह ऐसे सम्भव तकनीकों को उपलब्ध करा रहा है जो आतंक के चुम्बकत्व से आर्कषित्त हैं तथा विध्वंसकारी मिश्रित आतंकवादी लक्ष्यों की ओर आर्कषित करते हैं। हम ऐसे युग में रह रहे है जिसमें हिंसा का विस्तार हुआ है तथा उससे संबंधित लक्ष्य को और भी घातक बना दिया है। विश्वमंच पर आतंकवादियों का प्रभाव और भी दुष्कर(कठिन) तथा घातक बनगया है।" आतंकवाद एक विश्वसनीय स्वीकृति है, जो आतंकवादी सिद्धान्त में देखी जा सकती है और हम वास्तविक रूप में अपने आप को आतंक युग में उपस्थित पाते हैं। विज्ञान, तकनीक, विकास की बढ़ती हुई विकसित परिवहन एवम् संचार व्यवस्था, छिपे हुए आधुनिक छोटे-छोटे हथियारों की उपलब्धता, दूरदर्शन, सूचना माध्यमों तथा प्रकाशनों के द्वारा बहुत अधिक प्रसार ने आज के समाज को आतंकवादियों की कार्यविधि से और भी अधिक भयभीत बना दिया है। आतंकवाद एक हिंसात्मक व्यूह रचना है, जिसमें बल का जान-बूझकर दुष्प्रयोग (बुरा) किया जाता है तथा उसके उपयोग की धमकी भी दी जाती है। आतंकवाद में आतंक का मिला-जुला प्रयोग किया जाता है, जिसमें निम्नांकित तथ्य मिले रहते है :

1. ग्राहक (सिद्धान्तों को समझने वाला)
2. ग्राह्यता ।
3. हिंसात्मक कार्यविधि या हिंसात्मक धमकी ।
4. मानवीय या अमानवीय लक्ष्य।
5. प्राथमिक तथा द्वितीय लक्ष्य।
6. दुर्वटित या विघटित समुदाय एवं
7. उपयुक्त व्यवहार या प्रतिक्रिया। ऐसे आतंकवाद के परिणाम प्राथमिक लक्ष्य को अपने व्यवहार से प्रभावित करते हैं, जिसकी प्रतिक्रिया भी अपेक्षित है, जिससे उसका विपरीत असर होता है।

सामान्य रूप में आतंकवादी अपने संघर्ष में (कठिन कर्म का प्रवेश) हिंसा का प्रयोग आतंक उत्पन्न करने के लिए करते हैं। कोरोपोटकिन ने लिखा है कि आतंक एक प्रकार का अभिलेख (रिकार्ड) है, क्योंकि जब बम फटता है तब वह किसी भी व्याख्यान या चित्र की अपेक्षा जनमानस पर प्रभावशाली असर डालता हैं। आतंक का अर्थ है, डर और भय से मुक्त उच्चस्तरीय मन को प्रभावित करने वाली स्थिति व आतंकवादियों के इस तरीके के समक्ष डर से समर्पण की स्थिति का होना। आतंकवाद के स्वरूप में भिन्नता का अध्ययन करते हुए यह पाते हैं कि आतंकवाद एक संगठित हिंसा हैं, जो केवल भय एवं डर पैदा करने के उद्देश्य से की जाती है। जीवन, शारीरिक सुख,राज्य कर्मचारियों की स्वतंत्रता, सार्वजनिक सम्पत्ति के बचाव और मानव जीवन के विरोध में किए गए बलात् हिंसा के कार्य से आतंकवाद का संबंध है। समाज विज्ञान के वृहद (बड़े) शब्दकोश के अनुसार आतंकवाद एक संगठित समूह दल या पार्टी के द्वारा योजनाबद्ध तरीके से अपने उद्देश्य की प्राप्ति के लिए किया गया हिंसात्मक कार्य हैं। राजनैतिक उद्देश्य की प्राप्ति के लिए धमकी और हिंसा का वास्तविक प्रयोग ही आतंकवाद है। आतंकवाद राजनैतिक हिंसा का वह रूप है जिसमें सफलता प्राप्त करने के लिए कुछ कर्मठ कार्यकर्ताओं तथा साधनों की आवश्यकता होती है। आतंकवाद के मुख्य तीन आधारभूत तत्व इस प्रकार हैं :

1. आतंकवादियों के द्वारा हिंसा को एक क्रमबद्ध हथियार के रूप में प्रयोग करने का निर्णय लेना।

2, सबसे नजदीक में उपस्थित पीड़ित व्यक्ति, अघाती समूह और जनसमूह को धमकी देना तथा सामान्य हिंसा से अधिक हिंसात्मक बल के प्रयोग द्वारा उन्हें प्रभावित करने का कार्य।

3. राष्ट्रीय तथा अन्तर्राष्ट्रीय स्तर पर आतंकवादी प्रभाव दिखाना है। (पाल विलकंसन—टेरेरिस्ट मूवमेंट" पृष्ट, 99)

आतंकवाद का सिद्धान्त उनसे संबंधित है, जिनके विरोध में आतंक पैदा किया जाता है। इसमें वे सभी तरीके सम्मिलित हैं जैसे—धमकी देना, भय दिखाना एवं वैसी परिस्थिति उत्पन्न/पैदा कर देना जिनसे आतंक फैल जाए। इसमें धमकाने/डराने के तरीकों का उपयोग किया जाता है, जिससे आतंक उत्पन्न हो जाए। "जार्डन पोस्ट ने आतंकवाद की परिभाषा में यह कहा है कि अपने राजनैतिक लक्ष्य की प्राप्ति के लिए आतंकवादी हिंसा को एक हथियार के रूप में प्रयोग करते हैं, जिससे कि उनके प्राथमिक लक्ष्य या आतंकय के प्रभाव में आए समुदाय डर और धमकी के कारण अपने व्यवहार में इस तरह का परिवर्तन कर देते हैं जिससे कि उन्हें उनके उद्देश्य को प्राप्त करने में सफलता मिल जाती

है। केन्द्रीय गुप्तचर विभाग, अमेरिका, के आकड़ों के अनुसार वर्ष 1963 से 1980 की अवधि में पूरे संसार में आतंकवादियों द्वारा मारे गए तथा घायलों की संख्या निम्नानुसार है :

वर्ष	मृतकों की संख्या	घायलों की संख्या
1968	35	208
1969	64	202
1970	131	212
1971	36	227
1972	157	413
1973	127	551
1974	344	1100
1975	276	748
1976	415	920
1977	261	461
1978	442	690
1979	738	664
1980	642	1078

आतंकवादियों द्वारा अपहरण, बन्धक बनाना, पत्र बम, आग उगलने वाले बम, फूटने वाले बम, हथियारों द्वारा आक्रमण, हवाई जहाज का अपहरण, समुद्रीय और भूमिय परिवहन वाहनों का अपहरण, हत्या, तोड़-फोड़, विदेशी प्रदूषण, धमकी, सेंध लगाकर चोरी, षड़यंत्र, छिपकर आक्रमण करना, पुलिस के साथ मुठभेड़, हथियारों की कालाबाजारी, इत्यादि आतंकवादियों के विश्व में मुख्य कार्य हैं।

श्री रेमोण्ड ऐरोन के अनुसार जब आतंकवादियों के हिंसात्मक कार्य पूर्णतः शारीरिक प्रहार के रूप में किया जाता है, तब उसका बहुत अधिक मनोवैज्ञानिक प्रभाव जनसामान्य पर होता है। आतंकवादियों को मानवतावादी सिद्धान्त की सीमा में रहते हुए हिंसा करने में विश्वास नहीं है। वे किसी भी साधन का प्रयोग करते हैं और अपने क्रान्तिकारी उद्देश्य की पूर्ति के लिए बच्चों तथा, तटस्थ जन-समुदाय की भी हत्या कर देते हैं, जिससे उन्हें उनके उद्देश्य में सफलता प्राप्त करने में किसी प्रकार की बाधा उत्पन्न न हो।

आतंकवाद को निम्नलिखित मुख्य पांच तथ्यों की सहायता से समझा और विश्लेषित किया जा सकता है :

1. प्रलोभन (लालच)
2. सामर्थ्य

3. भयंकरता
4. अभिप्राय (उद्देश्य)
5. वैधानिक स्वरूप

एक विश्लेषक जो कि आतंकवाद को विश्लेषित करने में रूचि रखता है, यह पूछ सकता है कि कौन-सी राजनैतिक घटना, आर्थिक परिस्थिति, सामाजिक उत्थान तथा सैन्य तरीके आदि आतंकवादियों के प्रलोभन का सहारा हो सकते हैं। आतंकवादियों की क्षमता में उनके कार्य कौशल, मौलिक समर्पण, सहायक सहानूभूति रखने वाले तत्व, प्रेरणा का स्तर हठधर्मिता जनसमर्थन का स्तर, संगठनात्मक एकता, लगाव, अन्तर्राष्ट्रीय समर्थन, वाहन जैसे साधन इत्यादि की आपूर्ति, उत्तेजक पदार्थ एवं राशि सम्मिलित किए जा सकतेहै। आघातन में सम्पूर्ण समाज की शक्ति, उसकी दुर्बलता, लक्ष्य की भौतिक सुरक्षा, लचीलापन, समाजिक, राजनैतिक प्रणाली की ग्राह्यता को मिलाया जा सकता है। आतंकवादियों के लक्ष्य में महत्वपूर्ण ब्यक्ति, पुल, सड़कें, रेल की पटिरयां, हवाई अड्डे, महत्वपूर्ण भवन, वायुयान, काफिले तथा अणुशक्ति संस्थान आदि रहते है। आतंकवादियों की वर्तमान क्षणिक इच्छाएं उनके वृहद मानवीय अन्तदृष्टि को अंधा बना देती हैं।

इसके उद्देश्य में मुख्यतः प्रलोभन के प्रति अधिक लगाव और आघात ही सम्मिलित हैं। लक्ष्य प्राप्ति के लिए विशिष्ट व्यूह रचना, दीर्घकालीन उद्देश्य, योजना आदि ही इसके मुख्य स्वरूप हैं। वैधानिक स्वरूप में सम्मिलित है देशान्तरवास (अन्य देश में बसने वाले) कानून, आयात-निर्यात कर अधिनियम तथा अन्य वैधानिक तथ्य जो आतंकवाद से संबंधित है। स्वदेशी साधन जो कि आतंकवादियों को वैधानिक ढंग से उपलब्ध हैं, तथा अन्तर्राष्ट्रीय सहायता जो उन्हें मिलती रहती है वह उनकी कार्य विधि में विशेष महत्व रखती है। आतंकवाद मानवीय प्रेरणा की कार्रवाई, भावना तथा लक्ष्य का एक ऐसा सूत्र है जिसे उपलब्ध कल्पना, व्याख्या एवं सिद्धांतों की सहायता से समझा नहीं जा सकता है। आतंकवाद के कारणों की जटिलता, विविध सैद्धांतिक आधार आतंकवादियों के पास उपलब्ध सामूहिक शस्त्र एवं युद्धकला आदि ऐसे तथ्य हैं जो आधुनिक समाज के लिए असाध्य रोग है जिसका निदान अल्पकाल के लिए तो किया जा सकता है किन्तु इसको जड़ से उखाड़कर फेंकना असंभव है। मौलिक रूप से आतंकवाद मनोवैज्ञानिक युद्ध-कला है। यह सशस्त्र युद्ध का ही एक स्वरूप है। यह एक राजनैतिक कूटशास्त्र है। कभी-कभीं आतंकवाद शहरी गुरिल्ला युद्ध कला का रूप दृष्टिगोचर होता है। आतंकवाद सैद्धांतिक योजना का एक औजार भी है। मारीवल्ला ने कहा है कि—"आतंकवाद क्रांतिकारियों का एक अमोघ (मुख्य) शस्त्र है जो कभी भी समाप्त नहीं हो सकता।" राजनैतिक आतंकवाद एक

हिंसात्मक धमकी है या हिंसा का एक क्रमबद्ध कार्य है जो किसी व्यक्ति, संगठन तथा राजनैतिक प्रणाली द्वारा छद्मवेश(छिपे हुए) साधनों के द्वारा किया जाता है या स्पष्ट राजनैतिक उद्देश्य की प्राप्ति के लिए उनके द्वारा किया जाता है। सामान्यत: आतंकवाद में निम्नांकित तत्व तथा विशेषताएं है :

1. आतंकवाद, आतंकवादी को तथा राजनैतिक उद्देश्य को प्रचारित करता है।
2. आतंकवाद, आतंकवादियों की सामर्थ्य (योग्यता) और उनके प्रहार को प्रदर्शित करता है।
3. आतंकवादी का कार्य आतंकवादियों से सहानुभूति रखने वालों के साहस को मजबूत करता है।
4. आतंकवाद शत्रु में घबराहट लाता है।
5. आतंकवाद का अंतिम लक्ष्य शत्रु को हत्तोत्साहित और शक्तिहीन (कमजोर) करना है।
6. विचारणीय है कि किसी विशेष परिस्थितियों में आतंकवाद, आतंकवादियों की राजनैतिक संधि में रूकावट ला सकता है ताकि लक्ष्य राष्ट्र को मित्र राष्ट्र सहायता नहीं कर सकेगा।
7. यह एक मनोवैज्ञानिक प्रभाव डालती है, बैरियों को धमका देती है तथा मित्रों को सबल बना देती है।
8. सामान्यतया आतंकवाद कुछ लोगों का या एक समूह का हथियार है, जो राजद्रोह के समय में अपना वृहद (बड़ा) आधार बना लेता है।
9. बिलकिनसन ने कहा है कि आतंकवादी स्वेच्छाचारी तथा अकथ्य (जिसके बारे में कुछ नहीं कहा जाए) होते हैं। ये अपने लक्ष्य का चुनाव बहुत ही सोच-समझकर करते हैं किसी विशेष परिस्थिति में ही ये अविवेकी व्यवहार करते हैं।
10. आतंकवादी अत्यन्त अलपसंख्यक होते हैं, और वे अपने बचाव के लिए संयुक्त समूह का गठन करते हैं। आतंकवादी किसी भी लक्ष्य की पूर्ति के लिए हत्या को अंतिम हथियार के रूप में प्रयोग करते है, जो युद्धरत विद्रोही अपलसंख्यकों के द्वारा-अपने उद्देश्य की पूर्ति के लिए प्रयोग में लाया जाता है। जहां उनकी शक्ति सरकार की अपेक्षा कम होती है वहां वे अपने अभियान कार्य में परिवर्तन कर सरकार में उलट-फेर करने का प्रयास करते हैं, क्योंकि उन्हें यह मालूम है कि खुले युद्ध में उनकी विजय का प्रश्न ही नहीं उठता।
11. बंधुवे (बंधक) आतंकवादियों का गठन देश के निवासियों से नहीं किया जाता है या उन्हें खुला ठेका नहीं दिया जाता है, बल्कि उनका प्रयोग केवल

डर पैदा करने के लिए किया जाता है।

12. आतंकवादियों का प्राथामिक उद्देश्य तोड़-फोड़ और बरबाद करना होता है, न कि किसी इलाके पर कब्जा करना या सरकार को चलाना।

सैन्य-शास्त्र के रूप में आतंकवाद के मुख्य तीन कार्य हैं

(अ) ये हत्याएं, बम विस्फोट आदि कर, सेना, सशस्त्र बल, पुलिस और जनसाधारण पर मनोवैज्ञानिक प्रभाव डालकर उन्हें हतोत्साहित करते हैं।

(ब) ये आम प्रयोग में आने वाली चीजें, संचार व्यवस्था तथा उद्योग आदि को विशेष लक्ष्य बनाकर उसकी तोड़-फोड़ कर भौतिक विघटन करते हैं, जैसे भवन, रेल, परिवहन के साधन इत्यादि की तोड़-फोड़ करना।

(स) आर्थिक क्रिया-कलाप में मनोवैज्ञानिक अनिश्चितता पैदा कर ये आर्थिक स्थिति को नुकसान पहुंचाते हैं।

श्री रोनाल्ड गोचर ने आतंकवाद का सार इस प्रकार बताया है :

"आतंकवादियों का लक्ष्य हत्या या सम्पत्ति का नाश करना नहीं है बल्कि विरोधी पक्ष की शक्ति को कम करना है या ध्वंस करना हैं"। एक मंत्री की हत्या होती है, उसके उत्तराधिकारी को चेतावनी मिलती है। एक सिपाही मारा जाता है तो दूसरे अन्य 10 सिपाही भयभीत होते हैं। बिजली की लाइनों की तोड़-फोड़ कर दी जाती है, इसका समाचार सम्पूर्ण देश में फैल जाता है। आतंकवादियों को शत्रु के सभी स्तरों में, जनधारणाओं में तथा विदेशों में एक सनसनीखेज विचारों की लहर पैदा करना मुख्य उद्देश्य होता है। इस आधुनिक युग में जन-संचार माध्यम, दूरदर्शन तथा समाचारपत्रों के द्वारा आतंकवाद जनसमुदाय के लिए एक मनोरंजन का साधन बन गया है। आज के युग में संसार के कुछ उच्छेप्त-खल उग्रवादी तत्वों के लिए दूरर्शन के मंच पर आने का प्रलोभन मात्र-अभिनय एवं प्रचार से संबंध रखता है और जन-सामान्य वास्तविक उत्पीडित (दुखी) के प्रति संवेदना नहीं रखता है, बल्कि उग्रवादियों के द्वारा किए गए नाटक का दर्शन करता है। आज के उन्मुक्त समाज में आतंकवादियों का क्रिया-कलाप समाचार का अभिन्न अंग बन गया है जो हमारे दैनिक जीवन को भी प्रभावित करता है। आतंकवाद के मुख्य नेता गण निम्नांकित उद्देश्य रखते है :

1. वे अपने सैद्धांतिक सूचनाओं का प्रसारण खासांतिकारी सिद्धांतों के पक्ष में करते हैं।
2. शक्ति सम्पन्न बल के रूप में अपनी पहचान तथा जनस्वीकृति प्राप्त करने हेतु और विदेशी सरकार से अन्तर्राष्ट्रीय दबाव डलवाने हेतु आतंकवादी कार्य करते हैं।

(3) अपनी शक्ति के आधार को विकसित एवं मजबूत करने के लिए समान विचारधारा वाले नये लोगों को आतंकवादी दल में सम्मिलित करते है।

(4) सरकारी प्राधिकार का हनन एवं स्थापना के प्रतिरोध में कार्य करते हैं।

(5) सरकार को अलोकप्रिय बनाने के लिए जनसामान्य को उकसाना, अवांछित कार्य करना तथा सुरक्षा बलों के विरोध में काम करना आदि कार्य होते हैं।

(6) जनसंचार माध्यम में प्रसिद्ध होना और अपने पक्ष में जनसमुदाय का समर्थन प्राप्त करना।

(8) सहायकों के विराधियों को आतंकित करना तथा सहायकों को बंदी बनाने व मृत्यु का बदला लेना।

आतंकवादी आन्दोलन के प्रमुख प्रकार

चार प्रकार के मुख्यतः प्रचलित आतंकवादी आन्दोलनो का वर्गीकरण निम्न प्रकार है :

(अ) यथार्थवादी, स्वराज्यवादी, जातीयतावादी एवं-अल्पसंख्यक वर्ग का आन्दोलन।

(ब) सिद्धांतवादी या गोपनीय समीतियां जो कि किसी प्रकार के क्रांतिकारी न्याय में विश्वास रखती हैं, उनके उदाहरण हैं—लाल सेना दल, जापानी लाल सेना।

(स) राष्ट्र बहिष्कृत या स्वराष्ट्रीय निराशा पर देशवासियों का बल, अपने देश से अलगाववादी और क्रांतिकारी विचारधारा वाला दल।

(द) दो या दो से अधिक देशों के सर्मपित अन्तर्राष्ट्रीय विद्रोही दल, अपने उद्देश्य की प्राप्ति के लिए संसार के देशों में नियुक्त आतंकवादियों का दल।

मुक्ति वाहिनी दल के रूप में आतंकवादी राष्ट्रीय सीमा का आतिक्रमण कर सीमा को पार करना निम्न उद्देश्य से करते है :

(1) हथियार, गोला, बारूद, उत्तेजक पदार्थ तथा अन्य साधनों की विदेशी सहायता प्राप्त करने हेतु।

(2) विदेशों में आतंकवादी कार्य करने हेतु।

(3) विदेशी सरकार की नीतियों को प्रभावित करने के प्रयास में।

(4) उपनिवेशवाद की समाप्ति की उत्कंठा (विचार से) लिए हुए आतंकवादी नवनिर्मित राष्ट्र के लिए स्वतंत्रता सेनानी बन जाते है।

विदेशी भूमि पर राजनेताओं के उपर आक्रमण, हवाई जहाजों के अपरहण, जमानत पर शुत्र देश को दिया हुआ व्यक्ति ग्रहण करना, जमानत पर दिए हुए व्यक्ति का संधि के लिए प्रयोग, अन्तर्राष्ट्रीय आतंकवादी दल का विभाजन

आज विश्वस्तर पर एक गंभीर समस्या बन गई है। प्रभुत्व के विघटन के कारण संसार की प्रमुख शक्तियों के मिलन में एक पूर्ण अभाव दृष्टिगोचार होता है तथा यही कारण अन्तर्राष्ट्रीय आतंकवाद को समाप्त करते में बाधा उत्पन्न करता है। यद्यपि सभी राष्ट्रों का आतंकवाद को समाप्त करने का समर्थन प्राप्त है परन्तु विश्व की प्रमुख शक्तियां अपनी सैन्य शक्ति के प्रसार के प्रलोभन से मुक्त नहीं हो पा रही है जिसके कारण राष्ट्रीय और अन्तर्राष्ट्रीय कानून एक विडम्बना मात्र रह गया है।

अन्तर्राष्ट्रीय आतंकवाद के आपसी संबंध के मुख्य तत्व हैं : सैद्धांतिक, आर्थिक तथा तकनीकी। सैद्धांतिक प्रेरणा के अलावा वे राष्ट्र जो किसी विशेष राष्ट्र की राजनैतिक प्रणाली में अस्थिरता पैदा करना चाहते हैं, वे आतंकवादियों को आधुनिकतम शस्त्र, प्रशिक्षण, सुचनाएँ, जाली अभिलेख/,दस्तावेज़ तथा मुद्रा से सहायता करते हैं। इसके उदाहरण अनेक हो सकते है। खालिस्तानी आन्दोलनकारी अपने सिख गृह-राज्य जिसे वे उत्तरी भारत में पाकिस्तान सीमा के पास एक सिख गणराज्य (राष्ट्र) के रूप में स्थापित करना चाहते हैं, उसके मुख्यालय विदेशों में स्थापित हैं। यह विश्वास किया जाता है कि उन्हें आर्थिक सहायता, प्रशिक्षण तथा आधुनिक हथियार विदेशी सरकारों के द्वारा प्रदान किया जा रहा है। आतंकवादियों को सहयोग प्रदान करने में अन्तर्राष्ट्रीय शक्तियां और उनके अन्य अभिकरण सैद्धांतिक प्रेरणा देने, आर्थिक सहायता, प्रशिक्षण और अन्य साधनों की आपूर्ति (पूर्ति करने में) में महत्त्वपूर्ण स्थान रखते हैं।

आतंकवाद की अवधारणा (विचार) बुद्धि और तर्क से अलग नहीं रही है, क्योंकि विजय और पराजय कुछ क्षण में ही आतंकवादी को स्वतंत्रता सेनानी या अपराधी के रूप में प्रदर्शित कर देती है, उदाहरणार्थः मार्शल टीटों, सुकरणो जैसे आतंकवादी स्वतंत्रता सेनानी के रूप में गिने जाने लगे और बतिस्ता, ईदी आमीन, पॉलपाट सब प्रकार से अपराधी के रूप में प्रसिद्ध हो गए। दूसरे शब्दों में आतंकवदियों के कार्य का आधार उसके परिणाम पर आधारित है, जो सदाचारी या अनाचारी देशभक्त या राजद्रोही सिद्ध कर देता है और अन्तर्राष्ट्रीय वातावरण तथा संचार माध्यमों के द्वारा, किया गया प्रचार आतंकवादियों को वास्तविक स्वरूप देता है। दुर्भाग्य की बात तो यह है कि आतंकवादियों के द्वारा ऐसी स्थिति पैदा कर दी जाती है, जिसके कारण जन-साधारण अपने आप को उन्हें (आतंकवादियों को)समर्पित कर देते हैं, उनके सिद्धांतों में विश्वास करने लग जाते है तथा उनके सहायक या सहयोगी भी बन जाते है। एक जनतांत्रिक प्रणाली वाली स्वतंत्र विचारधारा वाली सरकार को धार्मिक, जातीयतावादी, सांस्कृतिक, अल्पसंख्यकों के द्वारा एक होकर कहीं ऐसी आवाज न उठाई जाए जिससे कि वह सरकार अवांछित भय और उत्पीड़न देने वाली संज्ञा से विभूषित

हो जाए—इससे बचने के लिए एक लोकप्रिय/जनप्रिय सरकार किसी भी प्रकार के आतंकवादी कार्यकारी दल को दबाने या निर्मूल (समाप्त) करने के लिए तब तक प्रतीक्षा करती है जबतक कि उस राज्य की जनता बहुत अधिक हो-हल्ला या चीखना-चिल्लाना शुरू न कर दे। एक स्वतंत्र जनतांत्रिक समाज में आतंकवाद, सरकार के द्वारा किए गए सभी वैधानिक प्रयास, कार्यकारी व्यवस्था तथा न्यायसंगत व्यवस्था और न्यायिक माध्यमों को सरकार तथा सरकारी अधिकारियों द्वारा व्यवहार में लाने के बाद भी फलता-फूलता रहता है।

आतंकवाद के परिवर्तित स्वरूप

आतंकवादियों की कोई निश्चित कार्यविधि नही होती है तथा वह अलग-अलग कार्यों के अनुसार बदलती रहती है जैसे वायुयान अपहरण, मानव अपहरण, हत्या (प्रतिभूति), जमानत पर शत्रु के पास बंधक रखे गए व्यक्ति को स्वीकार करना, आग लगाना तथा बम या विस्फोटक पदार्थों से आतंक फैलाने आदि में जो आतंकवादी कार्य होगा वह अपने-आप में अलग-थलग होगा।

आतंकवादियों द्वारा सामान्यतः निम्नांकित तरीके अपनाए या प्रयोग में लाए जाते हैं :

(1)	आकाश में भय फैलाना :	विमान अपहरण।
(2)	पत्रों द्वारा भय फैलाना :	पत्र बम, मूढ़ फंदे (बूबी ट्रेप), विध्वंसक पार्सल आदि।
(3)	समाज के वस्तुवादी प्रतीकों का विघटन :	राष्ट्र के महत्त्वपूर्ण भवनों का विखण्डन (तोड़-फोड़), अचल संपत्ति का विनाश, राष्ट्रीय नेताओं की मूर्तियों को तोड़ना या उनके चेहरों को बिगाड़ना।
(4)	चुने हुए मुख्य राष्ट्रीय नेताओं, सरकारी कर्मचारियों समाज सेवियों की हत्या द्वारा भय फैलाना।	महत्त्वपूर्ण व्यक्ति, पुलिस अधिकारी और पुलिसकर्मी, सुरक्षा आधिकारी, सुरक्षा दल के सदस्यों आदि की हत्या इस वर्ग में आती है।
(5)	बन्धक प्रतिभू आदि की : पकड़ से भय फैलाना	राजनेताओं, महत्त्वपूर्ण व्यक्ति, उनके बच्चे, उनके परिवार के सदस्यों का अपहरण आदि।
(6)	शस्त्रागार एवं आयुध भण्डार आदि की लूट-खसोट से भय फैलाना।	इस वर्ग में बैंक की डकैतौ, कोषागार (ट्रेजरी) की लूट, शस्त्रागार तथा आयुध भण्डारों आदि की लूट तथा

बलात् अधिग्रहण (कब्जा) आदि आते हैं।

विध्वंसकारी तोड़-फोड़, लाभकारी अपहरण स्तंभित, (आश्चर्यचकित) करने वाली हत्याएं अमानुषिक, उत्तेजक पदार्थो का विस्फोट, वायुयान अपहरण आदि आतंकवाद की विभिन्न कार्यविधियां आज सारे विश्व में हो रही है। कुछ महत्त्व-पूर्ण आतंकवादी घटनाएँ गत वर्षो में भारत में घटित हुई है, वे इस प्रकार है :

(1) बरमिंघूम स्थित भारतीय दूतावास के एक उप उच्चायुक्त श्री रवीन्द्र हरेश्वर महात्रे का दिनांक 6.2.84, रविवार को करीबन 08.30 बजे अपहरण कर हत्या कर दी गई। कश्मीर मुक्ति सेना के आतंकवादियों (के.एल. ए.) को इस हत्या के लिए दोषी समझा जा रहा है।

(2) यह देखा गया है कि त्रिपुरा, नागालैंड, मिजोरम और मणिपुर के देश-द्रोहियों ने विविध प्रकार के आतंकवादी कार्य कर जनता, सरकारी कर्मचारियों,सशस्त्र बलों एवं उनके आपूर्ति कारवांओं(काँन्वाय)पर अनेकों बार सशस्त्र हमला किया है तथा घात लगाया है जिसमें अत्यधिक खून-खराबा और सरकारी सम्पत्ति का भी नुकसान हुआ। इस प्रकार के कार्य में आतंकवादियों ने बहुत-से व्यक्तियों का अपहरण किया है तथा बहुत-से व्यक्तियों को आतंक का फायदा उठाते हुए अपने दल में जबरदस्ती सम्मिलित किया है।

(3) विध्वंसकारी तोड़-फोड़ की घटनाएं न केवल देश के उत्पादन, आर्थिक स्थिति और मनोबल को गिराते हैं, बल्कि देश-वासियों में एक निराशा की भावना उत्पन्न करते हैं। आसाम के उपद्रवियों ने सन 1980 में पेट्रोलियम के प्रवाह नालियों को अस्त-व्यस्त कर दिया, तब देश को करीबन 30 लाख रुपये प्रतिदिन की क्षति हुई। नागा विद्रोहियों ने रेल यातायात व्यवस्था को विध्वंसकारी बमों से उड़ा दिया, जिससे अनगिनत निरपराध रेलयात्री मारे गए तथा घायल हुए।

(4) ग्रामीण आतंकवाद का प्रारम्भ नक्सलवादियों के द्वारा वर्ष 1967 में शुरू किया गया, जिसके प्रभाव से पश्चिम बंगाल, आन्ध्र प्रदेश, केरल, तमिलनाडू, विहार, पंजाब और उड़ीसा पीड़ित रहे। ग्रामीण निर्धनता की स्थिरता तथा भूमि हीन ग्रामीणों की अधिकता, नक्सलवादी ग्रामीण आतंकवादियों की प्रजनन भूमि है जो भविष्य में और भी बढ़ती रह सकती है।

ये ग्रामीण आतंकवादी एक निश्चित अन्तराल में किसानों, भूस्वामियों, तथा व्यापारियों से पैसे एकत्रित करते रहते हैं और अंधाधुंध हत्या तथा कष्ट देते रहते हैं। ग्रामीण क्षेत्रों में जाति एवं वंशगत भेदभाव के कारण निर्दयतापूर्ण हत्याएं होती हैं, जिससे असंख्य व्यक्तियों की मृत्यु होती है । ललित माकन एवं उनकी

धर्मपत्नी गीतांजली माकन, संत हरचंद सिंह लोंगोवाल और अर्जुन दास की निर्मम हत्या केवल 5 सप्ताह के अन्दर ही हो गई, जिसने इटली जैसे महान आतंकवादी देश को भी भारत ने इस कार्य में मात कर दिया । भारतीय आतंकवादियों ने निर्भीकतापूर्वक (निडर) अपने लक्ष्यों की पहचान और घोषणा की, उनका पीछा किया और तब अपनी सूची में लिखे नाम वाले प्रमुख व्यक्तियों तथा नेताओं को जब उनके द्वारा दी गई धमकी के प्रति असावधान पाया तब उसकी हत्या कर दी भयदंश (दहशत) के कारण कोई भी आतंकवादियों को रोक नहीं सकता । आतंकवाद अब एक खेल हो गया हैं, जो आन्तरिक तथा बाहरी शक्तियों के द्वारा दक्षतापूर्वक खेला जा रहा है, जो राष्ट्र में जनतांत्रिक अस्थिरता लाने में तल्लीन है। नक्सलवादी आतंकवादी एक सशस्त्र युद्ध को जारी रखते हैं और देश के बहुत से भागों में आतंक के मुक्त साम्राज्य को फैलाए रखते हैं। नक्सलवादी आतंकवादियों का मुख्य उद्देश्य भूस्वामियों, कर्जदाताओं, पुलिस और उनके मुखबिरों को समाप्त करना है। ये विद्यार्थी असंतोष भूवितरण असंतोष तथा निवाचन के बहिष्कार को अत्यधिक प्रोत्साहन देते हैं।

(5) माओत्सेतुंग ने यह देखा है कि : "आतंकवाद के विरोधियों को दबाने के लिए तथा समुदायिक जनाधिकार को फेंक देने के लिए यह आवश्यक है कि एक भय का साम्राज्य फैलाया जाए । नक्सलवादी तथा दूसरे आतंकवादी समूहों ने विभिन्न सबल प्रतियोगी आतंकवादियों तथा छोटे आतंकवादी समूहों के बीच हुए संघातक (भयंकर) युद्ध को देखा है। सरकार नियंत्रित आतंकवाद नियंत्रण केन्द्रों को बर्बाद करना, आतंकवादी साथियों का शुद्धिकरण, विरोधियों की समाप्ति, ब्लेक मेल तथा छीना झपटी आदि आतंकवादी संठगनों के बीच सामान्य घटनाएँ है।" इन दिनों छोटे-मोटे दर्जनों आतंकवादी और नक्सलवादी समूह (ग्रुप्स) स्वतंत्ररूप से कार्यरत है और कभी-कभी वे एक-दूसरे के उद्देश्यों को काटते हुए भी देखे गए हैं।

(6) जन-सुविधाएं तथा अन्य सामूहिक सेवाओं को अनिश्चित काल के लिए बहुत विस्तृत क्षेत्र में ठप करने (रोकने) का कार्य सामान्यत: आतंकवादी दलों द्वारा किया जाता है। माह अक्टुबर 1983 में उत्तर प्रदेश के ओवरा तापीय शक्ति गृह में आग का लगाना, रेल मार्गों के विस्फोट के बाद अम्बाला और लुधियाना मार्ग अवरुद्ध करना, जम्मू की ओर जाती हुई सियालदह एक्सप्रेस रेलगाड़ी को पटरी से उतरवा देना जिससे कि 18 यात्रियों की मृत्यु हुई और 150 यात्री घायल हुए आदि बहुचर्चित तथा सर्वज्ञात तोड़फोड़ तथा लोक सेवा को आतंकवादियों के द्वारा ठप करना आदि प्रमुख उदाहारण है ।

(7) लाभकारी बंधक बनाना तथा पैसों की छीना-झपटी, चंबल के बीहड़ो में सक्रिय दस्यु-दल का सर्वविदित काम है। सन् 1982 में अपहरण की 35

घटनाओं का उल्लेख है।

(8) श्रीमती इन्दिरा गांधी की निर्मम हत्या, पंजाब के लोकप्रिय पत्रकार और नेता श्री लाला जगत नारायण की जघन्य हत्या, अकाली नेता संत हरचंद सिंह लोंगोंवाल की शेरपुर गुरुद्वारा में उग्रवादियों के द्वारा निर्मम हत्या आदि आतंकवादियों द्वारा की गई ताजी घटनाएं है। सुरक्षा की सभी सम्भव व्यवस्था होते हुए भी प्रभावी नेता हत्या की धमकी में पराजेय रहे हैं।

(9) प्लास्टिक बम/बन्दूक में विस्फोटक चूर्ण, उच्च स्तरीय विस्फोटक टी. एन.टी.तथा विविध प्रकार के आधुनिक विस्फोटक अस्त्रों ने आतंकवादियों की आयुध सामग्री में विशिष्ट स्थान प्राप्त कर लिया है। भूतपूर्व केन्द्रीय रेल मंत्री श्री ललित नारायण मिश्र के अभिभाषण मंच को समस्ती पुर (बिहार) में इसी प्रकार के बम को गुप्त रूप से लगाकर उड़ाया गया, जिसमें श्री मिश्र घायल हुए और दानापुर आर्मी चिकित्सालय में जाकर काल-कवलित हुए (स्वर्गवास हुआ सन् 1980 में), करीब 34 बम-विस्फोट की घटनाएं आसाम में घटी, इस भांति सन 1982 के जून माह तक करीबन 200 बम विस्फोट की घटनाए हुई। पंजाब में सन 1983 के मई माह तक ऐसी करीबन 200 घटनाएं घटी।

(10) वायुयान का अपहरण, आतंकवादियों का एक मुख्य हथियार है। भारत ने अपने अनेकों वायुयानों के अपहरण की घटनाएं देखी है जैसे प्रथम भारतीयवायुयान फोकर फ्रेण्डशिप का दिनांक 30 जून 1971 को अपहृत किया गया। एयर इंडिया के जम्बो विमान का दिनांक 24.12.74 तथा बोइंग—737 जो बम्बई से दिल्ली की उड़ान पर था, उसका अपहरण दिनांक 10.9.76 को कर लिया गया। अब तक की सूचनाओं के आधार पर दुर्भाग्यवश आतंकवादियों ने करीबन दर्जनों विमानों का अपहरण सफलतापूर्वक कर लिया है। इस तरह के आतंकवादी कार्य से उन्हें विश्व स्तर पर पहचान तथा प्रचार मिलता है।

(11) आणविक (अणु बम) आतंकवाद सबसे आधुनिक तकनीकों में सम्मिलित है। अब यह विस्तृत रूप से स्वीकृत कर लिया गया है कि आतंकवादी दल विशेष रूप से बनाए हुए मोटे आणविक संसाधनों का प्रयोग कर सकते है और सम्पूर्ण मानवता को महान विनाश के गर्त में ढकेल सकते है। अणु बमों के संसाधनों के अन्तर्मुखी भय के कारण ये शस्त्र आतंकवादियों के लिए अधिक आकर्षक हैं। डा. रोबर्ट कूपरमैन जो संयुक्त राज्य अमेरिका के शस्त्र नियंत्रण एवं निःशस्त्रीकरण विज्ञान के प्रधान है, ने उद्घाटित किया है, कि कुछ आतंकवादी तत्वों के पास सन 1978 से ही टैंक विरोधी तथा जमीन से आकाश में मार करने वाले प्रक्षेपक-अणु-

प्रक्षेपक (हथियार) हैं। उन्होंने यह भी कहा कि कुछ जर्मन आतंकवादियों को नर्फ गैस या स्नायु वायु गैस को विएना में बेचते हुए पकड़ा गया। आधुनिक आतंकवादी सम्भवतः त्वरित (शीघ्र) मृत्यु के कीटाणु तथा अणुबमों को चुरा सकते हैं। अभी तक अणु आतंकवाद से भाग्यवश भारत मुक्त है, लेकिन इसकी धमकी को नकारा नहीं जा सकता। आतंकवादी कार्य विधि में अनेक प्रकार की नई विचित्रताएं दृष्टिगोचर हुई हैं। सितम्बर 1985 को दिल्ली रेलवे स्टेशन के पास आतंकवादियों ने ट्रांजिस्टर बम रखा, जिसे कुछ लोगों ने ट्रांजिस्टर समझकर छेड़ा और वह विस्फोटित हो गया, जिसके कारण तीन व्यक्ति घटनास्थल पर ही मारे गए तथा एक घायल हो गया। 22 सितम्बर 1985 को पंजाब के आतंकवादियों ने करीबन 7 स्थानों पर इसी प्रकार के बमों को रखा, जिससे 3 लड़कियां मरी और 6 बसों को नुकसान हुआ। इस प्रकार के बमों के विस्फोट की अमृतसर,बटाला,दीनानगर, धारीवाल, भागोवाल (गुरुदास पुर जिला),तलवण्डी साहिब (भटिण्डा) और फरीदकोट में एक साथ ही घटने की सूचना मिली। आज जब आतंकवादियों की तकनीक एवं तरीकों में परिष्करण की वृद्धि हो रही है तब इसका प्रसार स्थानीय, क्षेत्रीय, राष्ट्रीय और अन्तर्राष्ट्रीय स्तर पर और अधिक हो गया है। आतंकवाद के कुछ सामान्य लक्षण निम्नांकित हैं :

(अ) अधिकतर आतंकवादी आक्रमण पहले करते हैं, जिसमें वे अपनी बन्दूक को उछालते हैं, जिसका कि उन्हें तत्काल लाभ हो।

(ब) आतंकवादी अपने प्रदर्शनकारी रण-कौशल का प्रयोग पीड़ित की तुरन्त हत्या कर देने से प्रदर्शित करते हैं, जिससे वे सरकार पर अपनी श्रेष्ठता दर्शा देते हैं।

(स) आतंकवाद एक भयकारी धमकी का सृजन करता है, जिसमें बंधक बनाना, कष्ट देना, खून-खराबी करना तथा विध्वंस करना आदि क्रिया बड़ी ही और अस्पष्ट होती है, जो पीड़ित के व्यवहार को इच्छित (चाही गई) दिशा में ले जाने के लिए सहायक होती है।

(द) आतंकवाद सामान्यतः एक सामूहिक क्रिया कलाप है।

(य) आतंकवादी असावधान पीड़ितों (व्यक्तियों) के ऊपर प्रहार करते हैं क्योंकि उनका कार्य एक अनहोनी और उत्तेजक कार्य होता है।

(र) आतंकवादी मनोवैज्ञानिक भय पैदा करते हैं, हिंसा का कार्य सामान्यतः उनका अंतिम उपाय होता हैं।

(ल) आतंकवादी प्रचार में विश्वास करते हैं और अपनी सुरक्षा के प्रति सावधान रहते हैं।

(व) आतंकवादी अपने लक्ष्य के प्रति हमेशा चुनाव प्रिय होते है तथा कोई भी लक्ष्य उनकी पहुंच से बाहर नहीं होता है और कोई भी व्यक्ति उनके लिए खतरनाक नहीं होता है।

आतंकवाद के विरुद्ध पुलिस की कार्रवाई:

आतंकवादियों ने सुरक्षा बल तथा पुलिस तत्व के लिए संसार में विशेष ढंग से समस्याएं एवं कुंठा (घबराहट) पैदा कर दी है। बहुत सी परिस्थितियां, आवश्यकताएं जो कि वास्तविक या काल्पनिक है, वे आतंकवादियों को प्रेरित करती है, उन्हे, समाप्त करने का प्रयास करना चाहिए। सरकार के पास बहुत से तरीके है, जिससे प्रचलित आतंकवाद को छोटे से छोटे स्तर की तह में जाकर उसकों समाप्त किया जा सकता है।

आतंकवाद नागरिक स्वतंत्रता की अवहेलना करता है और राजनैतिक तथा समाजिक व्यवस्था की समाप्ति के लिए दुःख दर्द तथा दण्ड के वातावरण से समाज को पीड़ित रखता है। आतंकवाद का सिद्धान्त जनतांत्रिक नहीं है और यह नागरिक सुरक्षा के भाव की अवहेलन करता है। आतंकवादी शीघ्र निर्णय लेने वाले होते हैं और वे शिष्ट जनसमुदाय के प्रति किसी प्रकार की सहानुभूति नहीं रखते हैं। आतंकवादी समान्यतः उन्हें हताश करते हैं, जो निर्दोष शांतिप्रिय तथा उनके क्रिया-कलापों में भाग लेने से इंकार करते हैं। आतंकवाद अपने चुने हुए तरीकों से भय, दमन, धमकी, अव्यवस्था आदि पैदा कर समाज के समान्य जन-जीवन को अस्तव्यस्त कर देते है। आतंकवाद का स्वरूप प्रतीकात्मक है, यद्यपि इनके द्वारा पीड़ित किए जाने वाले व्यक्तियों की संख्या बहुत कम है, फिर भी इनके आतंकवाद का क्षेत्र बहुत विस्तृत होता हैं, जो मृत्यु तथा विध्वंश का रूप ग्रहण किए हुए होता हैं सामाजिक प्रचलन का विनाश ही आतंकवाद की सफलता का माप दण्ड नहीं है, बल्कि वह योग्यता भी है जो उस सामाजिक व्यवस्था को ढीला तथा कमजोर कर सकती हैं, जिसकी सुरक्षा का उत्तरदायित्व एक जनतांत्रिक प्रणाली से चुने हुए प्रतिनिधियों के ऊपर है। आतंकवाद आने आप में एक विशेष जनात्मक तथ्य नहीं है, अपितु यह प्रायः परिस्थिति अन्य युद्ध कौशल है जो किसी कार्य तन्त्र का नजदीकी आधार है। आतंकवाद को समस्या का समाधान प्रति आतंकवादात्मक, सुरक्षा व्यवस्था के घेरे (फ्रेमवर्क) से बाहर हैं। आतंकवाद की प्रतिक्रिया सामाजिक-आर्थिक तन्तुओं को दृढ़ करते हुए होनी चाहिए और मुख्यतः आर्थिक सुदृढ़ता पर विशेष ध्यान देना चाहिए:—

आतंकवाद को निम्नांकित तरीके बहुत हद तक नियंत्रित कर सकते है:—

(अ) हवाई अड्डों की सुरक्षा को दृढ़ बनाना तथा हवाई अपहरण को रोंकने के सभी तरीकों को अपनाना ।

(ब) गुप्तचर व्यवस्था का विस्तार और पराजेय लक्ष्यों की प्रत्यक्ष सुरक्षा व्यवस्था की जाए ।

(स) विशिष्ठ ईकाईयों का गठन जो आतंकवादियों के विरुद्ध कार्य कर सके और अर्ध-सैनिक बल जैसे केन्द्रीय निजर्व पुलिस वल, राष्ट्रीय सुरक्षा गारद तथा कमाण्डो आदि के प्रशिक्षण में विशिष्ट नवीनीकरण किया जाना चाहिए ।

(द) आतंकवादियों को समाप्त करने के लिए तथा आतंकवादियों के विरुद्ध युद्ध-कौशल को सुधारने के लिए राजनैतिक स्तर पर अन्तर्राष्ट्रीय सहयोग प्राप्त करना चाहिए ।

(य) क्योंकि आतंकवाद एक सामाजार्थिक समस्या है, इस लिए इसका निदान सामाजार्थिक स्तर पर "राजनीतिज्ञों" को साथ रखकर किया जान चाहिए ।

(र) आरक्षी बल अकेले ही आतंकवादियों की गतिविधियों को नियंत्रित नहीं कर सकते हैं, उन्हें उन सशस्त्र बलों की समयानुसार इच्छित गुप्त सूचनाएं देकर सहायता करनी चाहिए, जिन्हें श्रमित तथा उनके विरुद्ध कार्य करने के लिए नियुक्त किया गया हैं ।

(ल) आतंकवादियों से निपटने के प्रभावकारी संवैधानिक निर्देशों का सही अनु-पालन होना चाहिए ।

(व) विध्वंसकारी आतंकवादी परिल्थितियों से निपटने के लिए केन्द्र और राज्य स्तर पर आपातकालीन प्रभावी व्यवस्था दलों का संगठन किया जाना चाहिए, जो किसी भी परिस्थिति में पूर्ण सक्षमता से समयानुसार सक्रिय रह सके ।

आतंकवाद से सभी देश त्रस्त है, जिसमें ब्रिटेन, फांस, पश्चिम जर्मनी संयुक्त राज्य अमेरिका आदि हैं परन्तु आतंकवाद के संबंध में किसी भी देश में भ्रांति (गलत धारणा) नहीं है । फिर भी भारत किसी न किसी प्रकार से आतंकवाद की खतरनाक भ्रांति से ग्रसित हैं । यह सोचना गलत है कि एक से अधिक राज्य आतंकवाद की समस्या से मुक्त हैं और पंजाब में इसे क्षेत्रीय समस्या नहीं समझी जानी चाहिए । यह सामान्यतः बहुत से राष्ट्रों को प्रभावित कर देती है । आतंक-वादी किसी एक राष्ट्र के हो सकते हैं, उनकी सहायता कोई दूसरा राष्ट्र कर रहा हो, प्रशिक्षण किसी तीसरे देश में दिया जा रहा हो, उन्हें साज-समान तथा हथि-यार कोई चौथा देश दे रहा हो और वे किसी पांचवे राष्ट्र में आतंकवादी कार्य के लिए सक्रिय हो जैसे वे आतंकवादी जिन्होंने इजराइल के लाई हवाई अड्डे पर नर-संहार किया वे जापान के थे, उन्हें प्रशिक्षण कोरिया में दिया गया था, उन्होंने

हथियार इटली से खरीदा था, उनके लिए पैसे की व्यवस्था जर्मनी में की गई थी और उनके साथ सहनुभूति रखने वाले अरब देश थे।

यह सोचना भ्रांतिपूर्ण है कि आतंकवाद अपने सबसे खराब स्तर पर पहुंच चुका है और अब परिस्थितियां बदलेगी। आधुनिक तकनीक जैसे शक्तिमान प्लास्टिक उत्तेजक बम आदि बहुत ही अधिक खतरनाक साधन आतंकवादियों को उपलब्ध हो गए हैं, जिसका प्रयोग वे भविष्य में सामरिक (लड़ाई/युद्ध स्थानों) प्रतिष्ठानों पर भी कर सकते हैं। यह सोचना भी भ्रम है कि आतंवादियों से केवल सशस्त्र बल ही निपटेगें। वास्तव में आतंकवाद जनता के द्वारा गुप्तचरों के माध्यम से जन-चेतना को जागृत कर समाप्त करना पड़ेगा। यह सोचना भी खतरनाक है कि आतंकवाद वैसा अपराध है, जो सामान्य अपराध से अलग हैं। आतंकवादी सोच समझकर खतरा मोल लेते है।

उदाहरण के लिए पंजाब में एक दिन में 37 रेलवे स्टेशनों को जला दिया। पहले 19 महीनों के पंजाब आन्दोलन में 220 हत्याएं की गई, जिसमें 190 सिख थे। इसके ठीक विरीत 26 जनवरी 1985 के अंतिम 2 महीनों में 96 हत्याएं हुई, जिसमें से अधिकतर मरने वाले हिन्दू थे। पंजाब के आतंकवाद में बहुत सी चीजें आतंकवादियों के समान थी। उन्होंने जानबूझकर उन्हें बर्बाद किया जो निर्दोष और असहयोगी थे। वे धमकाते हैं, विरोधियों को दबाते है। वे रक्त-रंजित आतंकवाद से संबंधित होते है। आतंकवाद की प्रभाकरी व्यवस्था के लिए एक सम्यक सही रण-कौशल की तैयारी करनी पड़ेगी जिससे आतंकवाद पर नियन्त्रण और उसका सामना एक साथ सभी स्तरों पर किया जा सके। आतंकवादी और विध्वंसकारी क्रिया-कलाप बचाव अधिनियम 1985 के एक्ट अधिनियम संख्या 31 के अनुसारः—

(अ) आतंकवादी कार्य एवं विघटनकारी क्रिया-कलाय के लिए निवारक दण्ड का प्रावधान।

(ब) केन्द्र सरकार को ऐसे अधिनियम बनाने के अधिकार दिए गए हैं जिससे वे शीघ्रातिशीघ्र आतंकवावादी एवं विध्वंसकारी क्रिया-कलापों के निवारण हेतु कानून बना सके।

(स) आतंकवाद से संबंधित मुकदमों की शीघ्र सुनवाई एवं उन्हे निपटाने के लिए विशिष्ट न्यायालयों की स्थापना की जाएं।

आतंकवाद के नियंत्रण एवं निरोधन के लिए राष्ट्रीय प्रयास किए जाने चाहिए। आरक्षीय स्वरूप का नवीनीकरण करके उद्देश्य की प्राप्ति के लिए पुनर्गठित करना चाहिए। गुप्तचरीय संगठनों को पुनर्गठित करना चाहिए। आतंकवादियों के मुकदमों को जल्दी निपटाना चाहिए। आतंकवादियों के सहायक, उसकी कार्य विधि, उनके आर्थिक सहायता के सूत्र तथा उनके सहायकों के संबंध

में सूचनाओं के सन्दर्भों को संकलित करना चाहिए और इसके लिए आधुनिकतम वैज्ञानिक, तकनीक, कम्प्यूटर इत्यादि की सहायता ली जानी चाहिए। हवाई अड्डों पर विद्यु तीय एवं प्रत्यक्ष सुरक्षा कार्यविधि को बराबर सुधार करते रहना चाहिए। जनसामान्य की धारणा में संचार माध्यमों के द्वारा आतंकवादियों के विरोध में अत्युत्तम परिवर्तन करके उनके विरुद्ध सहयोगात्मक वातावरण का निर्माण करना चाहिए। जब तक आतंकवादियों के विरोध में दृढ़ राजनैतिक इच्छा शक्ति और पुष्ट सहयोगी जन आधार का निर्माण नहीं कर लिया जाता हैं तब तक जनतात्रिक पद्धति वाले राष्ट्र में कोई भी आरक्षीय दल या अर्द्ध सैनिक दल आतंकवादी निर्मूली करण (समाप्ती करण) अभियान में सफल नहीं हो सकता हैं। प्रभाव पूर्ण ढ़ंग से आतंकवादियों द्वारा निर्मित अनिष्ठ वातावरण को सामान्य करने के लिए उद्देश्य पूर्ण रणकौशल, आवासीय सुरक्षा, कार्यशाला सुरक्षा, व्यक्तिगत सुरक्षा, संक्रमण क्षेत्र की सुरक्षात्मक व्यवस्था, पर्यावरणिक (आस-पास) सहयोग (ट्रांजिट एरिया) जन-नेताओं, सरकारी कर्मचारीगण तथा महत्वपूर्ण व्यक्तियों की सुरक्षा के प्रति जागरूक एवं अन्तर्राष्ट्रीय सहायता की आवश्यकता हैं। आतंकवाद के इस असाध्य रोग (कैंसर) के उपचार के लिए प्रभावी आतंक विरोधी कानून और पूर्ण प्रशिक्षित आन्तरिक सुरक्षा बलों के अलावा राष्ट्रीय अंतर विवेक को आगृत करने की आवश्यकता है। आतंकवादियों को नियंत्रित एवं निर्मूल करने के लिए राष्ट्र की जनसंख्या के विशाल बहुमत का प्रदर्शन प्राप्त करना चाहिए।

आतंकवाद से निपटने के लिए पुलिस का प्रशिक्षण

आतंकवादी गतिविधियों से सक्षमता पूर्ण संघर्ष करने के लिए आरक्षीय अधिकारियों एवं आतंकवाद आतंकवाद विरोधी टुकड़ियों को विशेष रूप से प्रशिक्षित करना चाहिए। उनके प्रशिक्षण पाठ्यक्रम को इस तरह तैयार करना चाहिए जिससे उन्हें आतंकवाद के सिद्धान्तों तथा विभिन्न आतंकवादी क्रिया-कलापों के विरुद्ध अभियान संचालित करने का व्यवहारिक ज्ञान हो जाए। इस पाठ्यक्रम में निम्नलिखित विषयों का समावेश करना चाहिए :

(1) आतंकवाद का विकास
(2) लक्ष्य चयन
(3) आतंकवादी रण-कौशल
(4) संकट का अनुमान लगाना
(5) आधुनिकतम शस्त्रों का ज्ञान
(6) आधुनिकतम विकास रण-कौशलात्मक सामर्थ्य का ज्ञान।
(7) आतंकवादी समूहों के अनुसंधान का विश्लेषणात्मक तकनीक।
(8) आतंकवादी घटनाओं का प्रतिरोधात्मक प्रक्रिया का ज्ञान।

(9) आतंकवादियों से निपटने के लिए वैद्धा-आयुद्धों की उपलब्धता का ज्ञान।

(10) संकटकालीन व्यवस्था के अनुभवकरण का प्रशिक्षण।

आतंकवादियों के विरुद्ध लड़ने के लिए निम्नांकित विषयों का बाह्य प्रशिक्षण भी पाठ्यक्रम में रखना चाहिए:—

(क) विशिष्ट सैन्य प्रशिक्षण (कमाण्डो प्रशिक्षण)

(ख) नि:शस्त्र युद्ध प्रशिक्षण

(ग) परिस्थितिनुसार तीव्रतम गति से आतंकवादियों को प्रत्युत्तर देने के लिए शारीरिक सक्षमता प्राप्ति प्रशिक्षण।

संयुक्त राज्य अमेरिका के वार्जिनिया क्षेत्र में स्थित एफ० वी० आइ० अकादमी क्वान्टीकों में आतंकवादी समूहों के विरुद्ध लड़ने बाली टुकड़ियों-तथा विशिष्ठ उद्देश्य के लिए गठित बलों के प्रशिक्षार्थी आठ सप्ताह का एक पाठ्यक्रम चलाया जाता हैं। संयुक्त राज्य अमेरिका तथा ब्रिटेन में आतंकवादियों के विरुद्ध लड़ने वाले दस्तों के लिए जो रण-कौशल पाठ्यक्रम तैयार किए गए है तथा भारत में घटने वाली अधुनातन (नजदीकी) आतंकवादी घटनाओं में आतंकवादियों के द्वारा अपनाएं गए रण-कौशल का तुलनात्मक अध्यन करते हुए भारतीय वातावरण के अनुसार उपयुक्त आतंकवाद विरोधी टुकड़ियों को तैयार करने के लिए विशिष्ट पाठ्यक्रम तैयार करना चाहिए और उसी के अनुरुप/प्रशिक्षण क्रम को चलाना चाहिए। आतंकवाद की कार्य विधि के भविष्य के बारे में मूल्यांकन करना सदैव कठिन एवं विपत्तिजनक रहा है। बढ़ते हुए आतंकवाद की समस्या का/समाधान एवं उससे बचाव के प्रयत्न सरल नहीं दिखते हैं। आन्तरिक शांति और सुरक्षा तब तक प्रपंचात्मक रहेगी जब तक कि हिंसा, बाहरी तोड़-फोड और आतंकवाद को सफलता पूर्वक समाप्त नहीं कर दिया जाता है। अन्तर्राष्ट्रीय सहयोग एवं सद्भावना तथा आतंकवाद के विरुद्ध विविध दृष्टकोंण ही इसे संसार में दबा कर सकता है। एफ० बी० आइ० के निदेशक श्री विलियम वेवस्टर ने कहा है कि हम लोगों को यह निश्चित करने के लिए सही कदम उठाने चाहिए कि आतंकवादी अपने लिए संसार में ऐसे निरापद (सुरक्षित) स्थान का चुनाव न कर सके जिससे कि वे संसार के विभिन्न देशों में निर्वाध गति से फलते फूलते रहे। आतंकवादियों के विरुद्ध कार्य उसके ज्ञात लक्ष्यों को एक प्रभावी क्रमबद्ध सुरक्षात्मक व्यवक्षथा, सुरक्षा वलों एवं विशिष्ट कर्यो के गठित बलों के द्वारा करनी चाहिए। स्थानीय नि:शस्त्र पुलिस अधिकारी आतंकवादियों से अकेले निपटने में समर्थ नहीं हो सकते है। इसलिए इनके लिए विशिष्ट सुरक्षा बल जिसमें विशिष्ट सैनिक टुकड़ी (कमाण्डो), राष्ट्रीय सुरक्षा गारद और केन्द्रीय रिजर्व पुलिस बल

को उचित रूप में साधन सम्पन्न तथा प्रशिक्षित करना चाहिए।

आतंकवाद का भविष्य निम्नांकित चार तथ्यों पर आश्रित है :—

(1) वैज्ञानिक तथा तकनीकी वातावरण का आधार।

(2) आतंकवादियों की गतिविधियों पर उनके द्वारा ही प्रतिस्थापित (पैदा किया हुआ) दबाव लगाना।

(3) एक पूर्ण स्वायत्तता प्राप्त राष्ट्र के क्रिया-कलापों के विरुद्ध प्रतिरोधक कार्य करना।

(4) आतंकवादी गतिविधियों से बचाव का अन्तर्राष्ट्रीय दृष्टिकोण को व्यवहार में लाना।

समस्त विश्व स्तर पर आतंकवादियों के द्वारा रचे गए अन्तर्राष्ट्रीय आतंकवादी जाल को समाप्त करने के लिए संसार के बहुत से राष्ट्र "सा टेरर आपरेशन" की सहायता के लिए संयुक्त राष्ट्र को सूचनाएँ तथा सहायता प्रदान कर रहे हैं। विलियम कॉसे निदेशक सी० आइ० ए० ने अपने एक साक्षात्कार में कहा है कि आतंकवादियों से लड़ने के लिए जन-सहयोग एवं सहायता का मिलना बहुत महत्त्वपूर्ण है। एक उच्च स्तरीय प्रशिक्षण प्राप्त एवं उत्प्रेरित आरक्षीय बल तथा विशिष्ट सुरक्षा बल, आतंकवादियों के विरोध में प्रभावपूर्ण ढंग से बाजार, बस, रेलगाड़ी, सार्वजनिक स्थल और अन्य स्थानों में लड़ सकती हैं, यदि आतंकवाद विरोधी अभियान में उन्हें लाखों जन-सामान्य की सामयिक (समयानुसार) सहायता प्राप्त हो।

आतंकवाद के विरुद्ध पुलिस की भूमिका

आतंकवाद के विरुद्ध पुलिस की कार्रवाई एक कठिन चुनौती है जिसे पुलिस को स्वीकार करना पड़ता है। "बाद में इलाज से सावधानी बरतना अच्छा है', की कहावत इस विषय में उपयुक्त है। यदि पुलिस शुरू से ही सावधान रहे तथा जनता में आतंकवादी घटना के होते ही उनसे सतर्क हो जाय तथा आतंकवादियों के विरुद्ध शुरू-शुरू में ही कठोर तथा सम्यक कार्यवाही करे तो शायद आतंकवाद बाद में अपना विकराल रूप धारण नहीं कर पाएगा। पुलिस के इन्टैलीजैन्स विभाग तथा खुफिया विभाग का इस संबंध में काफी बड़ा उत्तरदायित्व हैं। प्रारम्भ से ही पुलिस की जागरुकता, सतर्कता तथा सही कार्रवाई से आतंकवाद को शुरूआत की स्थिति में ही निपटा जा सकता है जबकि उसको जनता का अधिक समर्थन प्राप्त न हुआ हो। असंतोष के कारणों तथा आतंकवाद के मुख्य आधार को यदि प्रारम्भ से ही राजनैतिक तथा आर्थिक स्तर पर सुलझा दिया जाय तथा साथ में पुलिस सही, कड़ी तथा समसामयिक कार्रवाई करे तो आतंकवाद की समाप्ति शुरू में ही की जा सकती है। खुफिया विभाग को जनता की मनः स्थिति,

बढ़ते असंतोष तथा आतंकवाद के प्रमुख नेताओं के विषय में पूरी जानकारी प्राप्त करना जरुरी है। यदि कोई विदेशी सत्ता की सहायता आतंकवादियों को प्राप्त हो रही हैं तो उसका स्त्रोत, सहायता की रीति आदि के विषय में पूरी जानकारी पुलिस गुप्तचर विभाग को प्राप्त करनी चाहिए तथा सरकार को तुरंत बता देना चाहिए।

सिविल पुलिस को आतंकवाद के विरुद्ध निम्नलिखित कार्रवाई करनी पड़ती है :—

(1) आतंकवादियों की कार्रवाई पर नज़र रखना तथा सरकार को सूचित करना।

(2) आतंकवादियों की कार्रवाई को नकारा करने के लिए सारे इलाके में गश्त लगाना तथा एक सुरक्षा का वातावरण तैयार करना।

(3) आदेश प्राप्त होने पर अथवा आतंकवादियों द्वारा कोई अपराध करने पर उन्हें गिरफ्तार करना।

(4) गिरफ्तार आतंकवादियों की कार्रवाई जो गैर कानूनी है, के विषय में पूरी जांच-पड़ताल तथा आवश्यक अनुसंधान करना तथा उनके विरुद्ध अदालत में मुकदमा चलाने के लिए पुलिस कार्रवाई पूरी करना।

(5) आतंकवादियों के विरुद्ध जो शिकायत तथा याचिकायें आती हैं उनके विषय में पूरी जांच-पड़ताल करना तथा आवश्यकता पड़ने पर कोर्ट को आवश्यक सूचना प्रदान करना।

(6) आतंकवादियों के द्वारा किए गए अपराधों को पुलिस रिकार्ड में लिखना तथा केस डायरी तैयार करना तथा बाद में कोर्ट में उनके विरुद्ध प्रमाण उपस्थित करना। आतंकवादियों के विरुद्ध जो भी सबूत आदि पुलिस जांच-पड़ताल में प्राप्त होते हैं उन्हें अदालत में मुकदमा चलने पर प्रस्तुत करना तथा आतंकवादियों के अपराधिक कार्रवाइयों का व्यौरा प्रमाण सहित प्रस्तुत करना।

(7) पुलिस का यह कर्तव्य है कि उन व्यक्तियों को सुरक्षा प्रदान करे जिन्हें आतंकवादियों ने अपने "हिट लिस्ट" (प्रहार सूची) में शामिल कर रखा है तथा उनको आवश्यक पुलिस गार्ड अथवा संरक्षण प्रदान करे।

(8) आतंकवादियों में जो कैदी बना लिए जाते हैं उन्हें एक स्थान से दूसरे स्थान अथवा जेल से अदालत ले जाते समय पूरी सावधानी बरतनी चाहिए ताकि आतंकवादी कहीं भाग न जाय।

(9) आतंकवादियों के जो नेता अथवा समर्थक छिपे हुए हों उनकी खोज

करना तथा उन्हें पकड़ कर कानून के हवाले करना ।

(10) यदि आतंकवादी अपनी आतंकवादी कार्रवाई कहीं करना चाहते हैं तो उनके विरुद्ध आवश्यक कार्रवाई करना और आतंकवादियों के इरादों को पूरा न होने देना तथा आवश्यकता पड़ने पर उन्हें गिरफ्तार करना, उनका पीछा करना अथवा उन्हें कार्रवाई न करने के लिए उपयुक्त पुलिस प्रबंध करना ।

पुलिस को जनता तथा समाचार माध्यम से भी पूरे सहयोग की इस कार्य में आवश्यकता है । अनेक अवसरों पर आतंकवादी अपनी कार्रवाइयां करने हथियारों से लैस होकर आते हैं तथा हथियारों का प्रयोग व्यक्तियों की हत्याओं के लिए करते हैं । ऐसे सशस्त्र आतंकवादियें से निपटने के लिए पुलिस को सशस्त्र पुलिस, केन्द्रीय रिजर्व पुलिस बल, सीमा सुरक्षा बल तथा अन्य पुलिस दलों की सहायता लेना पड़ता है । जब सशस्त्र आतंकवादी कहीं अपनी/हिंसात्मक कार्रवाई करते हैं तो उनसे निपटने के लिए सशस्त्र पुलिस का उपयोग भी अति आवश्यक हो जाता है । पंजाब में आजकल केन्द्रीय रिर्जव पुलिस बल तथा सीमा सुरक्षा बल द्वारा सिविल पुलिस को आवश्यक सहायता व सहयोग प्रदान करना पड़ता है ।जहां आतंकवादियों से मुठभेड़ करना पड़ता है वहां सशस्त्र पुलिस दलों के द्वारा ही उपयुक्त कार्रवाई की जा सकती है । आतंकवादियों की कार्रवाइयों को रोकने तथा उन पर नियंत्रण रखने के लिए सशस्त्र पुलिस को पूरी रण-कौशल का प्रदर्शन करना पड़ता हैं । समाचार माध्यम तथा विशेषकर संवाददाताओं से अच्छा संबंध पुलिस की कार्रवाई समर्थन में बहुत जरुरी हैं । सशस्त्र पुलिस को आतंकवादियों की नीचे दी गई कार्रवाइयों से निपटने के लिए तैयार रहना चाहिए तथा पहल करना चाहिए ताकि आतंकवादियों के खराब इरादे पूरे न हो सके ।

1. नृशंस हत्याएं व जनता पर आघात ।
2. विमान अपहरण व हवाई अड्डों के विरुद्ध आपराधिक कार्य ।
3. विस्फोटक पदार्थो का प्रयोग ।
4. तोड़-फोड़ तथा विघटन की कार्रवाइयां ।
5. महत्त्वपूर्ण व्यक्ति, राजनैतिक नेताओं की सुरक्षा को क्षति ।
6. बैंकों को लूटना व डकैती की कार्रवाइयां ।
7. कोषागार व शस्त्रागारों को लूटना ।
8. महत्त्वपूर्ण व्यक्तियों का अपहरण ।
9. महत्त्वपूर्ण अचल सम्पदा को क्षति पहूँचाना ।
10. विध्वंसक तोड़-फोड़ की कार्रवाई करना तथा रेल, सड़क अथवा औद्योगिक संस्थानों को क्षति पहुंचाना ।
11. जनसुविधाओं और सामूहिक सेवाओं में विघ्न डालने की कार्रवाई ।

12. पुलिस दलों पर आघात व सशस्त्र मुठभेड़ करना

सशस्त्र पुलिस तथा सिविल पुलिस को आतंकवादियों के विरुद्ध न केवल कार्रवाई करनी चाहिए बल्कि नागरिकों का सहयोग व समर्थन भी प्राप्त करना चाहिए। जनता आतंकवादियों के विरुद्ध दृष्टि साक्ष्य (आई विटनेस) के रूप में महत्वपूर्ण भूमिका निभाती है। परिस्थित्यात्मक साक्ष्य के एकत्रीकरण व आतंकवादियों के बारे में पुलिस को महत्वपूर्ण सूचनाएं जनता ही दे सकती हैं। आतंकवादी कार्रवाइयों के घटना स्थल की सुरक्षा एवं प्रत्यक्षदर्शी साक्ष्य (चश्मदीद गवाह) अत्यन्त महत्वपूर्ण पक्ष हैं जिससे पुलिस को बहुत लाभ मिलता है और आतंकवादियों के विरुद्ध अभियान में सहायता मिलती है। आतंकवादियों के छिपने का स्थान, उनका विवरण, अस्त्र-शस्त्र की सूचना, आने-जाने का मार्ग, आतंकवादियों द्वारा प्रयोग में लाए गए वाहन आदि की सूचना पुलिस जनता व नागरिकों के सहयोग से प्राप्त कर सकती है। अतः पुलिस को जनता का पूरा सहयोग व समर्थन प्राप्त करना चाहिए।

सन्दर्भ

1. पाल वालकिनसन— पालिटिकल टेरेरिज्म-लन्दन-1947 पृष्ठ 6.
2. जार्डन पोस्ट— टेरेरिजम एण्ड इन्टरनेशनल ला ऑफ वार मिलेट्री ला रिव्यू-स्प्रींग-1974-पृष्ठ-34.
3. कारलोस मारिवेला— मिनी मेन्यूअल आफ अरबन गुरिल्लाट्री—कन्टीनेन्टल हवाना-नवम्बर 1977 पृष्ठ, 4.
4. जाय मालिन— टेरेरिज्म एज ऐ मिलेट्री वेपन इन टेरेरिजम इन्टर डिसीप्लीनरी एप्रोच—एडीटर्स—वाव ऐलेक्जेन्डर एण्ड एस. एम. फिंगर-पृष्ठ, 100.
5. रोनाल्ड मेंचर— द टेरीरिस्ट—लन्दन—सीकर एण्ड वारवर्ग 1968 पृष्ठ, 298.
6. पी. के. एस. नाबुद्धी— न्यूकिल्यर टेरेरिजम.

———

अध्याय 9

विकासशील समाज की आंतरिक सुरक्षा की समस्याएँ तथा समसामयिक पुलिस की भूमिका

विकासशील समाज का सामान्य विचार :

भारत ने स्वतंत्रता प्राप्ति के बाद राजनैतिक, आर्थिक तथा सामाजिक क्षेत्रों में काफी विकास किया हैं तथा आज का भारतीय समाज एक विकासशील समाज की परिभाषा में अपना विशिष्ट स्थान रखता है। एक राष्ट्र के रूप में हम अनोखें संविधान से संबंधित हैं जिसमें एक प्रजातांत्रिक समाजवादी धर्मनिरपेक्ष समाज की स्थापना की गई है तथा नागरिकों को सामाजिक न्याय प्रदान करने की राज्य से आशा की जाती है। अब हमारे भारत में वयस्क मताधिकार पर आधारित संसदीय लोकतंत्र है जिसका संविधान प्रत्येक न्यायोचित अभिव्यक्ति और जमाव की हर स्वतंत्रता की प्रप्याभूति देता है तथा जिसकी सरकार उन्हें संरक्षित और संप्रवर्तित करती है। भारतीय संविधान राज्य की सुरक्षा, सार्वजनिक व्यवस्था, शिष्टता और नैतिकता को ध्यान में रखते हुए भाषण और अभिव्यक्ति, सम्मेलन, संस्था और संघ की स्वतंत्रता के अधिकार की प्रत्याभूति देता है । लोकतंत्रीय प्रणाली भारतीय राजनैतिक व्यवस्था की आधारभूत विशेषता है । लोकतंत्र को शक्ति उसे जनता द्वारा उपयोग किए गए अधिकारों से प्राप्त होती है तथा इसके बदले में जनता अपने अधिकारों का उपयोग तभी कर सकती है जब लोकतंत्र फलता-फूलता रहे । भारत के संविधान के अनुच्छेद 19 (क) (ख) के अधीन सब नागरिकों को शांतिपूर्वक और निरायुध एकत्र होने का अधिकार है। भारत के संविधान के अनुच्छेद 246 (3) का आधार लेकर कोई राज्य सरकार सार्वजनिक व्यवस्था बनाए रखने के लिए अधिनियम बना सकती हैं जिसके द्वारा अन्य उपबंधों के साथ-साथ आवश्यक आदेश जारी कर सकती हैं । विधि की दृष्टि से समाज व्यक्ति से ऊपर है और जहां दोनों के हितों में अन्तर हो, समाज के हितों को महत्व दिया जाना चाहिए। एक विकासशील समाज तकनीक तथा विज्ञान की सहायता से निरन्तर प्रगति करता रहता है । यदि हम आज के समाज की तुलना तीस-चालीस साल पहले के भारत से करे तो हमें अपनी प्रगति व विकास का अनुभव होता है । आज से कुछ दशाब्दियों पूर्व बिजली के जेनरेटर (जनित्र) और लैम्प नहीं थे, बायसाईकिल

और स्वचालित वाहन नहीं थे, टेलीफोन, फोनोंग्राम और चलचित्र इतनी अधिक मात्रा में नहीं थे, एक्सरे और सम्वेदनहारी दवाएँ नहीं थी, फ्रिज या धूल साफ करने के पम्प नहीं थे, टेलीविजन और मोटरें इतनी नहीं थी, गगन चुम्बी अट्टालिकाएं नहीं थी, इस्पात व अन्य औद्योगिक पदार्थों का इतना ज्यादा उत्पादन नहीं था, यातायात के इतने ज्यादा साधन नहीं थे। इन सभी प्रतीकों से हमारा विकासशील होना सिद्ध होता है। पिछले चार दशाब्दियों में हमारा जीवन स्तर ऊपर उठा है। हमारे उपयोग की मात्रा संख्यात्मक व गुणात्मक रूप में बढ़ी है। हमारे देश की साक्षरता की दर बढ़ी है। जीवन आयु का औसत बड़ा है। उत्पादन कृषि और उद्योग दोनों क्षेत्रों में बढ़ा है। शिक्षा के क्षेत्र में भारत ने बहुत अधिक प्रगति की है और 36.23 प्रतिशत जनता साक्षर हो गई है। पिछले चार दशाब्दियों में भारतीय समाज में भारी परिवर्तन के फलस्वरूप भारतीय समाज में प्राचीन परम्परागत संस्थाओं और मूल्यों में बहुत अधिक दबाव पड़ा है। जनसंख्या में अपार वृद्धि हुई है। सन् 1971 से 1981 मे जनसंख्या में 25 प्रतिशत की वृद्धि हुंई है। विज्ञान और प्रौद्योगिकी में विलक्षण प्रगति हुई है। प्राचीन नैतिक मूल्यों के प्रभाव में कमी के कारण व्यक्तिगत और सार्वजिनिक नैतिकता के स्तर में गिरावट आई है। शहरी क्षेत्र में प्रसार के कारण नए प्रकार के अपराध उत्पन्न हुए हैं। समाज के कुछ सशक्त और सम्पुट गुटों द्वारा समाज के दलित व दुर्बल वर्गों के अपने अधिकार और विशेषाधिकार प्राप्त करने के प्रयास में अड़चनें खड़ी की जा रही है। हिंसा भी कभी-कभी विकराल रूप धारण कर रही है। आर्थिक क्षेत्र में अनेक परिवर्तन आए हैं। देहाती तथा शहरी क्षेत्रों के बीच वर्गगत असमानता और असंतुलन उत्पन्न हुआ है। तेजी से शहरीकरण होने से गंदी बस्तियों की सख्या बढ़ी है। भारी उद्योगों की स्थापना और परिणाम स्वरूप औद्योगिक बल और मजदूर संघों का विकास हुआ है। सामाजिक व आर्थिक तनावों तथा प्रतिस्पर्धा के फलस्वरूप अनेक रूप से सामाजिक तनाव बढ़े है और साम्प्रदायिक, भाषायी, विद्यार्थियों द्वारा और औद्योगिक दंगे व हिंसात्मक प्रदर्शनों में वृद्धि हुई है। एक विकासशील समाज में बहुमुखी संघर्षों व तनावों का होना स्वाभाविक है। यदि कोई किसी विकासशील समाज का अध्ययन करे तो उसे विकास के द्योतक संघर्ष व सामाजिक तनाव भी अवश्य दिखाई देगें। जब हम समाचार पत्रों के पन्ने पलटते हैं तो हमें इस प्रकार के कुछ शीर्षक पढ़ने को अवश्य मिल जाते हैं। आतंकवादियों ने हत्या की, सम्प्रदायों के बीच-तनाव बढ़ा, बढ़ती कीमतों के विरुद्ध प्रदर्शन, बन्द, बिजलीघरों, अस्पतालों, स्कूलों में हड़ताल, वेतन वृद्धि को लेकर जुलूस, राजनैतिक दलों द्वारा बन्द का आवाहन, राजनैतिक प्रदर्शन, पिछड़ी जनजातियों की स्त्रियों के साथ अमानवीय व्यवहार, कारखानों के श्रमिकों व प्रबंधकों में तनाव

व बातचीत असफल, छात्रों द्वारा हिंसात्मक प्रदर्शन, आतंकवादियों द्वारा आपराधिक गतिविधि आदि। विकासशील समाज में आर्थिक व सामाजिक ढ़ांचा बदलने के फलस्वरूप संघर्ष के अनेक नए द्वार खुल जाते हैं। मुद्रास्फीति व बढ़ती हुई कीमतों से सर्वसाधारण में असंतोष आना स्वाभाविक सी प्रक्रिया हैं। खाद्यान्नों में मिलावट, नकली दवाईयों की बिक्री, कालाबाजारी आदि अनेक ऐसी आर्थिक परिस्थितियां है जो संघर्ष व असंतोष की जनक हैं। पिछले कुछ दशाब्दियों में कानून का सतत उल्लंघन तथा कानूनी प्रशासन के सिद्धान्तों को शनेः शनेः समाप्त करने की प्रवृति संसार के अनेक विकासशील देशों में दिखाई दे रही है। जैसे जैसे आर्थिक विकास की गति बढ़ती है उसी के अनुरूप परम्परागत अपराधों के स्थान पर नए-नए प्रकार के अपराधों का जन्म होता है। इन नए अपराधों में आबकारी, भ्रष्टाचार, मिलावट संबंधी अपराध तथा आतंकवाद जैसे नए अपराध सम्मिलित हैं। भारत जैसे विकासशील समाज में भाषावाद, क्षेत्रवाद आदि प्रश्नों को लेकर अनेक समस्याएं उत्पन्न होती रहती हैं, जिनका आसान समाधान सम्भव नहीं होता। स्वतंत्रता के बाद कई अवसर आए हैं जब केन्द्र तथा राज्यों में भी विरोध उत्पन्न हुआ। विकासशील समाज में पारम्परिक मान्यता और आर्थिक व सामाजिक व्यवस्था के टूटने के फलस्वरूप प्राचीन एवं नवीन के बीच खाई पैदा हो जाती है जो सामाजिक विघटन, अराजकता अथवा हिंसात्मक अवरोध उत्पन्न कर देते हैं जिससे सामान्य जन-जीवन अस्तव्यस्त हो जाता है तथा समाज के आन्तरिक सुरक्षा का ही प्रश्न उठ जाता है। आज के विकासशील सामाजिक ढ़ांचे की प्रमुख विशेषताएं यह हैं :

1. धर्म, भाषा, जाति के कारण आपसी संघर्ष।
2. नौ-जवानों का स्पष्ट बहुमत जबकि 58.6 प्रतिशत लोग पच्चीस साल से कम उम्र के हैं।
3. गरीबी का अधिक प्रभाव क्योंकि 37 प्रतिशत जनता गरीबी-रेखा से आज भी नीचे है।
4. बढ़ती बे-रोजगारी।
5. जनता का शहरों की ओर बढ़ना।
6. गरीबों में राजनैतिक जागृति व चेतना।
7. गरीबों में अपने अधिकार मांगने का उग्रवादी तरीका।

आन्तरिक सुरक्षा का सामान्य विचार :

किसी राष्ट्र, राज्य अथवा सार्वभौमिक देश को बाहरी तथा आन्तरिक रूप से असुरक्षा का भय हो सकता है। विदेशी राज्यों द्वारा युद्ध की घोषणा अथवा हमले से बाहरी सुरक्षा को भय हो सकता है तथा जिससे सुरक्षा प्रदान करने के लिए

स्थल, जल व वायु सेना सदैव तत्पर रहती है। किसी देश की आन्तरिक सुरक्षा का सामान्य विचार एक सार्वभौमिक राज्य सत्ता के आन्तरिक तथ्यों से पोषित तथा संरक्षित सुरक्षा व्यवस्था से है। आन्तरिक सुरक्षा के संकुचित दृष्टि से सामान्यत: नीचे दिए स्तर हो सकते है :

1. सार्वभौमिक राजसत्ता में रहने वाले सभी नर-नारियों की व्यक्तिगत सुरक्षा तथा जान माल की रक्षा।
2. सामाजिक व्यवस्था व संरचना का एक सम्यक रूप से सुरक्षा तथा अस्तित्व का बना रहना।
3. राजनैतिक व्यवस्था व संरचना का आर्थिक सामाजिक राष्ट्रीय व्यवस्था के साथ पूरी तरह से गुंथे रहना व सुरक्षा रहना।
4. राजनैतिक मूल्यों की सुरक्षा व निरन्तर पोषण होना ताकि राजनीतिक परम्पराएं व आधारभूत मान्यताएं स्थिर रहे।
5. अन्तर्राष्ट्रीय जगत में देश का एक सार्वभौमिक सर्वसत्तामान राज्य के रूप में स्वीकृत व सुरक्षा।
6. राजतंत्र व सरकार के मूलभूत संरचना की सुरक्षा।
7. राज्य की भूमि व अचल सम्पत्ति की पूर्ण सुरक्षा तथा राज्य के नागरिकों की सामान्य इच्छाशक्ति (जनरल विल) राष्ट्र के साथ बना रहना।

आन्तरिक सुरक्षा को प्रत्येक विचारक अपनी दृष्टि से देखते है व परिभाषित करते हैं। जहां भूगोल शास्त्री आन्तरिक सुरक्षा को राज्य के भूभाग की सुरक्षा से देखते हैं, समाज शास्त्री आन्तरिक सुरक्षा का तात्पर्य समाज के मूलभूत संगठन, संरचना मूल्य तथा संस्थाओं की सुरक्षा से करते हैं। अपराध शास्त्री आन्तरिक सुरक्षा से तात्पर्य :

1. जन-जीवन की सुरक्षा,
2. सार्वजनिक व व्यक्तिगत संपत्ति की सुरक्षा,
3. लोकशांति तथा
4. हिंसात्मक उपद्रवों तथा अशांति के अभाव से करते हैं।

न्यायाधीश हिदायतउल्ला ने आन्तरिक सुरक्षा को समझाने के लिए तीन गोलाकार वृत (सरकिल) से की है। राष्ट्रीय आन्तरिक सुरक्षा का वृत सबसे छोटा वृत माना है। उसके उपर लोकशांति व लोक व्यवस्था का वृत माना है तथा इन दोनों वृत के ऊपर कानून और व्यवस्था का वृत माना है तथा इस प्रकार आन्तरिक सुरक्षा एक महत्वपूर्ण विचार के रूप में प्रस्तुत किया गया है (ए. आइ. आर. 1966 पृष्ट 740 सुप्रीमकोर्ट) आन्तरिक सुरक्षा के विचार को अरुण घोष तथा पश्चिम बंगाल नामक न्यायादेश में भी स्पष्ट करने का प्रयास

किया गया है तथा इस आदेश की दृष्टि में आन्तरिक सुरक्षा के मुख्य पहलू निम्न है :—

(1) उपद्रव के होने की संभावना।
(2) उपद्रव से होने वाली क्षति की सीमा व विस्तार।
(3) किसी उपद्रव से होने वाली लोक अव्यवस्था व शांति भंग से होने वाले विप्लव की परिसीमा व प्रभाव।
(4) उपद्रव के पुनरावृति की संभावनाएं तथा उसके दूरगामी विस्फोटक प्रभाव।
(5) आन्तरिक सुरक्षा वृति से उपद्रव का सीधा संबंध व तालमेल व उसका अन्य वृतियों पर प्रभाव (ए. आइ. आर. 1970 पृष्ठ संख्या 1228 सुप्रीम कोर्ट)

आन्तरिक सुरक्षा का विचार एक राजनैतिक दृष्टिकोण से सार्वभौमिक सर्वशक्तिसम्पन्न राज सत्ता पर आन्तरिक तत्वों से अस्तित्व पर आक्रमण माना जा सकता हैं। यद्यपि इस गतिशील जगत में सभी चीजें बदलती रहती हैं परन्तु फिर भी इस परिवर्तन में भी एक अनोखी निरन्तरता तथा स्थायित्व का अनुभव होना आन्तरिक सुरक्षा का प्रतीक है। एक राजनीतिशास्त्र के विद्यार्थी की दृष्टि से यदि आन्तरिक सुरक्षा को देखा जाय तो किसी सार्वभौतितक राज्य की निम्नलिखित सुरक्षा को उसके परिधि में लाया जा सकता है:—

(1) नागरिकों की सुरक्षा।
(2) राज्य की भूमि व संबंधित थल व जल खण्ड से जो उसके अधिकार क्षेत्र में हो, की सुरक्षा अथवा उसके अधिकार से न निकल जाने का भय से सुरक्षा।
(3) राज्य सरकार की सुरक्षा।
(4) राजनैतिक सार्वभौमिक सर्वसत्ता का आन्तरिक तत्वों से सुरक्षा।
(5) आर्थिक व सामाजिक व्यवस्था संरचना व मूल्यों की सुरक्षा तथा विभिन्न व्यवस्थाओं की आन्तरिक तत्वों से सुरक्षा।
(6) राजनैतिक जनचेतन व संविधान की आधारभूत मान्यताओं, सिद्धांन्तों व व्यवस्थाओं की सुरक्षा व परिरक्षा।

आन्तरिक सुरक्षा अब भारत सरकार में एक विभाग गृह मंत्रालय में बनाया गया है जिसके राज्य मंत्री पहले श्री अरुण नेहरू बने तथा आजकल राज्य मंत्री श्री चिदाम्बरम हैं। पुलिस तथा सुरक्षा दलों की दृष्टि से आन्तरिक सुरक्षा के निम्न मुख्य परिकल्पनाएं है :—

(1) आन्तरिक सुरक्षा एक राजनैतिक उत्तरदायित्व है जिसमें राज्य की सार्वभौमिक सत्ता को स्थायित्व प्रदान करना तथा राजनैतिक व्यवस्था को सूचारु रूप से स्थाई बनाए रखना है।

(2) आन्तरिक सुरक्षा एक पुलिस व सुरक्षा दलों के लिए एक निरन्तर प्रयास है जिसके द्वारा उन सभी आन्तरिक विघटनकारी तत्वों की पहचान, जांच-पड़ताल, नियंत्रण तथा पूर्ण विनाश है जो राज्य के अस्तिव को सुरक्षा प्रदान करते हों।

(3) एक कार्यपालन की दृष्टि से आन्तरिक सुरक्षा एक निरन्तर करने वाली क्रिया है जिससे विघटनकारी शक्तियों से निपटनें से लेकर तनावपूर्ण स्थितियों पर नियंत्रण प्राप्त करने तक की सभी कार्रवाईयां शामिल है।

(4) परिकल्पना की दृष्टि से आन्तरिक सुरक्षा वाह्य सुरक्षा से अलग न होने वाली तथा बाहरी तत्वों से अप्रत्यक्ष रूप में प्रभावित होने वाली एक अत्यन्त कठिन तथा उलझी हुई प्रक्रिया है जिसके आर्थिक, राजनैतिक, सामाजिक व मनोवैज्ञानिक पहलू भी महत्वपूर्ण व गम्भीर हैं।

किसी देश की आन्तरिक सुरक्षा को निम्नलिखित तत्वों अथवा क्रियाओं से खतरा रहता है :

(1) राजविद्रोह तथा इन्सरजैन्सी
(2) राजनैतिक प्रदर्शन व विध्वंसात्मक क्रियाएं
(3) विद्यार्थी वर्ग का असंतोष।
(4) श्रमिक वर्ग का असंतोष व प्रदर्शन तथा औद्योगिक असुरक्षा।
(5) साम्प्रदायिक झगड़े तथा सामाजिक तनाव।
(6) आतंकवादी कार्रवाइयां जैसे हवाई ज़हाज अपहरण, राजनैतिक हत्याएं व विध्वंसात्मक क्रियाएं।
(7) विदेशी सत्ताओं द्वारा गुप्तचरों व अन्य व्यक्तियों के द्वारा गुप्त भेद को प्राप्त करना तथा विदेशी जासूसों की कार्रवाइयां।
(8) आर्थिक असुरक्षा, आर्थिक असंतोष, अव्यवस्था तथा मौद्रिक असन्तुलन।
(9) सामाजिक, नैतिक तथा सांस्कृतिक विघटनकारी क्रियाए।

आन्तरिक सुरक्षा प्रदान करना किसका उत्तरदायित्व है? इस प्रश्न का उत्तर देना कोई सरल कार्य नहीं है। आन्तरिक सुरक्षा का उत्तरदायित्व कुछ अंश तक केन्द्र सरकार तथा कुछ अंश तक राज्य सरकार का उत्तरदायित्व है। राष्ट्रीय पुलिस आयोग की दूसरी रिपोर्ट के अनुसार जब लोक व्यवस्था व शांति का विघटन एक से ज्यादा राज्यों में होने लगता है तो सम्पूर्ण राष्ट्र की आन्तरिक सुरक्षा को खतरा पैदा हो जाता है तथा ऐसे अवसरों पर उपयुक्त नियंत्रण संबंधी कार्रवाई करने का दायित्व केन्द्र सरकार पर आ जाता है। आण्तरिक सुरक्षा बनाए रखने के लिए केन्द्रीय सरकार केन्द्रीय रिजर्व पुलिस बल (सी. आर. पी. एफ.) तथा सीमा सुरक्षा बल (बी. एस. एफ.) को ज्यादातर तैनात करती है। (राष्ट्रीय पुलिस आयोग दूसरी रिपोर्ट पेरा 14.42 पृष्ठ 16) भारतीय संविधान के अनुच्छेद

355 में यह कहा गया है कि केन्द्र की यह जिम्मेदारी होगी कि वह प्रत्येक राज्य को बाहरी हमलों तथा आन्तरिक गड़बड़ी से सुरक्षा प्रदान करेगा तथा यह यकीन करेगा कि प्रत्येक राज्य की सरकार संविधान के अनुसार चलाई जाती हैं। केन्द्र सरकार राज्य सरकारों को आवश्यक सलाह व पथ-प्रदर्शन भी प्रदान करती है जबकि कोई कानून तथा व्यवस्था समरूप राष्ट्रीय महत्व प्राप्त करने की संभावना रखती हो। ऐसी परिस्थितियों में जब राज्य सरकार कानून व व्यवस्था की समस्या को सख्ती के साथ निपटने में संकोच स्थानीय स्वार्थों अथवा प्रभाव में अपने के कारण कर रहे हो तो केन्द्र को सीधा उत्तरदायित्व अपने उपर लेना पड़ता है (राष्ट्रीय पुलिस आयोग सातवीं रिपोर्ट पैरा 58.1 पृष्ठ .68) आन्तरिक सुरक्षा को प्रदान करना प्रमुखतः राज्य सरकार का उत्तरदायित्व है। आन्तरिक सुरक्षा राज्य का उत्तरदायित्व है क्योंकि पुलिस विषय, संविधान की सातवीं सैड्ल के अनुसार राज्य सूची का विषय है। जब भी गंभीर कानून तथा व्यवस्था संबंधी उपद्रव हुए हैं उस समय राज्य स्तर पर अप्रभावकारिता के कारणों में कुछ निम्न माने जाते हैं :—

(1) अन्तर्गत विवादों को उचित रूप से समझने का अभाव।
(2) गुप्त सूचना (इन्टैलीजैन्स) का गलत निर्धारण व सही समय से प्राप्त न होना।
(3) अपर्याप्त योजना व तैयारी।
(4) संगठन की निर्बलता।
(5) पुलिस की गतिशीलता में कमी।
(6) संचार व्यवहार रूप में अविधमान होना अथवा संचार का समुचित तालमेल न होना।
(7) उचित प्रशिक्षण तथा मनोवैज्ञानिक तैयारी का अभाव।

आन्तरिक सुरक्षा की प्रमुख समस्याएं

श्री के० एफ० रूस्तम जी ने आन्तरिक सुरक्षा के कर्तव्य पर लिखे दो शब्दों में आन्तरिक सुरक्षा पर सुन्दर विहंगम दृष्टि डालते हुए कहा है—"पिछले कुछ सालों में आतंकवादी कार्रवाईयों तथा हत्याओं में 12,000 व्यक्ति मारे गए तथा उनकी संतानें यह भी न जान पाएगी कि क्या हुआ था। हमने एक प्रधानमंत्री खो दिया है। भारत का इतिहास ही पुलिस की असफलता से बदल गया है। हमने अपने अकर्मण्यता से सब तरह के अपराधियों को प्रोत्साहन दिया है। हमने विभिन्न समुदायों तथा वर्गो में घृणा को पनपने व बढ़ने दिया है जो हमारे साथ बहुत लम्बे समय तक रहेगा और हमारी प्रगति में बाधक होगा। हम विश्व के सामने एक पागल हठधर्मी राष्ट्र के रूप में सामने आते है" (इण्डियन एक्सप्रेस

31.10.85) कहां गलती हुई है, हम आप उसे ठीक से समझ पाने में भी असमर्थ से लग रहे हैं, हमारे राष्ट्र में जो विघटनकारी, आतंकवादी शक्तियां उभर रही है, जो आन्तरिक सुरक्षा को सारी तरफ से डर पैदा हो गया है यह सब कैसे हुआ इसकी विवेचना सही रूप से करना आवश्यक है। आन्तरिक सुरक्षा की समस्याएं इतनी अधिक हैं कि उन सबका पूरा निरुपण करना बहुत मुश्किल कार्य है परन्तु कुछ प्रमुख समस्याओं का व्यौरा नीचे दिया जा रहा है:

1. **सिविल उपद्रव**—रायट्स तथा सिविल उपद्रव तथा उनसे घनिष्ठ संबंधित हत्याओं तथा डकैती के कुछ आंकड़ें इस प्रकार हैं जिनसे आन्तरिक सुरक्षा की समस्याओं का बोध होता हैं :

तालिका 1

भारत में डकैती, हत्याओं व सिविल उपद्रव का विवरण

क्र. सं.	वर्ष	हत्याए (मरडर)	डकैती	सिविल उपद्रव
1.	1970	15708	9837	68331
2.	1975	17563	12506	67241
3.	1976	16673	10910	63675
4.	1977	18376	12599	80449
5.	1978	19314	13195	96488
6.	1979	20349	14028	98896
7.	1980	22149	15194	106957

(आंकड़े—भारत में अपराध-1980-पुलिस अनुसंधान एवं विकास ब्यूरों नई दिल्ली)

2. **इन्सरजैन्सी राजद्रोह**—भारत में नागालैंड, मिजोरम, मणिपुर तथा त्रिपुरा राज्यों में पिछले कई सालों से इन्सरजैंसी की स्थिति थी परन्तु धीरे-धीरे समाप्त होने लगी है। केवल त्रिपुरा राज्य में अभी भी राजद्रोह समाप्त नहीं हुआ है राजद्रोह ज्यादातर ऐसे क्षेत्रों में होता है जहां की जनता की सहानुभूति राजद्रोहियों के साथ होती है तथा समान्यतः ऐसे क्षेत्रों में होती है जहां उन्हें कुछ असंतोष के कारण मिल जाय तथा राजनैतिक व भौगोलिक परिस्थितियां विषमता पूर्ण हों। राजद्रोह की समस्या 85 प्रतिशत सामाजिक तथा आर्थिक समस्या होती है। आर्थिक, सामाजिक तथा मनोवैज्ञानिक तरीकों से उपद्रवी जनता पर हावी रहते हैं तथा सरकार के विरुद्ध गुरैल्ला लड़ाई करते हैं। पिछले तीन दशाब्दियों में इन राजद्रोहियों ने अनेक हिंसात्मक व विध्वंसात्मक कार्रवाइयां की। रोजद्रोह ग्रामीण

और शहरी दोनों क्षेत्रों में हो सकता है तथा यह आन्तरिक सुरक्षा की बहुत प्रमुख समस्या बन जाती है। जनता व पुलिस पर आक्रमण, धावे व घुसपैठ करना, बंदियों को छुड़ाना, अपहरण करना हत्या करना व सशस्त्र आघात करना राजद्रोहियों की प्रमुख आपराधिक कार्रवाइयां होती हैं। आर्थिक जीवन छिन्न-भिन्न करने के लिए हड़ताल, घेराव तथा क्षेत्र की जनता पर नियंत्रण पाने के लिए चुनिंदा आतंकवाद तथा छापामारी युद्ध की कार्रवाई करके राजद्रोही आन्तरिक सुरक्षा के लिए बड़ी समस्या बन जाते हैं जिनसे निपटने के लिए पुलिस सशस्त्र दल तथा सेना की आवश्यकता पड़ती है।

साम्प्रदायिक झगड़े व तनाव : पिछले चालीस सालों में विभिन्न सम्प्रदायों के बीच उपद्रव अनेक कारणों से बराबर होते आ रहे हैं। अलीगढ़, मुरादाबाद, अहमदाबाद, दिल्ली आदि अनेक ऐसे स्थान है जहां साम्प्रदायिक झगड़े व उपद्रव की पुनरावृति होती देखी गई है। यदि धार्मिक मतभेदों के कारण ही साम्प्रदायिक झगड़े होते तो शिक्षा और धर्म निरपेक्षता के आदर्शों ने निश्चय ही इनकी इतिश्री कर दी होती परन्तु तथ्य यह हैं कि यह कभी भी धार्मिक समस्या नहीं रही है। साम्प्रदायिक दंगों के दोष को ठीक-ठीक मापा नहीं जा सकता है। किन्तु सामान्यतः सभी सम्प्रदायों पर थोड़ा-थोड़ा दोष मढ़ दिया जाता है। भारत में साम्प्रदायिक दंगों के विषय में निम्न आंकड़ों से उससे होनें वाली क्षति का आभास होता है।

तालिका

"साम्प्रदायिक दंगें तथा उनका परिणाम"

साल	दंगों की संख्या	मृतकों की संख्या	घायलों की संख्या
1975	205	33	962
1976	169	39	796
1977	188	36	1122
1978	230	110	1858
1979	384	261	2379
1980	375	उपलब्ध नहीं	उपलब्ध नहीं
1981	319	196	2613
1982(जुलाई तक)	309	118	1792

साम्प्रदायिक दंगों से भारत की धर्मनिरपेक्षता के ऊपर एक धब्बा आता है तथा सामाजिक एकता में बाधा पड़ती है। साम्प्रदायिक झगड़ों व दंगों से आन्तरिक सुरक्षा को काफी क्षति पहुंचती है क्योंकि कुछ विदेशी सत्ताएं इनको लेकर भ्रमात्मक व झूठे प्रचार करते हैं।

राजनैतिक प्रदर्शन और छात्र अशांति

प्रजातंत्र में राजनैतिक दलों द्वारा प्रदर्शन यदि शांतिपूर्ण व विधि सम्मत हो तो कोई आपत्ति नहीं है परन्तु अनेक राजनैतिक प्रदर्शन सामान्यतः हिंसात्मक प्रवृत्तियों के साथ प्रदर्शन करते हैं तथा धिध्वंसात्मक कार्रवाइयां करते है तथा लोक शांति भंग करते हैं। छात्रों की समस्याओं को लेकर अनेक प्रदर्शन किए जाते हैं तथा वे कानून व व्यवस्था संबंधी समस्याएं उत्पन्न करते है । स्कूल की फीस की बढ़ोतरी के विरुद्ध, प्राध्यापक के स्थानान्तरण पर, परिवहन का भाड़ा बढ़ाए जाने पर, सिनेमा घरों में रियायत न मिलने पर, परीक्षा फल के विरुद्ध, रेलों व बसों में रियायत न मिलने आदि की समस्याओं, को लेकर छात्र अशांति पैदा कर देते हैं। सामान्यतः इन छात्र प्रदर्शनों के पीछे किसी न किसी राजनैतिक दल का हाथ होता है। नीचे दी गई तालिका में छात्र अशांति की कुछ समस्या का आभास हो सकता है :

तालिका—छात्रों के प्रदर्शनों की संख्या

साल	कुल छात्र उपद्रव	हिंसात्मक घटनाओं की संख्या	हिंसात्मक घटनाओं का प्रतिशत
1968	2600	675	26 प्रतिशत
1969	3064	895	29 प्रतिशत
1970	3881	1859	48 प्रतिशत
1971	4381	1408	32 प्रतिशत
1972	6365	2528	40 प्रतिशत
1973	5551	1677	30 प्रतिशत
1974	11540	2339	20 प्रतिशत
1975	3874	732	19 प्रतिशत
1976	1190	519	43.5 प्रतिशत
1977	7520	1146	15 प्रतिशत

औद्यौगिक असुरक्षा, कृषक विद्रोह तथा भूमि विषयक बलवे

एक विकासशील समाज में जैसे-जैसे आर्थिक ढ़ांचे में परिवर्तन आता है वैसे वैसे आर्थिक तनाव भी बढ़ जाते हैं। औद्योकि दंगे प्राय: श्रमिकों द्वारा अपने कार्य की अवस्थाओं अथवा बोनस आदि के विवादों के कारण होते हैं। जमींदारी प्रथा के उन्मूलन के साथ ही ग्रामीण क्षेत्रों में भारी विद्रोह भूमिहीन कृषकों द्वारा सामाजिक न्याय के अधिकारों की माँग को लेकर होते हैं। नक्सलवादी आतंक-

वादियों का उद्देश्य भूमिहीन किसानों को संगठित करना था। वृहद् सिंचाई तथा शक्ति संचालित नलकूपों द्वारा दी गई सेवाओं बदले सरकार द्वारा लगाए गए करों के उद्ग्रहण के विरुद्ध भी कृषि आन्दोलन के रूप धारण कर लेते हैं। भूमि करों के विरुद्ध सामूहिक इन्कार, सरकारी भूमि पर अभिक्रमण, कृषि उत्पादन मूल्य तथा भूमि विषयक अन्य विवादों से भी आन्तरिक सुरक्षा की समस्याएं कभी उत्पन्न हो जाती है। श्रमिकों की समस्याएं औद्योगिक नगरों में काफी विकट रूप धारण कर लेती है तथा हड़तालें औद्योगिक नगरों की शांति को भंग कर देती है। घेराव, हड़ताल श्रमिकों व प्रबंध में मतभेद से भी औद्योगिक शांति भंग होती है। औद्योगिक समस्याओं की विवेचना नीचे दिए तथ्यों से आसानी से की जा सकतीहै

तालिका

औद्योगिक झगड़ों तथा हिंसात्मक घटनाओं का स्वरूप

साल	घेराव	हड़तालें	झगड़े/हाथापाई की घटनाएं	हिंसात्मक घटनाएं
1977	383	2219	147	729
1978	393	2117	251	840
1979	253	1336	208	682
1980	205	899	171	542
1981	187	1130	307	799
1982 जून तक	50	443	133	279

समाज के कमजोर वर्ग के लोगों के सुरक्षा की समस्याः

भारतीय संविधान अनुच्छेद 46 में समाज के कमजोर वर्ग का उल्लेख है किन्तु इस में कौन-कौन सम्मिलित होते हैं यह स्पष्ट नहीं किया गया है। संविधान की अनुच्छेद 17 में छुआछूत के प्रचलन पर प्रतिबंध लगा दिया गया है। नागरिक अधिकार कानून 1976 में व्यवस्था की गई है कि कोई भी व्यक्ति जो छुआछूत के आधार पर किसी भी अन्य व्यक्ति को पूजा के आम स्थान में जाने से रोकता है तो वह सजा का हकदार होगा। भारतीय समाज में सामाजिक और आर्थिक परिवर्तनों के बीच कमजोर वर्गो की अशांति एक बड़ी शक्ति के रूप में उभर रही है जिसने प्रशासन व पुलिस के सामने एक नई आन्तरिक सुरक्षा की समस्या पैदा कर दी है। जाति प्रथा, आर्थिक पिछड़ापन, शैक्षणिक पिछड़ापन, कठिन भौगोलिक परिस्थितियां एवं यातायात के अविकसित साधन, रूढ़िवादी मान्यताएं के कारण कमजोर वर्गों में अशांति बढ़ गई है। अनुसूचित जातियों तथा अनुसूचित आदिम जाति के लोगों में भी अब अपने अधिकारों के प्रति जानकारी बढ़ रही है और

राजजैतिक जागरुकता बढ़ रही है। भारत में अनुसूचित परिस्थितियों के उपर उच्च वर्ग वालों द्वारा अत्याचार, जुलूस तथा दुर्व्यवहार की अनेक घटनाएं अब समाचार पत्रों में प्रकाशित होती है। शैक्षणिक संस्थाओं में अनुसूचित जाति तथा जनजातियों के लिए जो विशेष विधाएं व रियायतें दी गई हैं उनको लेकर बिहार, गुजरात, आन्ध्र प्रदेश आदि राज्यों में अनेक दिनों तक आन्दोलन चलते रहे तथा छात्र अशाँति रही। रिजर्वेशन की समस्या अब एक बड़ी विकट समस्या के रूप में उभर गई हैं।

भाषा वियषक तथा प्रान्तीयतावाद के संघर्ष

भारत में अनेक भागों में भाषा विषयक विवादों को लेकर/बड़े पैमाने पर उपद्रव हो चुके हैं। यह संकट तभी होता है जब एक विशिष्ट क्षेत्र को जिसमें एक विशिष्ट भाषा वाला वर्ग निवास करता है, एक ऐसे राज्य में सम्मिलित कर दिया जाता है जिसका निर्माण दूसरी भाषा के आधार पर हुआ हो। प्रान्तीयतावाद की समस्या लेकर आन्ध्र प्रदेश में "मुलकी राज्य" की समस्या उठी। क्षेत्रवाद के आधार पर अनेक राजनैतिक दल आज पनप रहे है तथा किसी सीमा तक क्षेत्र-वाद स्वस्थ राष्ट्रीयवाद का विरोधक बन सकता है। भाषा विषयक संघर्ष व संकुचित प्रान्तीयतावाद आन्तरिक सुरक्षा को हानि पहुंचाते है।

आतंकवाद की समस्या

किसी भी देश की आन्तरिक सुरक्षा की प्रमुख समस्या आज बढ़ता हुआ आतंकवाद है। आतंकवाद के आज नये-नये स्वरूप सामने आ रहे हैं। विमान अपहरण, विध्वंसक बमों का प्रयोग, विशेष महत्वपूर्ण व्यक्तियों की हत्या, बैंकों की डकैती, शस्त्रागार और आयुध भंडारों पर आक्रमण, अमानुषिक हत्यायें आदि ऐसी आपराधिक कार्रवाइयां हैं जिनसे देश की आन्तरिक सुरक्षा भंग होती है। आतंकवाद एक मनोवैज्ञानिक असुरक्षा की भावना व भय पैदा करता है। आतंक-वादियों का लक्ष्य हत्या या सम्पत्ति का नाश करना नहीं है बल्कि विरोधी पक्ष की शक्ति को कम करना है। राजनैतिक उद्देश्यों की प्राप्ति के लिए धमकी व हिंसा का वास्तविक प्रयोग ही आतंकवाद है। आतंकवाद राजनैतिक हिंसा का एक रूप है जो आन्तरिक सुरक्षा को भंग करता है।

आन्तरिक सुरक्षा के सन्दर्भ में पुलिस की भूमिका

भारत एक विशाल देश है तथा बहां आन्तरिक सुरक्षा की अनेक समस्याएं है। इन समस्याओं का समाधान तो पुलिस नहीं कर सकती परन्तु इस सन्दर्भ में उसकी महत्वपूर्ण भूमिका है। पुलिस की भूमिका का अध्ययन करने से पहले सिविल पुलिस तथा जनसंख्या के अनुपात को देखना उचित तथा प्रति लाख व्यक्तियों पर अपराध की दरों को देखकर विवेचना करना पड़ेगा।

तालिका

सिविल पुलिस तथा जनसंख्या का और सिविल पुलिस तथा क्षेत्र का अनुपात भारत के राज्यों में

(आंकड़े : पुलिस अनुसंधान एवं विकास ब्यूरो, डाटा ऑन पुलिस ऑर्गेनाइजेशन इन इण्डिया, मार्च 1986)

क्र. सं.	राज्य/केन्द्र शासित प्रदेश	सिविल पुलिस तथा जनता संख्या अनुपात (प्रति दस हजार जनसंख्या)	सिविल पुलिस तथा क्षेत्र अनुपात (प्रति एक सौ स्केअर किलो-मीटर	अपराध की दर (संज्ञेय अपराध तथा प्रति लाख पर अनुपात
1	2	3	4	5
1.	आन्ध्र प्रदेश	8.81	17.06	99.39
2.	आसाम	8.26	20.93	195.58
3.	बिहार	7.50	30.11	160.02
4.	गुजरात	14.41	24.97	247.13
5.	हरियाणा	12.15	35.31	137.44
6.	हिमाचल प्रदेश	15.61	11.88	119.51
7.	जम्मू व कश्मीर	29.24	7.83	287.60
8.	कर्नाटक	10.71	20.69	213.89
9.	केरल	10.46	68.36	189.13
10.	मध्य प्रदेश	10.75	12.65	322.12
11.	महाराष्ट्र	10.67	21.75	262.18
12.	मणिपुर	25.13	15.86	179.23
13.	मेघालय	22.13	13.07	120.86
14.	नागालैंड	31.27	14.62	184.61
15.	उड़ीसा	9.82	16.56	156.68
16.	पंजाब	17.44	57.72	76.97
17.	राजस्थान	9.09	9.06	210.19
18.	सिक्किम	41.59	17.91	89.84
19.	तमिलनाडू	9.22	34.25	213.87
20.	त्रिपुरा	18.84	36.81	294.33
21.	उत्तर प्रदेश	9.39	35.36	151.89
22.	पश्चिम बंगाल	8.30	51.49	132.44

23.	अंडमान व निकोवार	100.11	22.69	393.09
24.	अरुणाचल	36.11	2.71	152.87
25.	चंडीगढ़	56.33	2223.68	401.24
26.	दादर व नगर हवेली	7.40	15.71	240.38
27.	दिल्ली	32.81	1369.02	496.66
28.	गोआ दमन व दिवू	17.90	50.80	285.58
29.	लक्षद्वीप	71.50	893.75	57.50
30.	मिजोरम	34.22	7.92	373.16
31.	पांडिचेरी	16.56	208.33	432.62
	कुल योग :	10.12	21.89	191.64

राज्य पुलिस दल की भारत में कुल संख्या 9,97,598 है जिसमें 7,19,647 सिविल पुलिस है तथा 2,77,951 है । उत्तर प्रदेश के राज्य पुलिस दल की कुल संख्या 1,42,557 है जबकि महाराष्ट्र की 1,07,818 है । सिविल पुलिस संख्या का यदि हम प्रति दस हजार जनसंख्या से अनुपात देखते हैं जो अन्डमान व निकोबार द्वीपों का 100.11 है, उत्तर प्रदेश 9.39 है, पश्चिम बंगाल का 8.30 है । यदि हम अपराध की दर (संज्ञेय अपराधों का प्रति लाख संख्या पर) देखें तो पश्चिम बंगाल में 132.44 है तथा उत्तर प्रदेश में 151.8 है । आन्तरिक सुरक्षा की समस्या से निपटने के लिए सिविल पुलिस तथा सशस्त्र पुलिस दोनों का अपना अपना अलग-अलग उत्तरदायित्व है । आन्तरिक सुरक्षा की समस्याओं के विषय में आधारभूत बात यह है कि सिविल पुलिस के संगठन, रचना, साधन तथा प्रशिक्षण को इस प्रकार का बनाना पड़ेगा कि वह बदली हुई आन्तरिक सुरक्षा की समस्याओं से प्रभावशाली ढंग से निपट सके । यह देखा गया है कि जब आन्तरिक सुरक्षा से संबंधित उपद्रव आरम्भ होते हैं तो नियंत्रण कक्ष में ठीक से कार्य नहीं हो रहा होता है तथा उपद्रव से निपटने के लिए आवश्यक कार्रवाई करने में अधिकारी असमर्थ रहते हैं । ऐसी अनेक कमियां प्रत्येक गम्भीर विस्तृत उपद्रव में चाहे वे साम्प्रदायिक या भाषाई प्रकार के अथवा विद्यार्थियों के असंतोष के द्वारा हुआ हो, व्यवहारिक रूप से देखी गई है । सिविल पुलिस को नियंत्रण कक्ष पर विशेष जोर देना चाहिए । पिछले कई सालों में देखा गया है कि पुलिस अधिकारियों ने बहुधा वास्तविकता, विचाराधी विवादों उपद्रव के स्वरूप और उन दूरगामी प्रभावों की जो बड़े उपद्रवों के कारण हो सकते हैं,जानकारी की कमी प्रर्दाशत की है । बिगड़ती हुई आन्तरिक सुरक्षा की समस्याओं से निपटने के लिए भारत में कितनी सिविल

पुलिस है तथा कितनी सशस्त्र पुलिस है इसका व्यौरा नीचे दी गई तालिका में दिया गया है:—

सारणी

भारत में सिविल पुलिस व सशस्त्र पुलिस की संख्या

क्रम संख्या	राज्य/केन्द्र शासित प्रदेश	सिविल पुलिस की संख्या	सशस्त्र पुलिस की संख्या	राज्य पुलिस का कुल योग
1	2	3	4	5
1.	आन्ध्र प्रदेश	47238	9120	56358
2.	आसाम	16436	5090	21526
3.	बिहार	52361	14122	66483
4.	गुजरात	48936	13549	62485
5.	हरियाणा	15617	5880	21497
6.	हिमाचल प्रदेश	6615	2242	8857
7.	जम्मू व कश्मीर	17407	6972	24379
8.	कर्नाटक	39685	5424	45109
9.	केरल	26568	6509	33072
10.	मध्य प्रदेश	56027	24239	80266
11.	महाराष्ट्र	66937	40881	107818
12	मणिपुर	3546	4988	8534
13.	मेघालय	2936	3536	6479
14.	नागालैंड	2417	13014	15431
15.	उड़ीसा	25803	7098	31901
16.	पंजाब	29099	6087	35156
17.	राजस्थान	31015	15903	46918
18.	सिक्किम	1307	495	1802
19.	तमिलनाडू	44551	6011	50562
20.	त्रिपुरा	3857	4615	8472
21.	उत्तर प्रदेश	104092	38460	142577
22.	पश्चिम बंगाल	45239	30375	75614
केन्द्र शासित प्रदेश				
23.	अंडमान निकोबार	1882	—	1882
24.	अरुणाचल प्रदेश	2268	—	2268

25.	चंडीगढ़	2535	—	2535
26.	दादर नगर हवेली	77	71	148
27.	दिल्ली	20330	10720	31050
28.	गोवा दमन द्विव	1937	707	2644
29.	लक्षद्वीप	286	—	286
30.	मिजोरम	1670	1143	2813
31.	पांडीचेरी	1000	700	1700
	योग :	719647	277951	997598

यह आवश्यक है कि प्रत्येक राज्य पुलिस मुख्यालय में गम्भीर आन्तरिक सुरक्षा संबंधी उपद्रवों की जो गत चार दशकों के दौरान में हुए है विस्तृत परीक्षा करने के लिए अध्ययन कोष्ठ की स्थापना की जाना चाहिए और यह पता लगाने के लिए उचित पाठ तैयार किया जाना चाहिए कि कहां कार्रवाई करने में विलम्ब हुआ था, कहां सुदृढ़ कार्रवाई नहीं की गई या कहां समय से पूर्व या अधिक कड़ी कार्रवाई के कारण स्थिति अधिक खराब हो गई, कौन-कौन से दोष योजना में, प्रशिक्षण में और उपलब्ध साधनों के उपयोग में दिखाई दिए और वितरित विभिन्न पुलिस दलों की साधारण कमियां क्या थी, कहां पुलिस थानों की कमी अथवा दूरी के कारण उपद्रव बढ़े । पुलिस स्टेशनों की संख्या, पुलिस जिलों की संख्या, पुलिस रेन्ज/जोन की संख्या का भी इस सन्दर्भ में विशेष भूमिका है । अतः उनकी भी विस्तृत जानकारी नीचे तालिकाओं में दी जा रही है ।

सारणी

"सिविल पुलिस के रेंज, जोन तथा पुलिस थाने"

क्रम संख्या	राज्य/केन्द्र शासित प्रदेश	पुलिस स्टेशन की संख्या	पुलिस रेंज की संख्या	पुलिस जोन की संख्या
1.	आन्ध्र प्रदेश	988	25	8
2.	आसाम	153	13	4
3.	बिहार	1071	46	16
4.	गुजरात	400	25	4
5.	हरियाणा	145	12	4
6.	हिमाचल प्रदेश	76	12	2
7.	जम्मू और कश्मीर	110	14	2
8.	कर्नाटक	617	20	6
9.	केरल	352	15	3

10.	मध्य प्रदेश	991	45	16
11.	महाराष्ट्र	756	33	6
12.	मणिपुर	49	8	2
13.	मेघालय	22	5	1
14.	नागालैंड	37	7	1
15.	उड़ीसा	384	17	6
16.	पंजाब	214	12	3
17	राजस्थान	594	30	7
18.	सिक्किम	20	4	—
19.	तमिलनाडू	956	26	6
20.	त्रिपुरा	37	3	1
21.	उत्तर प्रदेश	1303	57	17
22.	पश्चिम बंगाल	378	25	4
केन्द्र शासित प्रदेश				
23.	अंडमान निकोबार द्वीप	12	1	—
24.	अरुणाचल प्रदेश	30	10	1
25.	चंडीगढ़	8	1	—
26.	दादर और नगर हवेली	3	1	1
27.	दिल्ली	69	6	2
28.	गोवा दमन दिउ	23	3	उपलब्ध नहीं
29.	लक्ष द्वीप	11	1	—
30.	मिजोरम	31	3	1
31.	पांडीचेरी	29	1	4
	योग :	9869	481	128

सारणी

केन्द्रीय पुलिस संगठनों की जनशक्ति

कुल व्यक्तियों की संख्या

क्रम संख्या	केन्द्रीय पुलिस बल का नाम	बटा. की कुल संख्या	राजपत्रित अधिकारी	अराजपत्रित अधिकारी	अन्य	कुल योग
1.	केन्द्रीय रिजर्व पुलिस बल	87	1248	3710	102137	107095

2.	सीमा सुरक्षा बल (बोर्डर सिक्यूरिटी फोर्स)	85	1657	4907	87989	94553
3.	केन्द्रीय औद्योगिक सुरक्षा बल सेन्ट्रल इंडस्ट्रियल सिक्यू-रिटी फोर्स	इसमें बटा नहीं है	485	4793	43099	48317
4.	इण्डो तिब्बतन बार्डर पुलिस	14	418	अराजपत्रित अधिकारी अन्य में जुड़े है।	14094 अराजपत्रित अधिकारी शामिल है	14512
5.	पुलिस अनुसंधान एवं विकास ब्युरों	इसमें बटा नहीं है	108 (14-पुलिस 68-गैर-पुलिस)	—	379 (69-पुलिस 310-गैर-पुलिस)	488
6.	रेलवे सुरक्षा बल (रेलवे प्रोटेक्शन फोर्स)	64	263	8137	59112	67512

उपर दी गई तालिका में केन्द्रीय पुलिस संगठनों की कुल जनशक्ति का ब्यौरा दिया गया है। आन्तरिक सुरक्षा में सिविल पुलिस के अतिरिक्त केन्द्रीय रिजर्व पुलिस, केन्द्रीय औद्योगिक सुरक्षा बल, सीमा सुरक्षा बल, इन्डो तिब्बत सीमा पुलिस बलों का भी अपना-अपना कार्य क्षेत्र व उत्तरदायित्व है तथा यह केन्द्रीय पुलिस बल अपनी-अपनी अलग भूमिका प्रदान करते हैं। केन्द्रीय रिजर्व पुलिस बल का विशेष उत्तरदायित्व आन्तरिक सुरक्षा की समस्याओं को सुलझाने में सिविल पुलिस को सहायता देना है। आन्तरिक सुरक्षा के सन्दर्भ में केन्द्रीय रिजर्व पुलिस पिछले चालीस सालों में अनेक राज्यों में जाकर सिविल पुलिस की सहायता करती रही है जिसमें से मुख्य कार्यकलापों को संक्षेप में यहां दिया जा रहा हैं।

1950-53 में जम्मू तथा कश्मीर में डा० श्यामा प्रसाद मुकर्जी की हत्या के बाद आन्दोलन से निपटने में केन्द्रीय रिज़र्व पुलिस बल की कंपनियों ने महत्वपूर्ण भूमिका निभाई। 1956 में महाराष्ट्र राज्य के पुनर्गठन के समय संयुक्त मोर्चा द्वारा चलाए जा रहे आन्दोलन से हुई अव्यवस्था को सुव्यवस्थित करने में बल की 6 कंपनियों की भूमिका महत्वपूर्ण रही। मार्च 1964 को रांची (बिहार)

में हुए हिन्दू मुस्लिम दंगों को बल ने बड़े संयम से शांत किया। 1956 से 63 तक केन्द्रीय रिजर्व पुलिस ने दिल्ली में शांति व्यवस्था कायम करने के लिए महत्वपूर्ण योगदान दिया साथ ही महत्वपूर्ण विदेशी व्यक्तियों के आगमन पर, तस्करविरोधी अभियान, राज्य कर्मचारी आँदोलन में स्थानीय प्रशासन की बहुत मदद की। 1963 में हजरत मोहम्मद के पवित्र बाल खो जाने पर जम्मू-कश्मीर में जो अशांति फैली उसको शान्त करने में बल ने महत्वपूर्ण भूमिका निभाई। आसाम के मैदानी इलाकों में जब भाषा विवाद ने उग्र रूप धारण किया तब बल की कंपनियां वहां तुरन्त भेजी गई। वह समस्या शान्त होने को ही थी कि दिसम्बर 1967 में शिलांग के पहाड़ी क्षेत्र के आन्दोलन ने उग्र रूप धारण किया जिसको शांत करने में बल की भूमिका सराहनीय थी। 1966 में पंजाबी सूबा की मांग और अकाली दल आन्दोलन से निपटने में बल ने महत्वपूर्ण भूमिका निभाई। मार्च 1967 में डी० ए० पी० के द्वारा हुई हड़ताल के समय ड्यूटी को बल ने जिस निपुणता से निभाया वह अपने आप में एक अनोखा उदाहरण हैं। 1969 में आन्ध्र प्रदेश में तेलंगना आन्दोलन को शांत करने में केन्द्रीय रिजर्व पुलिस बल ने महत्वपूर्ण भूमिका निभाई। उच्चतम न्यायालय में 1972 में फैसले के बाद आन्दोलन जोर से भड़का उस समय भी बल ने बड़ी सूझवूझ से इसको शांत किया। 1970-71 में जब पश्चिम बंगाल में नक्सलवादी लोग अपने चर्मोत्कर्ष पर थे दिन-रात राजनैतिक हत्याएं और लूटमार हो रही थी, तब बल की बटालियन ने इस क्षेत्र में जिस प्रकार की भूमिका निभाई वह अपने आप में एक उदाहरण है। मध्य 71 में पश्चिमी बंगाल में बल की 95 कंपनियां कार्यरत थी। 1972 में चुनाव करवाने के बाद राज्य में शांति स्थापित की गई। मई 1973 में एक पुस्तक में हजरत मोहम्मद के चित्र से जम्मू-श्रीनगर में जो हिंसात्मक आंदोलन हुए उनमें 22 बटालियन के 127 सदस्य जख्मी हुए किन्तु बल के सदस्यों ने दृढ़ता और संयम से आंदोलन को शांत किया। 1973 में चोग्याल के खिलाफ सिक्किम के आंदोलन और पुन: 1974 में चुनाव करवाने और चुनी हुई सरकार के खिलाफ चोग्याल समर्थकों के आंदोलन को बल के सदस्यों ने दृढ़ता से शांत किया। मई 1973 में उत्तर प्रदेश में पी० ए० सी० द्वारा की गई हड़ताल के समय बल के सदस्यों को पूरे प्रदेश में शांति एवं व्यवस्था बनाने में स्थानीय प्रशासन की बहुत मदद की। 15 मई 1974 को दिल्ली के सदर बाजार में हुए दंगों को बल के सदस्यों ने जिस सूझबूझ और अल्प समय में शांत किया उससे बड़ी हानि होने से बच गई। 8 से 28 मई 74 तक रेलवे कर्मचारियों के द्वारा की गई हड़ताल के समय बल के सदस्यों ने मुख्य प्रतिष्ठानों की सुरक्षा और रेलों के चलाने में होने वाली बहुत बड़ी हानि से बचाया 1976 कलकत्ता में आयोजित टेनिस स्पर्धा, जिसमें 22 देशों ने भाग लिया खिलाड़ियों की सुरक्षा जिसमे उचित ढंग से हुई वह बेमिसाल है। आसाम में

विदेशी नागरिकों को लेकर जो आंदोलन हुआ उससे आसाम में होने वाली बहुत बड़ी हानि से बचाने में बल द्वारा किए गए कार्यों की प्रशंसा हर स्तर पर हुई है। अगस्त 1980 में मुरादाबाद से भड़के साम्प्रदायिक दंगे, जिन्होंने पूरे उत्तर प्रदेश, बिहार आदि प्रदेशों को अपनी चपेट में ले लिया था, को शांत करने में बल ने सजग भूमिका निभाई। पूर्वी क्षेत्र के प्रदेश नागालैण्ड, मनीपुर, मिजोरम, त्रिपुरा, मेघालय में 1968 से आज की केन्दीय रिजर्व पुलिस बल ने विद्रोहियों के खिलाफ होने वाली कार्रवाइयों में स्थानीय प्रशासन एवं सेवा की जो सहायता की उसका एक अलग इतिहास हैं। बल ने इस इलाके में बड़े गौरव पूर्ण कार्य किए। 1981 में पंजाब में कुछ स्वार्थी लोगों के द्वारा चलाए गए "खालिस्तान" को लेकर जो हिंसा पंजाब व आस-पास के इलाकों में भड़की उसको शांत करने में बल ने हमेशा महत्वपूर्ण योगदान किया। देश में होने वाले चुनावों, मध्यावधि चुनावों से पूर्व, दौरान और बाद में कानून और व्यवस्था बनाने में बल ने हमेशा ही महत्वपूर्ण योगदान किया। पिछले पांच छः सालों से पंजाब के आंतकवाद के विरुद्ध बहुत प्रशंसनीय कार्य कर रही है तथा अनेक आंतकवादियों को पकड़ने में सफल हुई हैं।

सीमा सुरक्षा बल का उत्तरदायित्व वैसे तो सीमा की सुरक्षा प्रदान करना है परन्तु अनेक अवसरों पर केन्द्रीय रिजर्व पुलिस बल की कमी होने पर आन्तरिक सुरक्षा की समस्याओं से निपटने के लिए इस बल का प्रयोग होता हैं। साम्प्रदायिक दंगो से निपटने के लिए, राजद्रोहियों का मुकाबला करने के लिए, चुनावों को अच्छी भांति कराने के लिए अनेक अवसरों पर पिछले बीस साल में सीमा सुरक्षा बल का कार्य/प्रशंसनीय रहा है। इसी भांति औद्योगिक संस्थानों की सुरक्षा के लिए केन्द्रीय औद्योगिक सुरक्षा बल का विशेष उत्तरदायित्व है। रेलवे संपत्ति की सुरक्षा तथा रेलवे कार्य क्षेत्र में सुरक्षा में रेलवे सुरक्षा बल की विशेष भूमिका रहती है। 1974 की रेलवे कर्मचारियों की हड़ताल में रेलवे सुरक्षा बल की भूमिका को और सारगर्भित बनाने के लिए इसके नियमों में कुछ परिवर्तन किए गए तथा इस बल का आंशिक पुनर्गठन किया किया गया।

आन्तरिक सुरक्षा की समस्याओं का निवारण सिविल पुलिस अकेले नहीं कर पाती तथा उसे राज्य की सशस्त्र पुलिस तथा केन्द्रीय पुलिस संस्थानों का सहयोग की आवश्यकता पड़ती है। इन बलों के बीच सुन्दर सामन्जस्य तथा तालमेल की जरूरत है। इस कार्य हेतु आन्तरिक सुरक्षा की समस्याओं से ग्रहित राज्यों तथा जिला मुख्यालयों में स्थाई नियंत्रण कक्ष की स्थापना अति आवश्यक हो जाती है। नियंत्रण कक्ष में कई टेली फोन, बेतार, रेडियो होने चाहिए ताकि सभी आवश्यक सूचनाएं वहां समय पर पहुचे तथा अन्य विभागों के साथ घनिष्ट समपर्क स्थापित

रहे। नियंत्रण कक्ष आन्तरिक सुरक्षा की समस्याओं से निपटने के अतिरिक्त मेले, त्यौहार, बाढ़, अग्नि आदि लोक विपदाओं के दौरान भी बड़ा उपयोगी सिद्ध होता है।

आन्तरिक सुरक्षा की समस्याओं को ठीक ढ़ंग से नियंत्रण करने के लिए पुलिस के प्रमुख उत्तरदायित्व को निम्नलिखित प्रमुख खण्डों में बाँटा जा सकता है:—

(1) इन्टैलीजैन्स (गुप्त ज्ञान) प्राप्त करना सभी गंभीर उपद्रवों को ठीक से नियंत्रण करने के लिए यह जरुरी है कि सभी संभव घटनाओं की पूर्व सूचना प्राप्त हो कहां पर घटनाएं व उपद्रव होने की संभावना है। उपद्रव में किन व्यक्तियों का हाथ है, क्या राजनैतिक दल समर्थन दे रहे हैं, आवश्यक धनराशि कहां से प्राप्त हो रही है, जनता का कौन सा वर्ग इस उपद्रव में कार्य कर रहा है आदि समस्त प्रश्नों का गुप्त ज्ञान यदि पुलिस को हो तो उन उपद्रवों से अच्छी तरह निपटा जा सकता है। इंटैलीजैंस ब्यूरो तथा राज्य की इंटैलीजेंस विभाग द्वारा यह कार्य किया जाता है तथा फिर प्राप्त सूचना व अनुमानों को संबंधित अधिकारियों को शीघ्रता के साथ भेजना पड़ता है। सिविल पुलिस के विशेष शाखा कर्मचारियों का का स्थायी गुप्त संगठन से निरन्तर सहयोग आवश्यक है। राज्य के अपराध अनुसंधान विभाग का भी इस क्षेत्र में उत्तरदायित्व है।

(2) उपद्रवों तथा आन्तरिक सुरक्षा की समस्याओं से ग्रीष्म क्षेत्र में निरंतर गश्त करना तथा पैटिंग करना भी एक सुरक्षा संबंधी कार्य है जो सिविल पुलिस के प्रतिनिधि के साथ सशस्त्र पुलिस तथा केन्द्रीय रिजर्व पुलिस (वी. आइ. पी. सिक्यो रिटी) भी पुलिस का एक उत्तरदायित्व है।

(3) उपद्रव पूर्ण स्थिति का मुकावला करना पुलिस तथा अन्य सुरक्षा दलों को उत्तरदायित्व उपद्रव पूर्ण स्थिति से निपटने तथा उसका मुकाबला करना है। इस कार्य के लिए विशेष कौशल तथा युक्तियों की आवश्यकता पड़ती है। समस्या के स्वरूप को सही रूप में समझना, क्षेत्र का सर्वेक्षण करना, असामाजिक तत्वों का मुकाबला करना, गुण्डा तत्वों से निपटना, जनसाधारण तथा उपद्रव के नेताओं से निपटना तथा हिंसक भीड़ के तनाव को दूर करना अथवा उससे निपटने के लिए अनेक युक्तियों-तरीकों तथा कार्य-कौशल का प्रयोग पुलिस अधिकारियों को करना पड़ता है। आकस्मिक विस्फोटक उपद्रव स्थिति से निपटने के लिए लाठी, अश्रु गैस, गोली का भी कभी-कभी प्रयोग पुलिस को करना पड़ता है। भीड़ की बनावट, मनोविज्ञनिक तनाव की स्थिति, राजनैतिक वाताबरण आदि अनेक तत्वों को ध्यान में रखने हुए आन्तरिक सुरक्षा की समस्याओं से निपटना तथा उन पर नियंत्रण करना पड़ता है। इस कार्य में सिविल पुलिस, सशस्त्र दल तथा कभी-कभी केन्द्रीय रिजर्व पुलिस बल के मिले जुले प्रयास होते है।

4. जनसाधारण को सुरक्षा प्रदान करना तथा आम जीवन का सामान्य बनाने का उत्तरदायित्व भी ऐसे स्थितियों में पुलिस का उत्तरदायित्व है। आतंकवाद, राजद्रोह, साम्प्रदायिक झगड़े तथा हिंसात्मक आन्दोलनों की विषम स्थितियों में पुलिस को जनता को समुचित सुरक्षा की भावना बनाने के लिए सभी सुरक्षात्मक प्रबंध करने पड़ते है।

5. विभिन्न हिंसात्मक तथा भयानक दंगो के दौरान लोक संबंध को मधुर बनाए रखने का कार्य-पुलिस का है। लोक नेताओं से सम्पर्क तथा प्रचार माध्यमों से निरन्तर सम्पर्क बनाकर जनता को परिस्थितियों से अवगत कराने के हेतु नियंत्रण कक्ष की भूमिका बहुत महत्वपूर्ण होती है।

6. आपात्तकालीन स्थितियों से निपटने के लिए पुलिस को आपात स्कीमें तथा योजनाए बनानी पड़ती है तथा आवश्यकता पड़ने पर उनको क्रियान्वित करना पड़ता है। औद्योगिक विवाद, साम्प्रदायिक उपद्रव, विद्यार्थी आन्दोलन, आतंकवाद प्रक्रियाओं से निपटने के लिए अलग-अलग योजनाएं बनाना पड़ता है तथा पुलिस व अन्य पुलिस दलों को उन्हें क्रियान्वित करना पड़ता है।

7. विभिन्न विप्लवकारी परिस्थितियों से ठीक से नियंत्रण व निपटने के लिए पुलिस दल की उपलब्धता, परिवहन, संचार, आयुधों तथा आग बुझाने वाले साधनों की आवश्यकता के अनुसार उपलब्ध करना तथा उसके बीच सामन्जस्य स्थापित करना भी पुलिस अधिकारियों का उत्तरदायित्व होता है। पुलिस को उपद्रवी लोगों से निपटने के लिए मनोवैज्ञानिक आधारों का सहारा लेना पड़ेगा।

8. जनसाधारण को विभिन्न विप्लवकारी स्थितियों का ज्ञान कराने तथा जन सहयोग प्राप्त करने के लिए समय-समय पर पुलिस को रेडियों, टेलीविजन, समाचार पत्र तथा सभी अन्य जन सम्पर्क माध्यमों के द्वारा जनता को स्थिति का सही ज्ञान देना पड़ता है ताकि वे गलत खबरों व अफवाहों से गुमराह न हो जावे एक विकासशील समाज में आन्तरिक सुरक्षा संबंधी समस्याओं के विवरण में पुलिस को जनता का सहयोग प्राप्त करना अति आवश्यक होता है।

9. आन्तरिक सुरक्षा से संबंधित जो भी कानून व अधिनियम बनाए जाते है उनका प्रतिपालन कराने का उत्तरदायित्व भी पुलिस का ही होता है। कानून का पालन जनता से कराना बहुत मुश्किल कार्य है तथा खास तौर से असामान्य स्थितियों में या आपात्तकालीन स्थितियों में और भी अधिक कठिन कार्य हो जाता है। 45 वें संशोधन अधिनियम के बाद भारतीय संविधान में संशोधित अनुच्छेद 257-ए के अनुसार किसी भी राज्य में न्याय व्यवस्था की गम्भीर स्थिति से निपटने के लिए भारत सरकार को किसी भी संघीय सशस्त्र दल को नियुक्त करने का अधिकार मिल गया है।

10. पुलिस का कर्तव्य है कि अपराधों की रिपोर्ट सही तौर से लिखी जावे तथा अपराधों की सही जांच-पड़ताल शीघ्र हो। जो जनता के लोग पुलिस थानों में अपराधों की रिपोर्ट लिखवाने आते है उनके साथ पुलिस का व्यवहार बैर भरा अथवा अन्यमनस्क नहीं होना चाहिए तथा यथा संभव शिकायत-कर्ताओं या गवाहों को थाने में बुलाकर तंग नहीं करना चाहिए।

यदि जिन शिकायतकर्ताओं या गवाहों को अपराधियों द्वारा बदला लेने का भय हो तो पुलिस के पास आने पर उनको पूरी-पूरी संरक्षा मिलनी चाहिए। गवाहों तथा शिकायतकर्ताओं को पर्याप्त रूप से आश्वस्त कर देना चाहिए कि जिनके विरुद्ध उन्होंने शिकायत की है यदि वे उन्हें पीड़ा पहुंचाते है या अनादर करते हैं या किसी भांति से क्षति पहुंचाते है तब पुलिस उनके संरक्षण की भरसक चेष्टा करेगी।

आन्तरिक सुरक्षा की समस्याओं के सुलझाने में एक आदर्श भूमिका की कल्पना जापान पुलिस को देखकर की जा सकती है परन्तु भारत के पुलिस का प्रशिक्षण तथा उपसंस्कृति को देखते हुए ज्यादा आशा नहीं की जा सकती है। भारतीय पुलिस राजनैतिक स्वामियों को प्रसन्न करने के लिए अनेक बार अधिकारों का दुरुपयोग, अवैध कार्रवाईयां व ज्यादातियां भी कर देती है। जब तक भारतीय पुलिस तंत्र में आमूल परिवर्तन व पुनर्गठन नहीं होता तब तक विकासशील समाज में आन्तरिक सुरक्षा की समस्याओं का पुलिस पक्ष कुछ कमजोर बना रहेगा। यदि भारत में आन्तरिक सुरक्षा की समस्याओं के समाधान में पुलिस की सही भूमिका की अपेक्षा की जाती है तो पुलिस की भर्ती नीति में परिवर्तन करना पड़ेगा तथा पुलिस उपसंस्कृति में भी मूलभूत परिवर्तन करना पड़ेगा। ऐसे मार्ग व उपाय खोजने होंगें जिससे पुलिस जन कभी अपने अधिकारों का दुरुपयोग न कर सके तथा राजनैतिक अथवा किसी अन्य प्रभाव में आकर गैर कानूनी तथा गलत कार्य न करेगा। पुलिस दल को नये आग्युध, नए यंत्र, नये वाहन तथा नये प्रशिक्षण देने से ही एक प्रभावशाली विकासशील समाज में समसामयिक पुलिस का निर्माण हो सकेगा। सिविल पुलिस की संख्या को बढ़ाना पड़ेगा तथा उसमें गुणात्मक परिवर्तन लाना पड़ेगा जिसके लिए सभी राज्य सरकारों तथा केन्द्र सरकार का सहयोग व सक्रिय इच्छा शक्ति उत्पन्न करने की आवश्यक है पुलिस को लोकप्रिय बनाने के लिए अत्यन्त उच्च स्तर की मनोवैज्ञनिक शिक्षा देनी होगी ताकि पुलिस कर्मचारियों के मानस-पटल पर सुन्दर पुलिस-जनता सम्पर्क की महत्ता को अंकित किया जा सके। यह मधुर जन सम्पर्क अत्यन्त युक्ति, सत्यनिष्ठा तथा सेवा की सच्ची भावना में ही स्थापित हो सकता है। हमें किसी भी विदेशी पुलिस तंत्र व व्यवस्था का अन्धानुकरण करना अनुचित होगा क्योंकि प्रत्येक देश की सामाजिक

सांस्कृतिक व राजनैतिक व्यवस्था के अनुरूप ही पुलिस व्यवस्था होनी चाहिए। भारतीय पुलिस व्यवस्था को विकासशील समाज के उपयुक्त व समसमायिक बनाने के लिए उसमें मूलभूत रूप से आधुनिकीकरण, लोकतंत्रीकरण, व्यवसायिकता समाजीकरण तथा पुनर्गठन करना पड़ेगा तथा उस कार्यों को करने के लिए केन्द्र तथा राज्य सरकारों में दृढ़ संकल्प होना पड़ेगा तथा आवश्यक बहुमुखी सुधार करने के लिए मन व धन से सहयोग करना पड़ेगा।

अध्याय 10

विकासशील समाज और बढ़ते अपराधों की समस्यायें

भारत वर्ष ने स्वतंत्रता प्राप्त करने के बाद विकास का मार्ग ग्रहण किया है तथा देश की सामाजिक, एवं आर्थिक उन्नति के लिये भरसक प्रयत्न किये जा रहे हैं। विकास शब्द वृद्धि के पर्यायवाची के रूप में प्रयोग नहीं किया जाना चाहिये। एशिया, अफ्रीका और लेटिन अमरीका के अर्धविकसित देशों में विकास से भाव सामाजिक तथा सांस्कृतिक परिवंतन और साथ-साथ आर्थिक वृद्धि से है जिसमें संख्यात्मक व गुणात्मक अभिवृद्धि शामिल है। विकास का अभिप्राय परिवंतन तथा वृद्धि से है जिससे जनता का जीवन स्तर ऊँचा हो तथा आर्थिक सम्पन्नता बढ़े। विकास का उद्‌देश्य जनस्वास्थय के क्षेत्रों में विकास, आम जनता के लिये रोटी, कपड़ा व मकान की समुचित व्यवस्था तथा सभी वर्गों के जीवन स्तर को ऊपर उठाने से है। विकासशील समाज, सामाजिक ढांचे के पुर्ननिमाण पर भी जोर देता है। विकासशील समाज का लक्ष्य प्राचीन परम्परागत ढंग से समाज को आधुनिक ढंग की ओर लाना है जो कि मानवीय विचारों पर आधारित है विकास का मुख्य सम्बन्ध राष्ट्रीय निर्माण, आर्थिक प्रगति, सामाजिक न्याय और सामाजिक आर्थिक उन्नति से है। एक विकासशील समाज निम्नलिखित मुख्य कार्यों को करना चाहता है—

(i) लोगों को सामाजिक सुरक्षा प्रदान करना।

(ii) लोगों को उनकी दैनिक आवश्यकताओं एवं वांछनीय सेवाओं को प्रदान करना।

(iii) आर्थिक विकास के लिए उचित साधनों का प्रबन्ध करना।

(iv) सामाजिक परिवंतनों को इस प्रकार लाना कि जिससे अधिक से अधिक लोगों को सामाजिक न्याय प्राप्त हो सके।

(v) आर्थिक योजनाबन्दी जन कल्याण को ध्यान में रख कर बनाई जाये।

(vi) समाज को निरन्तर प्रगति व परिवंतन करके सामाजिक लक्ष्यों को पूरा करना।

(vii) जनता और सरकार के सहयोग से देश को कल्याणकारी राज्य

बनाना जिसमें जनता का हित सर्वोपरि हो ।

(viii) सामाजिक मूल्यों में परिवर्तन होना तथा समाज में आन्तरिक सामाजिक संघर्ष व तनाव कम होना ।

विकासशील समाज में परिवर्तनों का होना स्वाभाविक है परन्तु सामाजिक विघटन नहीं होना चाहिये । सामाजिक परिवर्तन एक सार्वभौमिक घटना है परन्तु सामाजिक परिवर्तन की गति असमान होती है । एक विकासशील समाज में अपराधों के बढ़ने की प्रवृत्ति देखी गई है । विकासशील समाज एक ऐसी सामाजिक व्यवस्था है जिसमें जहाँ एक ओर समाज के अधिकाँश सदस्य सामाजिक आर्दशों, नियमों कानूनों प्रथाओं तथा परम्पराओं को मानकर जीवन यापन करते है वही दूसरी ओर कुछ व्यक्ति ऐसे भी होते हैं जो कि समाज के नियमों व कानूनों का उल्लघंन करके अपराध करते हैं । डॉ. [31] हैकरवाल के शब्दों में "सामाजिक दृष्टिकोण से अपराध व्यक्ति का ऐसा व्यवहार है जो कि उन मानव सम्बन्धों की व्यवस्था में वाधा डालता है जिनको समाज अस्तित्व के लिये मौलिक दशा मानता है।" श्री डैरो के अनुसार "अपराध वह कार्य है जो कि देश के कानून के द्वारा निषिद्ध हो और जिनके लिये दण्ड का विधान हो । अपराध एक ऐसा कार्य है जो कानून से वर्जित है तथा दण्डनीय है ।" श्री हेज ने अपराध के उद्देश्य के आधार पर अपराधों को तीन प्रमुख भागों में बाटा है—(अ) व्यवस्था के विरुद्ध अपराध जैसे शराब पीकर सार्वजनिक मार्गों में घूमना, दंगा करना, अशान्ति फैलना आदि (ब) सम्पत्ति के विरुद्ध अपराध जैसे चोरी, गबन, जालसाजी आदि—(स) व्यक्ति के विरुद्ध अपराध जैसे हत्या, बलात्कार, आदि। समाज में अपराध क्यों होते हैं ? यह एक बहुत गूढ़ प्रश्न है। अपराधों के अनेक कारण होते हैं जिन्हें मोटे तौर से निम्नलिखित रूप में दर्शित किया जा सकता है ।

अपराध के कारण

1. भौगोलिक कारण— 1 प्राकृतिक दशायें
   2. जलवायु
   3. ऋतु
2. प्राणिशास्त्रीयकरण— 1. वंशानुसंकमण तथा पैतृक गुण
   2. शारीरिक दोष व रोग
   3. मानसिक दोष व रोग
   4. आयु
   5. लिंग
   6. शारीरिक भिन्नता व विकास
   7. भावात्मक अस्थिरता

3. व्यक्तिगत कारण— 1. नशा या मद्यपान
2. शिक्षा का स्तर
3. वैवाहिक स्थिति
4. अनैतिक परिवार, तिरस्कृत बालक, बालिकायें

4. आर्थिक कारण— 1. पारिबारिक नियन्त्रण में शिथिलता अथवा पारिवारिक विघटन
2. गन्दी बस्तियों का विकास और निवास स्थानों की कमी
3. अपराधी प्रवृत्तियों को उत्पन्न करना
4. प्रतिस्पंधा और बेरोजगारी
5. औद्योगीकरण
6. नागरीकरण
7. व्यापार चक्र, फसलों की दयनीय दशा
8. निर्धनता व आर्थिक असमानता
9. लालच व और अधिक धन की लालसा
10. आर्थिक व्यवस्थाओं में दोष
11. अकाल तथा अन्य दैविक आपत्तियाँ जैसे बाढ़ महामारी आदि

5. सामाजिक व सांस्कृतिक कारण—
1. टूटते व विघटित परिवार
2. युद्ध
3. समाचार पत्र
4. चलचित्र
5. सामाजिक व धार्मिक कुरीतियां व प्रथायें
6. चारित्रिक विकास का अभाव
7. सामाजिक नियन्त्रणों का अभाव अथवा दोष
8. व्यवसायिक मनोरंजन व वेश्या वृति
9. गतिशील जनसंख्या
10. यौनि-अनैतिकता, मद्यपान, जुआ आदि
11. विलासी व यौन गर्भित गन्दा अश्लील साहित्य
12. टेलीविजन

6. अन्य— 1. दोषपूर्ण न्याय व्यवस्था

2. दोष पूर्ण जेल का वातावरण
3. नैतिक पतन
4. असंगत समाजीकरण
5. अपराधियों की संगति
6. अपराध का अभिरंजन व साधारणी करण तथा अपराधियों की प्रतिष्ठा
7. ऐशो-आराम, विलासिता व बहुत अधिक धन प्राप्त करने की इच्छा

अपराध विभिन्न प्रकार की सामाजिक, राजनैतिक व आर्थिक समस्याओं के कारण जन्म लेते हैं। सामाजिक दृष्टिकोण से अपराध वह समाज विरोधी व्यवहार है जिसमें व्यक्ति समाज के मूल्यों, आदर्शों, प्रथाओं और परम्पराओं का उल्लंघन करता है तथा समाज में न्याय व्यवस्था के अनुरूप दण्ड का भागी बनता है। प्रत्येक समाज में अपराध होते हैं तथा सदैव होते रहेंगे। विश्व के कुछ मुख्य नगरों में कतिपय भीषण अपराधों की स्थिति 1980 में इस प्रकार थी—

महानगर	जनसंख्या (लाखों में)	हत्या	बलात्कार	सेंधमारी	चोरी
लन्दन	75	204	269	125806	232071
शिकागो	29.8	863	1329	34288	120873
वाशिंगटन	6·4	200	439	16260	31068
न्यूयार्क	73	1814	3711	210703	249421
दिल्ली	60.2	181	54	2625	22361

सन् 1970 की चौथी संयुक्त राष्ट्रीय कांग्रेस में जिन अपराध जन्य तथ्यों का नाम लिया गया था, उनमें शहरीकरण, औद्योगीकरण, जनसंख्या वृद्धि, आन्तरिक विघटन, सामाजिक गतिशीलता और आर्थिक तथा प्राविधिकी विकास/परिवर्तन शामिल हैं। प्रसिद्ध मनोवैज्ञानिक फ्रॉयड ने अपने अनुसन्धानों के आधार पर स्पष्ट किया है कि अपराध का कारण व्यक्ति की अपनी संवेगात्मक समस्यायें हैं जो उसके व्यक्तित्व को विघटित कर देती हैं तथा उसे आपराधिक कार्य करने के लिये अभिप्रेरित करती हैं। इन संवेगात्मक समस्याओं के मूल में कई प्रकार की मनोवैज्ञानिक भावनाएं समाहित होती हैं जैसे समाज द्वारा उपेक्षित होने की भावना, हीनता की भावना, सुरक्षा के अभाव की भावना तथा प्रेम-सम्बन्धों में असफलता की भावना। आज जनसंख्या बहुत तेजी से बढ़ रही है और उसी तेजी से अपराध भी बढ़ रहे हैं। विकासशील समाज में अपराधों की बढ़ती हुई प्रवृत्ति निम्न कारणों

से ज्यादा देखने को मिलती है—

1. बेरोजगारी व गरीबी
2. समाज के कई वर्गों में बदले की भावना की प्रबलता
3. गरीबों का अमीरों द्वारा शोषण व प्रतिशोध
4. दोषपूर्ण जेल व्यवस्था
5. न्यायालयों में मुकदमों में देरी व कई बार न्याय का न होना
6. निर्दोष लोगों का झूठे मुकदमों में फसँना
7. अपराधी का कम जमानत पर व आसानी से पैसे के बल पर छूट जाना
8. चलचित्र व समाचार पत्रों का कुप्रभाव
9. राजनैतिक दलबन्दी के कारण अपराधियों को शरण व सुरक्षा
10. पुलिस कर्मियों द्वारा उचित व शीघ्र कार्रवाई का अभाव व प्रभाव हीनता
11. जनता में सामाजिक नियंत्रण का अभाव
12. नैतिक ह्लास के कारण आपराधिक वृत्तियों को बढ़ावा
13. पारिवारिक विघटन, अनैतिक यौन-सम्पर्क तथा चारित्रिक विकास का अभाव
14. प्रचलित प्रभाव हीन कानूनों में अनेक दोष तथा कमियाँ; जिनसे लाभ उठाकर अपराधी दण्ड से मुक्त हो जाते हैं।

भारतवर्ष में भारतीय दण्ड संहिता के अन्तर्गत दस सालों में जितने अपराध हुये हैं उन का कुछ विवरण तालिका 1 में दिया गया है।

तालिका 1

भारतीय दण्ड संहिता के अन्तर्गत कुल संज्ञेय अपराधों की संख्या

क्रम संख्या	वर्ष	जनसंख्या लाखों में	भा. द. स. के अन्तर्गत संज्ञेय अपराध	प्रति एक लाख जनसंख्या पर अपराधों की दर
1	1973	575.9	10,77,181	187.0
2	1974	588.3	11,92277	202.7
3	1975	600.8	1160520	193.2
4	1976	613.3	1093897	178.4
5	1977	625.8	1267004	202.5
6	1978	638.4	1344968	210.7

7	1979	651.0	1336168	205.2
8	1980	663.6	1368529	206.2
9	1981	690.1	1385757	200.8
10	1982	705.2	1353904	192.0
11	1983	720.4	1349866	187.4

(क्राइम इन इन्डिया 1983 से उद्‌धृत)

भारत में अन्य संज्ञेय अपराध होते हैं जिन में कुछ वर्षों के आंकड़े तालिका 2 में दिये गये हैं जो कि अपराध के विभिन्न स्वरूपों के बारे में जानकारी प्राप्त कराते हैं।

तालिका 2

कुछ वर्षों के प्रमुख संज्ञेय अपराधों का विवरण

क्रम सं.	अपराध शीर्षक	1973	1980	1981	1982	1983
1.	हत्या	17072	22149	22727	23339	25112
2.	हत्या की कोटि में न आने वाले मानव वध	2408	3032	3272	3427	3793
3.	बलात्कार	2919	5023	5409	5427	6019
4.	अपहरण और इरण	10223	13595	13833	13341	13842
5.	डकैती	10627	15195	14626	12700	12382
6.	लूट	18857	24493	22996	21938	21310
7.	सेंधमारी	181433	166695	157540	142726	139103
8.	चोरी	379412	431036	422059	375240	353536
9.	दंगे	73388	106957	110361	106511	108101
10.	आपराधिक विश्वासघात	21837	20684	20579	18259	18514
11.	धोखाधड़ी	14392	17416	17767	17471	19767
12.	जाल साजी	582	830	1004	939	809
13.	विविध(अन्य जो ऊपर नहीं दिये)	344031	542425	573584	612586	627578
14.	कुल संज्ञेय अपराध	1077181	1368529	1385757	1353904	1349866

अपराधों को रोकने के लिये समय-समय पर अनेक प्रस्ताव प्रस्तुत किये जाते हैं। डा. बर्ट का सुझाव है कि देश में अधिकाधिक मनोवैज्ञानिक चिकित्सालयों के खोलने की आवश्यकता है जिससे कि लोगों के मानसिक दोषों व रोगों को ठीक किया जा सके। देश भर में यदि नशा निषेध प्रभाव शाली ढंग से लागू किया जाये तो नशे की हालत में किये गये अपराधों को रोका जा सकता है। अपराधों को रोकने के लिये शिक्षा का विशेषकर नैतिक व चारित्रिक शिक्षा के प्रसार की आवश्यकता है। विकासशील समाज में उन सामाजिक तथा धार्मिक प्रथाओं को भी आवश्यक कानून पास करके तथा अनुकूलतम जनमत जागृत करके अपराधों को समाप्त करने का प्रयास होना चाहिये। अपराधियों को सुधारने के लिये प्रोबेशन प्रणाली, पेरोल सेवाएं, सुधार-गृह तथा खुले-बन्दी गृह व्यवस्थाओं को अपनाना चाहिये। अपराध नियन्त्रण में आम नागरिक की महत्वपूर्ण भूमिका हो सकती है। अपराध पूर्ण रूप से तो रोके नहीं जा सकते हैं परन्तु उन्हें बहुत अंश तक रोका जा सकता है यदि पुलिस, प्रशासन और जनता का पूर्ण सहयोग प्राप्त हो। कानून व व्यवस्था को कायम करने में जनता को भी अपनी जिम्मेदारी समझनी होगी। अपराध सम्बन्धी वर्तमान प्रचलित कानूनों का गम्भीर रूप में अध्ययन करके उसकी खामियों तथा दोषों का निवारण करना होगा तथा कानून को सरल व प्रभावशाली बनाना होगा। अपराधों के होने में जनता का उत्तरदायित्व मौलिक है और जब तक जनता ही स्वयं अपने उत्तरदायित्व का सही रूप में अनुभव नहीं करेगी अपराधों की संख्या में कमी नहीं की जा सकती है। जनता को यह अच्छी तरह समझना पड़ेगा कि अपराध की रोकथाम का काम सिर्फ सरकार तथा पुलिस का नहीं है। अपराधों के नियन्त्रण के लिये व्यवसायिक मनोरंजनों दुर्गुणों को दूर करना चाहिये। श्वेतपोश अपराध का समाज में कड़ा विरोध होना चाहिये तथा एक सुदृढ़ जनमत आर्थिक अपराधों के विरुद्ध तैयार होना चाहिये। औद्योगीकरण तथा नागरीकरण की बुराइयों तथा दोषों को सुनियोजित विकास प्रक्रिया द्वारा समाप्त करना चाहिये। राजनैतिक संकल्प के द्वारा न्यायालय को अधिक से अधिक सरल-सुलभ और न्यायप्रिय संस्था बनाना चाहिये तथा इसे सभी प्रकार के दबावों व दोषों से मुक्त होना चाहिये। अपराधों को कम करने के लिये शिक्षा को रोजगार उन्मुख बनाया जाना चाहिये तथा नैतिक गुणों व चारित्रिक महान आदर्शों को छात्र-छात्राओं में शिक्षा के माध्यम से विकसित किया जाना चाहिये।

अपराध निवारण व नियन्त्रण में पुलिस की भी विशेष भूमिका है। व्यवहारिक दृष्टि से अपराधों को रोकने में पुलिस के कार्यों को चार प्रक्रियाओं में बांटा जा सकता है—(1) नियमन (2) संयम (3) निरोध (4) नियंत्रण। पुलिस कर्मियों को अपराधोन्मूलन के विषय में विशेष प्रशिक्षण की आवश्यकता है। पुलिस का दायित्व केवल अपराध को रोकना नहीं है बल्कि उसके कारणों की भी जानकारी कर

उसकी तह तक पहुंच कर यथाशक्ति वह कारण भी दूर करना है। अपराध उन्मूलन में पुलिस को आधुनिक वैज्ञानिक प्रणालियों व पद्धतियों का पूर्ण प्रयोग करना चाहिये। पुलिस प्रशिक्षण के सुधार के हेतु बनाई गई गोरे कमेटी ने 1973 में अपनी रिपोर्ट में यह स्पष्ट सुझाव दिया था कि—"पुलिस अफसर को यह जानना जरूरी है कि उनके कार्य का सामाजिक लक्ष्य क्या है ? जिस वातावरण में वे काम कर रहे हैं उसकी गतिविधि को समझने की सूझबूझ होनी चाहिये। संविधान में सामाजिक न्याय के विषय में जो सिद्धान्त प्रतिपादित है उनके प्रति उनमें रूचि होनी चाहिये। उन्हें विकास के जो कार्य हो रहे हैं, विशेषकर समाज के दुर्बल अंगों के लिये गरीब तबका, अल्पमत, परिगणित तथा जनजाति उनके प्रति जागरूक रहना चाहिये।" इसके लिए पुलिस प्रशिक्षण ऐसा हो कि वह

1. संविधान के प्रति निष्ठावान हो, राष्ट्र के लक्ष्य और सामाजिक ऐक्य के प्रति अनुरक्ति हो,

2. विकास शील देश की समस्याओं के प्रति जागरूक रहे जैसे परस्पर के संघर्ष, मतभेद, सामाजिक विघटन, अभाव, कण्ट्रोल, क्षेत्रीय असमानता आदि।

3. उसमें ऐसी सामाजिक चेतना हो कि वह कठिन परिस्थितियों को ताड़ सके तथा स्थिति के अनुरूप कार्य कर सके,

4. ऐसी परिस्थितियां बदलती रहेंगी अतएव इनको हल करने का तरीका पहले से तैयार नहीं रहेगा। अतएव उसे नयी परिस्थितियों में कदम उठाने में अपनी सूझबूझ होनी चाहिये।

5. जन समूह के प्रति व्यवहार में उसे नया दृष्टिकोण अपनाना पड़ेगा। समाज में भिन्न-भिन्न वर्ग, समुदाय, श्रेणी के लोग हैं, मजहब-धर्म भिन्न है, आमदनी भिन्न हैं, आदि। इसलिये हर वर्ग व श्रेणी में काम करने की क्षमता होनी चाहिये तथा

6. पुलिस कार्य में रचनात्मक प्रवृत्ति हो और वैज्ञानिक तथा नई तकनीकी उपयोग की जानकारी हो।

अपराधों को रोकने के लिये पुलिस को सामाजिक नियंत्रण के अन्य माध्यमों का पूर्ण सहयोग आवश्यक है। सामाजिक नियन्त्रण के मुख्य माध्यम हैं देश-विधि, धार्मिक मत एवं विश्वास जिनमें परम्पराओं आदि को भी स्थान दिया जा सकता है शिक्षा, जनसम्पति तथा स्वस्थ जनमत। पुलिस को कैसे इन सब माध्यमों का सहयोग प्राप्त हो यह एक गम्भीर विषय है। विकास शील समाज में अपराधों तथा विचलित व्यवहारों के कारण एक विसंगति (ऐनोमी) की स्थिति

उत्पन्न हो जाती है। श्री राबर्ट निस्बेट ने विसंगति की परिभाषा करते हुये कहा है कि जब मूल्यों में भ्रामिक स्थिति उत्पन्न हो जाती है, जब उनका एक दूसरे के साथ संघर्ष होता रहता है अथवा जब मनुष्यों के लिये उनकी आवश्यकता खत्म हो जाती है तो उस अवस्था में व्यक्ति तथा सामाजिक व्यवस्था दोनों ही प्रभावित होते हैं। फलतः समाज और व्यक्ति के जीवन में एक असन्तुलन की स्थिति उत्पन्न हो जाती है जिसे कि विसंगति (ऐनोमी) कहा जा सकता है। श्री सदरलैण्ड तथा क्रेसी के अनुसार विसंगति एक ऐसी दशा है जिसमें व्यक्ति यह नहीं जानता कि उसे कैसे व्यवहार करना चाहिये क्योंकि उसे नहीं मालूम है कि उससे क्या आशा की जाती है ? अर्थात विकासशील समाज में कभी-कभी ऐसी स्थिति उत्पन्न हो जाती है कि परिवर्तित परिस्थितियों में पुराने आदर्श, मूल्य व सामाजिक आशायें तो समाप्त हो जाती है या अर्थहीन बन जाती है परन्तु उनके स्थान पर नए आदर्श मूल्य व आशाएं बन नहीं पाती। ऐसी स्थिति में समाज में अपराध बढ़ जाते है तथा अनैतिकता भी बढ़ जाती है। श्री पारसन्स ने समाज की संस्थागत आदर्श व्यवस्था के पूर्ण रूप से छिन्न-भिन्न हो जाने की दशा को विसंगति कहा है। यह समाज की वह दशा है जिसमें कि सामाजिक संरचना के अन्तर्गत अन्तः क्रिया की प्रक्रिया में जो पारस्परिक पूरकता होती है वह समाप्त हो जाती है। ऐसे विकासशील समाज में जहां विसंगति (ऐनोमी) व्याप्त हो, अपराध तथा विचलित व्यवहार पर नियन्त्रण एक बहुत बड़ी चुनौती होती है। श्री दुर्खीम के शब्दों में "जब भी कोई अचानक परिवर्तन होता है तो समाज के नियन्त्रणात्मक नियमों की आदर्शात्मक संरचना ढीली पड़ जाती है और उस अवस्था में व्यक्ति को यह नहीं सूझता कि क्या गलत है अथवा क्या सही; उसकी इच्छायें अदम्य रूप में बढ़ जाती हैं और उनकी सन्तुष्टि के लिये वह विसंगति तथा विचलित व्यवहार (डेवियेन्ट बिहेवियर) को अपनाता है विकासशील समाज में विचलित व्यवहार, त्रुटिपूर्ण समाजीकरण, अस्पष्ट सामाजिक नियम, तार्किकीकरण की सरलता, सामाजिक नियन्त्रणों की प्रभावहीनता के कारण होते हैं। श्री बेल के अनुसार आधारभूत रूप में विचलन (डेवियेशन) का अर्थ व्यक्तियों के द्वारा कुछ निश्चित प्रतिमानों या आदर्श नियमों से दूर हट जाना है। विचलित व्यवहार की समस्या को एक सामाजिक समस्या समझना चाहिये क्योंकि केवल पुलिस द्वारा इस पर नियन्त्रण सम्भव नहीं है। सामाजिक नियन्त्रण के सभी अन्य साधनों के आपसी सहयोग से ही इस समस्या का उचित समाधान निकाला जा सकता है। अपराध रहित सामाजिक स्थिति लाने के लिये प्राथमिक आवश्यकता यह है कि जनता का सहयोग प्राप्त हो। अपराध सम्बन्धी वर्तमान में प्रचलित कानूनों का गम्भीर रूप में अध्ययन कर उनकी खामियों को दूर किया जाये तथा पुलिस संरचना में

आधारभूत परिवर्तन लाये जाएँ। पुलिस के प्रति जनता में विश्वास प्राप्त करने के लिये यह आवश्यक है कि पुलिस जनों के लिये यह आवश्यक है कि पुलिसजनों के लिये नियमों, विधानों तथा आचार संहिता में वास्तविक तथा कार्यक्षम परिवर्तन हो तथा राष्ट्रीय पुलिस आयोग की सभी सिफारिशों को शीघ्र क्रियान्वित किया जाये।